행정사무관리론

-사무개혁 Reform-

행정사무관리론

-사무개혁 Reform-

김 진 욱
한 만 봉 공저

한국학술정보(주)

머 리 말

이 책은 대학에서 행정사무관리와 정책학, 교육학을 강의하는 가운데 실질적인 도움을 주기 위해 알기 쉽게 만들어졌다. 주지하다시피 시중에는 수십 종의 책들이 즐비하게 출판되었다. 그러나 대부분의 책들은 원론적 수준을 뛰어넘거나, 내용이 방대하여 학생들은 읽는 순간부터 지루함과 부담을 느끼는 책들이 대부분이었다. 대학에서 한 학기에 가르치는 내용 중에서 기본적으로 가르치기에는 너무나 방대하고, 이론적인 면들이 너무 많음을 인식하였다. 학생들에게 대화하듯이 가르치고, 재미있게 기억시키고자 이 책을 발간하게 되었다. 행정사무관리, 행정학, 교육학을 강의하고 있었음에도 학생들의 요구사항을 제대로 파악하지 않고 기존의 책 답습에 연연했던 것을 이번 기회에 제대로 된 행정사무관리를 알려주고 강의하고자 책을 출판하게 되었다. 이 책은 행정사무관리, 행정학, 교육학을 두루 넘나드는 포괄적인 강의 교재이다. 한마디로 희망의 사무관리, 희망의 행정학, 희망의 교육이라고 할 수 있다. 젊은이들에게 비전과 꿈과 소망을 심어주며 학문만으로서만의 대학 교재가 아니라 현장교육, 현실적용의 살아있는 대학교재인 것이다. 이 세상에 단 하나밖에 없는 대학교재이며, 이후로도 이러한 책은 큰 용기가 있지 않는 한 나오기 힘든 책이라고 할 수 있다. 이 책은 학문의 기본적인 내용을 포괄적으로 다루는 데 중점을 두고, 학생들이 한 학기 동안 교수의 강의를 그대로 듣는 느낌을 최대한 살린 책이다. 각 전공 분야를 전공하지 않은 사람들까지 이 책을 읽음으로써 어렵지 않게 전문가가 될 수 있게 배려를 하였다. 다만 내용을 개괄적으로 다루다보니 각 학문에서 필히 다루어야 할 부문들을 누락시킨 부문들이 없진 않다. 내용 및 전개상 여러 부분들을 국내외 학계, 전문가의 이야기들을 요약 발췌한 부문이 있다. 그러나 독창적인 아이디어로 예화, 적용을 통해 재미있게 접근함은 필자의 독창성임을 밝혀둔다. 한 권의 책을 만들고 난 후의 느낌은 좀더 잘 만들 걸 하는 후회함이 조금 있게 된다. 그러나 미흡한 부문들은 앞으로 계속 보완해 나가 세계에 두루 사용되는 대학교재로서 손색이 없도록 만들겠다. 끝으로 이 책이 출판되기까지 물심양면으로 도움을 주신 분들께 감사를 표합니다. 아무쪼록 본 대학교재를 통하여 교수님들과 학생들이 하나가 되어 보다 재미있고, 활기차며, 그리고 크게 배우는 효과적인 교육의 좋은 결실이 이 책을 통하여 이루어졌으면 하는 바이다.

2006년 7월 저자 씀

목 차

제1장 행정사무관리의 개요

1. 행정사무의 본질

사무에 대한 종래의 조직 목적적 개념은 주로 서류에 관한 작업으로 생각하여 왔으나, 현대는 많은 발전을 기하며 고도의 산업화 전문화 디지털화가 되고, 정보화함에 따라 사무량이 증가되고 사무의 질이 복잡, 다양해짐으로써 사무의 본질과 내용이 바뀌게 되었다. 즉 정보를 처리하는 기능적 측면으로서 변화되었다고 볼 수 있다. 기관의 운영에 있어서 합리적인 사무관리 체계를 세우고 운영하는 것은 기관의 목적달성을 위해서 아주 중요한 일이며, 현대사회에서 사무관리의 범위가 계속 확대되고 있어 그 중요성이 종래보다 더욱 높아 가고 있다. 특히 정보화 사회에 있어서 컴퓨터 활용이 확대됨에 따라서 단순한 개념의 전통적 의미의 사무관리는 퇴색하고 점차 창의적이고 과학적인 활동으로 발전해 가고 있다.

기관의 사무관리는 대체로 공공 기관의 사무관리인 성격을 가지고 있으며 이에 따라 합리성이나 효율성뿐만 아니라 합법성이 매우 중요하다. 대체로 볼 때 우리 나라의 기관의 기구와 조직은 공공 기관의 형태와 구조를 준용하고 있다. 따라서 관의 사무관리는 효율성뿐만 아니라 적법한 절차를 충실하게 지키는 합법성도 감안한 것이 되어야 한다. 이러한 견지에서 여기서는 사무관리의 효율성과 함께 합법성, 절차적 합리성 등을 고려하면서 기관 운영에 있어서 사무관리 개념과 수행 절차를 설명하려 한다.

현행법상 행정기관의 사무관리는 「사무관리규정」에 따라야 되는데, 동규정은 행정기관의 사무는 간소화·표준화 및 과학화를 기하여 행정의 능률을 높이도록 하고 있고(제1조) 한편, 사무는 용이성·정확성·신속성 및 경제성이 확보되어야 한다고 규정하고 있다(제2조). 이 규정은 중앙행정기관(대통령 직속 기관 및 국무총리 직속 기관 포함) 및 그 소속 기관, 지방자치단체의 기관과 군의 기관("행정기관")의 사무관리에 적용되고 있다(제3조).

사무 분장에 관해서도 동규정은 각 처리과의 장은 사무의 능률적 처리와 책임 소재의 명확을 기하기 위해 소관 사무를 단위 업무별로 분장하되, 소속 공무원 간의 업무량이 균형되게 해야 하도록 규정하고 있고(제5조), 공무원이 전보 또는 사무 분장의 조정 등의 사유로 사무를 인계·인수하는 때에는 담당 사무에 관한 진행 상황·관계 문서·자료 기타 업무와 관련되는 사항을 구체적으로 명확하게 인계·인수하고, 그 결과를 직근 감독자에게 보고토록 규정하고 있다(제6조).

2. 사무관리의 내용

1. 사무관리의 의의

① 조직체의 기록과 정보전달을 관리자가 기획하고 실행 및 제어하는 행위
② 사무실의 제반작업(Work)을 관리하는 행위
③ 사무활동과 기능을 원활히 수행하기 위한 관리
④ 조직체의 운영에 필요한 정보를 효율적·합리적으로 생산, 유통, 활용하기 위한 관리활동
⑤ 사무상의 계획, 조직, 인사, 조정, 지휘, 통제를 전반적 또는 부분적으로 수행하는 행위

2. 사무의 본질적인 기능

1) 작업적 측면: 경영활동의 조직에서 사무원이 읽기, 쓰기, 계산하기 등을 책상 위에서 처리해 나가는 일

2) 기능적 측면: 경영활동에서 효율적으로 목적달성을 하기 위하여 정보를 수집, 가공, 저장, 평가하여 활용하는 것
① 사무의 본질적 기능을 수행하기 위해서 사무작업이 행해진다.
② 경영활동의 효율성을 높이기 위해서 관리가 필요하다.

③ 경영활동이나 관리를 위해서는 의사결정이 필요하다.

3. 사무작업

사무작업의 기능은 사무의 본질적 기능을 수행하는 것으로 다음과 같이 구분할 수 있다.

① 기록 및 인쇄(Writing)　　　　　② 계산(Counting)

③ 면담(Interviewing)　　　　　④ 운반, 통신(Communicating)

⑤ 분류와 정리(Classifying & Filing)

4. 관리(Management)

1) 관리의 정의 및 역할

① 관리: 물적·인적 자원을 결합하여 목표를 효과적으로 달성하기 위해서 관리자 (Manager)가 하는 역할 또는 기능

② 역할

㉠ 계획화(Planning): 행정사무활동의 목표를 달성하기 위해서 절차 및 방법을 결정하는 기능을 말한다.

㉡ 조직화(Organization): 직무를 능률적으로 수행하기 위해서 조직원들을 배치하는 기능을 말한다.

㉢ 통제화(Controlling): 계획한 목표에 도달하기 위하여 감독 지시하는 기능을 말한다.

㉣ 동기화(Motivation): 조직원들에게 유용하고 효과적으로 달성하기 위해서 자극을 주는 기능을 말한다.

㉤ 조정화(Coordinating): 경영 조직 간의 이해나 견해 등을 조화시켜 동일성을 부여하는 기능을 말한다.

5. 사무의 특징

번호	기 능	내 용
①	편 재 성	사무는 어디든지 보편적으로 존재한다.
②	중 요 성	사무 없이 경영 및 행정기능을 효율적으로 달성하기 어렵다.
③	고 가 성	사무비의 60% 이상이 노동비이다.
④	증 가 성	자연적 추세에 맡겨두면 사무의 양은 증가하게 마련이다.
⑤	간 접 성	사무는 경영 및 행정의 간접적이고, 수단적인 존재이다.
⑥	불 가 시 성	사무의 과정이나 결과를 눈으로 보고 확인하기 어렵다.
⑦	용 역 성	사무처리는 고도의 전문적 기술을 필요로 하지 않는 경우가 많다.

참고: 1 우리나라 사무관리에 있어서의 문제점 개선방향
　　　① 최고관리층에 이를 직속시키고 물리적, 기능적 집권화를 이룩해야 한다.
　　　② 사무관리부에서 연구적, 분석적 업무도 담당해야 한다.
　　　③ 사무관리 분야의 전문가 양성이 시급하다.
　　　④ 사무관리 분야의 개선적 업무의 비대화를 줄이고 참모적 업무에 더 비중을 두어야 한다.
　　2 우리나라의 사무관리가 발전하지 못한 이유
　　　① 사무는 상식 정도만 있으면 가능하다고 생각하는 경향이 강했다.
　　　② 사무의 기계화가 늦었다.
　　　③ 하위 직원들만의 사무라고 여겼다.
　　　④ 인사이동이 빈번히 이루어짐으로써 전문화가 어려웠다.

6. 사무의 종류

1) 사무의 목적별 분류

(1) 본래사무
① 경영 및 행정 목적달성의 필요한 사무를 말한다.
② 실시계통의 사무이다.
③ 조직의 라인(Line)부분이 주로 담당하는 사무이다.

④ 라인사무라고도 한다.

〈예: 과학기술행정, 농림수산행정, 보건복지행정 등〉

(2) 지원사무

① 경영 및 행정 본래의 목적 수행을 간접적으로 담당하는 사무

② 조직의 스탭(Staff)부분을 주로 담당하는 사무이다.

③ 스탭사무(관리사무)라고 한다.

〈예: 교통비 지급, 사무직원의 채용 및 임용, 자금조달 및 출납 등〉

2) 사무의 수단별 분류

번호	분 류	내 용
①	서 사	쓰는 작업 및 이에 준하는 작업 〈예: 타자, 타인, 인쇄, 전기, 정서, 복사(Copy), 모사(Fax) ……〉
②	독 해	문서내용, 기록내용을 파악하기 위하여 읽거나 타인에게 전달하기 위하여 읽는 작업
③	대 화	사무상 발언하고 청취하는 작업 〈예: 면담, 설명, 전화통화〉
④	계 산	통계 및 경리업무 등의 작업
⑤	조사확인	조사, 검사, 검열, 점검, 감사, 대조, 교정 등의 작업
⑥	분리정리	각종 문서의 분류, 파일링(Filing), 편철, 정리작업, 보관 등의 작업

3) 사무의 나이도별 분류

(1) 판단 사무

전문적 지식과 경험을 이용하여 문제를 결정, 심사, 조사, 계획의 입안, 통제 등이 필요한 비교적 어려운 사무를 말한다.

14

(2) 작업 사무

전문적 지식이나 경험을 필요로 하지 않는 비교적 처리하기 쉬운 사무를 말한다.

7. 사무의 운용 체제

1. 과학적 관리방법의 적용

과학적 관리법은 테일러(Taylor)에 의해 제창되었다.

1) 목적

과학적 관리는 인습적이고 무계획적으로 행하여지는 일을 지적인 계획이나 방법론을 가진 일로 전환시키는 것을 목적으로 한다.

2) 과학적 관리의 목표
① 생산 증대　　　　② 능률 증대　　　　③ 낭비 배제

3) 힉스(Hicks)에 의한 과학적 관리단계
(1) 문제의 인식
① 문제의 존재를 인식하고 그 문제를 추출한다.
② 타 문제와의 관련성을 규명한다.
③ 문제의 범위와 중요성을 생각한다.
④ 문제를 구성부분으로 분해한다.
(2) 자료의 수집: 문제의 전체적인 부분에 관련되는 자료를 수집하고 분석한다.
(3) 가설의 공식화: 일단 해석이나 결론을 내어 가설을 세우고, 그중에서 가장 옳다고 생각되는 것을 채택한다.
(4) 가설의 검증
① 해결책을 실험해 본다.　　　　② 유효 여부를 관찰한다.
③ 시행과정을 통하여 결과를 고찰하고 필요에 따라 수정한다.

(5) 적용

① 새로 만들어낸 해결책을 확정하고 문서화하여 제정한다.

② 만들어진 해결책을 실행한다.

③ 실행을 담당할 사람을 훈련시킨다.

2. 과학적 사무관리의 지표

힉스(Hicks)는 사무작업에 적용 가능한 과학적 방법을 다음과 같이 14개 항목으로 제시했다.

① 과학적 방식의 결정

② 사무작업과 사무관리의 분리

③ 사무활동에 관한 통제 집중

④ 기계화

⑤ 시스템 및 절차의 연구

⑥ 동작연구와 작업단순화의 응용

⑦ 잘 검토된 직장 내 교육·훈련계획의 발전

⑧ 사무지도서의 작성 및 이용

⑨ 사무소 배치의 개선

⑩ 장부표기의 통제

⑪ 보상제도의 이용

⑫ 적시적 기록문서·계기방안의 실시

⑬ 작업측정의 이용

⑭ 질적·양적 표준과 통제

3. 사무관리의 기능

1) 사무의 결합기능(Linking Function)

① 레핑월(Leffingwell, W. H) : 사무는 경영 내부의 제 기능과 활동을 능률적·효과적으로 달성하기 위하여 조정·지휘·통제를 통하여 협력을 유도하는 경영의 일부이고, 또한 사무를 컨베이어벨트(Conveyor Belt)와 같이 경영활동 전체의 흐름을 제어하여 경영의 각 기능을 결합시켜주는 기능으로 한다.

2) 사무의 정보처리 기능(Information Handling)

① 사무의 기능을 향상시키기 위해서는 외부로부터의 상황에 대처할 수 있는 유형, 무형의 자료가 사무에 적용됨으로써 현대의 사무관리는 정보처리라고 할 수 있다(Littlefield, opacite.).

② 사무의 실질적인 뜻은 정보를 필요한 사람에게 필요한 시간에 의사결정을 신속히 내릴 수 있도록 적절히 제공하는 조직적 서비스 기능이다(Terry, G. R).

3) 사무의 보조 기능

① 경영활동을 수행하는 데 효율적으로 업무의 목표를 달성할 수 있도록 보조하는 관리기능으로서 경영의 규모가 방대할수록 관리기능이 확대된다(Fayol).

② 경영조직체의 직능 중에서 본래의 직무가 있다. 직무수행을 위해서 직무 속에 사무가 존재하며, 사무의 역할은 직무수행을 효율적으로 관리할 수 있도록 조언 및 보조하는 기능이다(Terry, G. R).

4. 사무관리와 정보관리

1) 사무관리

① 조직의 목표달성을 위해 정보를 수집, 가공, 저장, 활용을 관리한다.

② 지정된 데이터를 지정된 기일 및 방법으로 작성하는 것이다.

③ 사무관리의 범위는 정보관리의 기능 중 정보통제, 정보처리기능만을 대상으로 한다.

2) 정보관리

① 의사결정을 지원하기 위하여 신속, 정확, 활용의 용이성이 제공되어야 한다.

② 광범위한 정보의 생산, 수집, 검색, 제공을 한다.

③ 관리범위는 정보관리가 넓다.

참고: 사무관리와 정보관리의 비교

사무의 계획 및 통제	정보통제	사무관리 (협의의 사무관리)	정보관리 (광의의 사무관리)
사무작업실시 및 완료보고	정보처리		
사무관리 및 시스템 설정	정보계획		
자료 뱅크, 정보보관, 전달	정보보관, 제공		

8. 문서관리와의 관계

사무는 사무실에서 이루어지는 문서의 생산·유통·보존을 위주로 하는 서류에 관한 작업을 들 수 있다. 아무래도 과거부터 현재까지 조직의 사무는 기본적으로 문서에 의하여 수행되는 것이 일반적이며 이에 따라 각종 문서를 합리적으로 관리하는 것은 성공적인 조직이 되기 위한 중요한 과제이다. 문서의 범위, 문서의 접수와 발신, 문서의 처리 등에 관하여 살펴본다.

1) 문서의 개념과 그 처리

문서와 그 처리에 관하여 사무관리규정은 자세한 규정을 두고 있는데 이를 살펴보면 다음과 같다.(제3조) 기관의 모든 문서가 공문서가 되느냐 하는 것은 논의의 여지가 있지만, 공문서의 범위나 그 처리에 대한 개념은 사무관리규정이 하나의 준칙이 되는 것으로 간주할 수 있으므로 여기에서 살펴보고자 한다.

1) "공문서"는 행정기관 내부 또는 상호간이나 대외적으로 공무상 작성 또는 시행되는

문서(도면·사진·디스크·테이프·필름 및 슬라이드 포함) 및 행정기관이 접수한 모든 문서를 말한다.

　2) "문서과"는 행정기관 내의 공문서의 수발 사무 등 문서에 관한 사무를 주관하는 과·담당관 또는 계이다.

　3) "처리과"는 사무처리를 주관하는 과·담당관 또는 계이다.

　4) "자료"는 행정기관이 생산 또는 취득하는 각종 기록물(공문서 제외) 중 행정기관에서 상당 기간에 걸쳐 보존 또는 활용할 가치가 있는 도서·사진·디스크·테이프·필름·슬라이드 기타 각종 형태의 기록물이다.

　5) "자료과"는 행정기관 내의 자료관리 사무를 주관하는 과·담당관 또는 계이다.

　문서는 그 특징에 따라서 다음과 같이 구별된다.(제7조)

　"법규문서"는 헌법·법률·대통령령·총리령·부령·조례 및 규칙 등에 관한 문서이다. "지시문서"는 훈령·지시·예고 및 일일명령 등 행정기관이 그 하급기관 또는 소속 공무원에 대하여 일정한 사항을 지시하는 문서이다. "공고문서"는 고시·공고 등 행정기관이 일정 사항을 일반에게 알리기 위한 문서이다. "비치문서"는 비치대장·비치카드 등 행정기관이 일정한 사항을 기록하여 행정기관 내부에 비치하면서 업무에 활용하는 문서이다. "일반문서"는 위의 문서에 속하지 않는 모든 문서이다.

　문서는 다른 법령에 특별한 규정이 있는 경우를 제외하고는 당해 문서에 대한 결재가 있음으로써 성립하며, 다른 법령에 특별한 규정이 있는 경우를 제외하고는 수신자에게 도달됨으로써 그 효력을 발생하게 되어 있고, 공고문서의 경우에는 다른 법령 및 공고문서에 특별한 규정이 있는 경우를 제외하고는 그 고시 또는 공고가 있은 후 5일이 경과한 날부터 효력을 발생하는 것으로 사무관리규정은 정하고 있는데, (제8조) 이 규정도 청소년 기관의 문서관리의 준칙이 될 수 있다고 본다.

2) 문서의 발신

　문서의 발신방법도 책임의 규명을 위해서 필요한데 이에 대해서도 사무관리규정은 다음과 같은 규정을 두고 있다. 즉, 문서는 특별한 사유가 있는 경우를 제외하고는 행정 계통에 따라 발신하며 하급기관이 직근 상급기관 외의 상급기관(당해 하급기관에 대한 지휘·감독권을 가지는 상급기관)에 발신하는 문서는 그 직근 상급기관을 경유하여 발신해야 한다. 다만, 단순한 자료 요구·업무 연락·통보·조회 등을 위한 문서 및 상급기관의 예규 등에 의해 승인된 문서는 그렇지 않으며, 하급기관이 직근 상급기관 외의 상급기관에 발신하는 방법은 상급기관에서 직근 하급기관 외의 하급기관(당해 상급기관이 지휘·감독의 권한을 가지는 하급기관)에 문서를 발신하는 경우에 준용한다(제9조 참조). 또한 문서의 발신 명의는 행정기관의 장(법령에 의해 행정권한이 위임 또는 위탁된 경우에는 그 위임 또는 위탁을 받은 자)으로 한다. 다만, 행정기관 내의 보조기관 또는 보좌기관 상호간에 발신하는 문서는 당해 보조기관 또는 보좌기관의 명의로 한다(제13조).

3) 문서 작성의 원칙

문서는 쉽고 간명하게 한글로 작성하되, 특별한 사유가 있는 경우를 제외하고는 한글 맞춤법에 따라 가로로 쓰며, 문서에 쓰는 숫자는 특별한 사유가 있는 경우를 제외하고는 아라비아 숫자로 한다. 문서에 쓰는 날짜의 표기는 숫자로 하되, 연·월·일의 글자는 생략하고 그 자리에 온점을 찍어 표시하며, 시·분의 표기는 24시각제에 따라 숫자로 하되, 시·분의 글자는 생략하고 그 사이에 쌍점을 찍어 구분해야 하지만, 특별한 사유로 인하여 다른 방법으로 표시할 필요가 있는 경우에는 그렇지 않다. 문서의 작성에 쓰이는 용지의 크기는 특별한 사유가 있는 경우를 제외하고는 가로 210㎜, 세로 297㎜로 한다(제10조 참조). 문서의 일부분을 삭제하거나 수정한 때에는 총리령이 정하는 바에 따라 삭제하거나 수정한 곳에 서명 또는 날인해야 한다(제11조 참조). 문서의 간인은 문서의 전후 관계를 명백하게 할 필요가 있거나 사실 또는 법률관계의 증명에 관계되는 문서, 허가 및 인가와 등록 등에 관계되는 문서에서 하도록 되어 있다(제12조 참조).

4) 문서의 기안

조직 내에서 문서의 기안은 통일적인 형태로 하고 기안 책임 등을 분명하게 할 필요가 있는데 이와 관련하여 사무관리규정 14조는 문서의 기안은 소정의 기안 문서로 하도록 하고 다만, 정기보고 또는 수시보고, 경미한 사항의 허가·인가·증명서 교부 기타 관례적인 사무에 관한 문서 및 비치문서는 그 내용을 관계 서식에 기입하는 방법으로 기안할 수 있게 하고 있다. 문서 내용이 서로 관련성이 있는 문서로 동일한 기안 용지에 일괄하여 기안하는 것이 필요하다고 인정되는 때에는 1안·2안 등으로 구분하여 동일한 기안 용지에 기안할 수 있으며, 둘 이상의 행정기관의 장의 결재를 요하는 문서는 그 문서의 처리를 주관하는 기관에서 기안할 수 있다. 또 규정 15조는 기안문은 결재권자의 결재를 받기 전에 보조기관 또는 보좌기관의 검토를 받아야 하며, 문서의 내용이 행정기관 내의 다른 보조기관 또는 보좌기관이나 다른 행정기관의 업무와 관련이 있을 때에는 그 기관의 협조를 받도록 하고 있고 기안문을 검토 또는 협조하는 데 있어서 그 내용과 다른 의견이 있을 때에는 당해 문서 또는 별지에 그 의견을 표시토록 하고 있다.

5) 문서의 결재

문서는 소정의 결재권자의 결재가 있을 때 성립되고 효력이 있게 된다. 이와 관련하여 사무관리규정 16조는 문서는 당해 행정기관의 장의 결재를 받아야 하지만, 보조기관 또는 보좌기관의 명의로 발신하는 문서는 그 보조기관 또는 보좌기관의 결재를 받게 하고 있으며, 행정기관의 장은 사무의 내용에 따라 그 보조기관 또는 보좌기관으로 하여금 위임 전결하게 할 수 있게 하고 위임 전결 사항은 당해 기관의 장이 훈령으로 정하도록 하고 있다. 또 결재권자가 휴가·출장 기타의 사유로 상당 기간 부재중이거나 긴급한 문서의 경우에 결재권자의 사정에 의해 결재를 받을 수 없는 때에는 그 직무를 대리하는 자가 대결할 수 있되, 내용이 중요한 문서에 대해서는 결재권자의 후열을 받도록 하고 있다. 그러나 현재 대부분은 전자결제 시스템으로 변경되고 있는 추세이기에 앞으로는 종이문서보다는 전자결제 문서가 더 필요한 시점에 와있다. 하지만 그래도 종이문서에 대한 기초가 필요하기에 작성과 발송 등을 다루어 보도록 하겠다.

6) 시행문의 작성과 발송

결재 받은 문서 중에서 발신할 필요가 있는 문서는 발신을 위한 "시행문"을 작성해야 한다. 이와 관련하여 사무관리규정 18조는 결재를 받은 문서 중에서 발신을 해야 할 문서에 대해서는 총리령이 정하는 바에 따라 수신자별로 시행문서를 작성토록 하고 있고 관보규정에 의해 시행문에 갈음하여 관보에 게재·공포하도록 한 문서에 대해서는 그 시행문을 1부만 작성할 수 있으며, 전신·전신타자·전화 또는 전산망으로 발신하는 문서에 대해서는 시행문을 작성하지 않아도 되도록 하고 있다.

발신하는 문서에는 관인을 날인해야 한다. 사무관리규정 21조에 따르면 행정기관의 장의 명의로 발신하는 문서의 시행문과 임용장·상장 및 각종 증명서에 속하는 문서에는 관인을 찍고, 보조기관 및 보좌기관의 명의로 발신하는 문서의 시행문에는 서명을 하지만, 전신·전신타자·전화 또는 전산망으로 발신하는 문서에는 관인을 찍지 않으며, 경미한 내용의 문서에는 총리령이 정하는 바에 따라 관인을 찍는 것을 생략할 수 있게 하고 있으며, 관인을 찍어야 할 문서로 다수의 수신자에게 동시에 발신 또는 교부하는 문서에는 관인날인에 갈음하여 관인의 인영을 인쇄하여 사용할 수 있게 하고 있다.

시행문은 우편·인편 또는 모사 전송의 방법으로 문서과에서 발송해야 하지만, 신속한 전달이 필요하거나 처리과에서 발송 장비를 운용하고 있는 등 특별한 사유가 있는 경우에는 문서통제관이 발송 책임자를 지정하여 처리과에서 직접 발송하게 할 수 있으며, 보조기관 또는 보좌기관의 명의로 발신하는 문서는 처리과에서 발송해야 한다. 시행문을 작성하지 않는 문서는 시행문 작성 방식에 따라 문서과 또는 처리과에서 발신해야 한다. 행정기관의 장의 명의로 발신하는 문서 중에서 내용이 중요한 문서는 인편·등기 우편 기타 발송 사실을 증명할 수 있는 특수한 방법으로 발송해야 한다(제22조 참조).

7) 문서의 통제

기관 내부에 있어서 각종 문서의 통일적인 관리를 위해서 문서의 통제 제도가 있다. 이와 관련하여 사무관리규정 19조는 문서의 통제에 관한 사무를 관장하기 위해 행정기관의 문서과에 문서 통제관을 두게 하고 행정기관의 장은 청사의 분리사용 등 특별한 사유가 있는 경우에는 문서 통제관의 업무의 일부를 분장하기 위해 분임 문서통제관을 둘 수 있게 하고 있다.

문서의 통제 업무는 동규정 20조가 정하고 있는데 행정기관의 장의 명의로 발신하는 문서는 문서통제관 또는 분임 문서통제관의 통제를 받아야 하고, 문서통제관 또는 분임문서통제관이 문서를 통제하는 때에는 다음 사항을 심사해야 하며, 심사 결과 미비한 사항이 있을 때에는 그 사항을 처리과에 통보하여 보완토록 하고 있다. ① 결재권자의 결재

여부 ② 다른 문서와의 내용의 중복 또는 상충 여부 ③ 기안문과 시행문의 일치 여부 ④ 분류 번호·보존 기간 등 정형화된 기재 사항의 정확 및 누락 여부 ⑤ 전결·대결 구분의 착오 여부 ⑥ 첨부물의 첨부 여부 ⑦ 발신방법의 지정 여부 ⑧ 보고통제 대상 문서의 통제 여부 및 업무 협조문서의 통제 여부 등이다. 문서통제관 또는 분임 문서통제관은 심사가 완료된 때에는 기안문에 문서 통제인을 찍도록 되어 있다.

8) 문서의 등록·분류·편철

문서의 등록과 분류 및 편철은 질서정연하게 이루어져야 한다. 이와 관련하여 사무관리규정 24조는 당해 문서에 대한 결재가 끝난 즉시 결재일자순에 따라 문서번호를 부여하고 처리과별로 총리령이 정하는 문서 등록 대장에 등록토록 하고 있고 비치문서는 다른 법령에 특별한 규정이 있는 경우를 제외하고는 그 종류별로 당해 기관의 장이 지정하는 바에 따라 따로 등록할 수 있게 하고 있다.

문서는 기능별 10진 분류 방법에 따라 분류하되, 그 분류 기준은 별도로 정하게 되어 있고, 처리가 끝난 문서는 문서철에 완결 일자순으로 최근 문서가 위에 오도록 철하되, 수개의 문서가 내용적으로 관련이 있는 경우에는 그 내용을 최종적으로 종결하는 문서가 처리·완결된 때에 발생·경과 및 완결순으로 최근 문서가 위에 오도록 하여 1건 문서로 철해야 한다. 문서철에 철하는 문서의 양은 통상 200매를 기준으로 하되, 문서의 기능별·보존기관별로 만들어야 한다. 다만, 동일 기능에 속하는 문서의 발생량이 적어 기능별로 문서철을 만들기에 부적합한 경우에는 보존기간별로 상위 기능에 통합하여 문서철을 만들 수 있게 하고 있다(제25조 및 26조 참조).

9) 문서의 보존과 폐기

문서의 질서 있는 보관은 사무의 지속적인 추진과 책임의 규명을 위해서 필요하다. 이와 관련하여 사무관리규정 27조는 그 보존기간을 영구·준 영구·10년·5년·3년 및 1년의 6종으로 구분하도록 하고 종류별 보존기간의 책정은 총리령으로 별도로 규정토록 하고 있다. 문서의 보존기간 기산일은 당해 문서(1건 문서의 경우에는 그 내용을 최종적으로 종결하는 최근 문서)를 처리·완결한 날이 속하는 해의 다음해 1월 1일로 되어 있으며 기관의 장은 매년 1회 당해 기관에서 보존하고 있는 문서의 보존기간 변경 필요성 여부를 검토하고, 행정 여건의 변화 등에 따라 그 보존기간을 연장 또는 단축할 필요가 있다고 인정하는 때에는 총리령이 정하는 바에 따라 그 보존기간을 연장 또는 단축할 수 있게 하고 있다.

문서는 보존기간의 기산일부터 1년간 처리과에서 보존해야 하며, 보존이 끝난 문서는 다음의 구분에 따라 보존한다. ① 보존 기간이 3년 이상 10년 이하인 문서는 문서과에 인계하여 문서과에서 그 보존기간이 만료될 때까지 보존해야 한다. 다만, 보존기간이 5년·10년인 문서 중에서 외무부령이 정하는 외교 문서는 3년간 문서과에 보존한 후 외무부에 이관하여 외무부에서 보존해야 한다. ② 보존 기간이 영구·준영구인 문서는 문서과에 인계하여 문서과에서 5년간 보존한 후 정부기록보존소에 이관하여 정부기록보존소에서 보존해야 한다. ③ 1호 및 2호의 규정에 의해 외무부 또는 정부기록보존소에 이관하여 보존해야 할 문서 중에서 당해 기관에서 계속 활용할 필요가 있는 외교 문서는 외무부장관과, 영구·준영구인 문서는 정부기록보존소장과 각각 협의해 문서과에서 계속 보존할 수 있다. 비치문서는 처리과에서 비치·활용의 필요성이 없을 때까지 보존한 후 문서과에 인계하여 그 보존기간이 만료될 때까지 문서과에서 보존해야 한다. 다만, 정부기록보존소장이 역사적 가치가 있다고 인정하는 비치문서는 정부 기록보존소에 이관하여 정부 기록보존소에서 보존해야 한다(제28조).

문서는 그 보존기간이 경과한 후에는 지체 없이 폐기해야 하며 보존기간이 준 영구인 문서는 당해 문서를 처리·보존하고 있는 기관장이 당해 문서를 더 이상 보존할 필요가 없다고 인정하는 경우에는 폐기할 수 있으며 문서(문서과에서 보존하고 있는 문서 중에서 보존기간이 영구·준 영구인 문서 제외)가 마이크로필름 또는 광디스크에 수록된 때에는 당해 문서의 보존기간에 불구하고 폐기할 수 있다(제31조 참조).

기관의 장은 매년 1회 이상 문서 정리기간을 정하여 당해 기관에서 보존하고 있는 문서를 정리하고, 다른 기관이 그 업무를 수행하기 위해 당해 행정기관에서 보존하고 있는 문서의 열람 또는 복사를 요청하는 때에는 특별한 사유가 있는 경우를 제외하고는 이에 응해야 하도록 되어 있다(제32조 및 33조 참조).

10) 문서의 접수

문서 접수와 관련하여 사무관리규정 23조는, 문서는 문서과에서 접수토록 하고, 처리과에서 직접 받은 문서는 지체 없이 문서과에 인계하여 접수하게 해야 하며, 접수된 문서에는 총리령이 정하는 문서처리인을 찍고, 그 접수일시 및 번호를 기재한 후 처리과로 보내도록 하고 있다. 문서를 받은 처리과는 문서 처리인의 해당란을 기입한 후 보조기관 또는 보좌기관의 공람 서명을 거치기 전에 결재권자의 선결을 받아야 하지만 부득이한 사유로 선결을 받을 수 없거나 일상 업무에 관한 문서로 그 내용이 경미한 경우에는 그렇지 않으며 선결을 하는 결재권자는 문서의 처리 기한 및 처리 방법을 지시할 수 있고, 필요하다고 인정하는 때에는 그 처리 담당자를 따로 지정할 수 있도록 하고 있다.

3. 관인의 관리

관인은 기관을 나타내는 공식적인 표징이라고 할 수 있는 것으로서 이와 관련하여 사무관리규정은 관인을 '청인'과 '직인'으로 나누고 있다(규정 35조). 즉 관인은 행정기관의 명의로 발송 또는 교부하는 문서에 사용하는 청인과 행정기관의 장 또는 보조기관의 명의로 발송 또는 교부하는 문서에 사용하는 직인으로 구분된다. 그리하여 각급 행정기관은 다음의 구분에 따라 관인을 비치토록 되어 있다. ① 의결기관·자문기관 기타 합의제기관은 청인을 가지되, 자문기관은 필요한 경우에 한하여 이를 가진다. ② 기타 기관은 그 기관장의 직인을 가진다. ③ 정부조직법 제5조 2항의 규정에 의해 보조기관이 위임받은 사무를 행정기관으로 처리하는 경우에는 그 사무처리를 위해 직인을 가진다. 또한 각급 행정기관에서 사용하는 관인은 각각 관련 부처의 장관이 그 규격과 등록 등에 관해서 정하도록 되어 있는데(제36조), 각급 학교에서 사용하는 관인은 교육부장관이, 군 기관에서 사용하는 관인은 국방부장관이, 검찰기관이 사용하는 관인은 법무부장관이, 외무부 및 재외공관에서 외교 문서에 사용할 관인은 외무부장관이, 세입 징수관 지출관 회계 기타 재무에 관한 사무를 담당하는 공무원의 직인은 재정경제원장관이 각각 그 규격·등록 등 관리에 관하여 필요한 사항을 정하도록 되어 있다.

관인의 일반적인 규격 등은 사무관리규정 37조가 정하고 있는데 이를 살펴보면, 관인은 정사각형으로 하되, 그 한 변의 길이는 동규정 별표 1에 정해져 있다. 또한 관인이 분실 또는 마멸되거나 갱신할 필요가 있을 때에는 그 사유를 들어 관인의 교부 기관에 관인의 재교부를 요청할 수 있으며, 관인을 폐기하려는 때에는 당해 관인의 교부 기관에 관인 폐기 신고를 한 후 소각하거나 기타 적절한 방법으로 인영의 글씨를 알아볼 수 없도록 조치해야 한다(제37조 참조).

4. 각종 보고

1) 보고의 종류

보고는 일반적으로 정기 보고 및 수시보고로 구분되는데 정기 보고는 정기적으로 행하여지는 보고이고, 수시보고는 1회에 한하여 받는 보고이며 동일한 사항에 관하여 1년에 3회 이내 받는 보고도 수시보고로 처리된다. 정기 보고는 당해 기관의 장이 지정하는 것이 일반적이며 정기 보고에 대하여 연 1회 이상 그 존치의 필요성 여부를 확인하고, 존치의 필요가 없다고 인정되는 때에는 폐지해야 한다.

2) 보고에 대한 통제

각종 보고는 체계적으로 조정되어야 불필요한 보고나 업무에 지장을 주는 보고가 생기는 것을 방지할 수 있다. 이와 관련하여 사무관리규정 42조는 어떤 행정기관이 다른 행정기관이나 공공단체·사기업체·기타 단체로부터 정기 또는 수시로 보고를 받으려는 때에는 보고통제를 받도록 하고 있다. 또한 정기 보고를 지정하거나 수시보고에 대한 보고통제를 하는 데 있어서는 다음의 기준에 의해 심사하고 그 결과를 지체 없이 당해 행정기관에 통보토록 하고 있다. ① 보고목적의 타당성 ② 다른 보고와의 중복 여부 ③ 관계기관 등과의 사전협의 여부 ④ 보고기일 또는 보고주기의 타당성 ⑤ 보고 작성기관의 적정성 ⑥ 보고서식의 합리성 ⑦ 행정자료실 등의 기존 자료 활용 가능성 ⑧ 표본조사의 가능성 ⑨ 보고내용의 정확성 ⑩ 행정 용어 순화 여부(제50조 참조)

3) 보고기일과 독촉

보고는 적시에 이루어져야 하는데 이와 관련하여 사무관리규정 51조는 보고의 종류별로 명시적인 보고기일을 정하고 있다. 보고 종류별로 그 기일을 분명히 정해 놓는 것은 큰 조직일수록 필요한 조치라 하겠다. 보고가 적기에 되지 않는 경우 이에 대한 독촉 제도도 설정되어 있는데, 사무관리규정 52조에 따르면 보고 요구 기관의 장은 보고가 기일 내에 도달되지 않은 때에는 다음 규정에 의해 보고 기관의 장에게 독촉장을 발부할 수 있으며, 독촉을 받은 보고 기관의 보고통제관은 그 독촉장에 당해 기관의 장의 선결을 받은 후 당해 보고가 지체 없이 행해지도록 필요한 조치를 하도록 되어 있다. 그리고 ① 보고 기일 후 5일이 경과하여도 보고가 도달되지 않은 때에는 1차 독촉장 발부 ② 1차 독촉장에 명시된 보고기일 후 5일이 경과해도 보고가 도달되지 않은 때에는 2차 독촉장 ③ 2차 독촉장에 명시된 보고기일 후 5일이 경과하여도 보고가 도달되지 않은 때에는 3차 독촉장을 발부할 수 있게 되어 있으며 독촉장을 발부하는 경우에는 3일 이상의 보고기일을 부여해야 하고 3차 독촉장을 받은 보고 기관의 장은 보고 지연의 책임이 있는 관계 직언에 대하여 법령이 정하는 바에 따라 징계 기타 필요한 조치를 하고, 그 결과를 보고 요구 기관의 장에게 통보토록 하고 있다.

5. 기관 간 업무 협조

1) 기관 간 업무 협조

사무관리규정 55조를 준용해 보면, 각 기관이 다음의 1에 해당되는 업무를 하려는 때는 당해 업무의 기획·확정·공표 또는 시행 전에 관계기관의 업무 협조를 받아야 하며, 이 경우 업무 협조의 요청을 받은 기관은 업무가 효율적으로 수행되도록 적극 협조해야 한다. ① 2 이상의 기관이 공동으로 행하는 것이 필요한 업무 ② 다른 기관의 행정 지원을 필요로 하는 업무 ③ 다른 기관 또는 상급기관의 인가·승인 등을 거쳐야 하는 업무 ④ 기타 기관의 협의·동의 및 의견 조회 등이 필요한 업무 등이다.

또한 사무관리규정이 정하는 바와 같이, 업무 협조를 요청하는 데 있어서는 그 취지와 추진 계획 및 파급 효과 등 당해 업무 협조 사안에 대한 이해를 도울 수 있는 관계 자료를 함께 송부해야 한다.

2) 업무 협조의 방법과 종류

업무 협조는 ① 문서에 의한 협조 ② 회의 등에 의한 협조 ③ 공동 작업반 편성 등에 의한 협조 ④ 전화 등에 의한 협조를 구분할 수 있고 사무관리규정 57조가 정하는 바와 같이 지정협조와 수시 협조로 구분할 수도 있겠다. 지정협조는 기관 사이에 상례적으로 행하여지는 업무 협조로 협조 업무명·처리기간·협조 요청 기관 및 협조 기관 등이 지정된 업무 협조이고, 수시 협조는 업무 협조를 해야 할 사안이 발생한 때에 수시로 처리기간 등을 정하여 요청하는 업무 협조이다.

3) 회의 등에 의한 업무

협조회의 등에 의한 협조는 업무 협조의 내용이 관계기관의 소속 공무원으로 구성되는 회의 등에서 합의해 처리해야 하는 경우에 활용되고 공동 작업반 편성 등에 의한 협조는 업무 협조 내용이 관계기관 사이에 상당 기간 연구·검토 등을 필요로 하는 경우에 활용한다. 이 경우 관계기관으로부터 인원과 장비를 지원받는 때는 그 소요되는 비용이 당해 비목으로 예산에 계상된 경우에는 공동 작업반 편성 등을 주관하는 기관이 부담하는 것이 일반적이며 전화 등에 의한 업무 협조는 업무 협조의 내용이 간단하고 경미한 경우에 활용한다. 업무 협조를 한 경우에는 특별한 사유가 있는 경우를 제외하고는 문서에 의한 별도의 업무 협조를 생략할 수 있다.

6. 서식(書式) 관리

조직에서 사무관리는 대부분 문서로 처리되며 이에 따라 문서의 형태와 관리는 의사소통에 있어서 중요한 요소이다. 사무관리규정은 이에 관련된 조항을 두고 있으며 동규정

70조 이하의 관련 조항을 준용하여 기관의 서식 관리 원칙을 설명하면 다음과 같다.

1) 서식의 제정과 서식의 종류

기관에서 장기간에 걸쳐 반복적으로 사용하는 문서로 정형화할 수 있는 문서는 특별한 사유가 있는 경우를 제외하고는 서식으로 정하여 사용하는 것이 일반적이다. 서식은 일반 서식·보고서식·민원서식·카드서식 및 대장서식으로 나눌 수 있는데, ① 보고서식은 보고의 내용을 기재하는 서식이다. ② 민원 서식은 민원 사항을 기관에 제출함에 있어서 사용하는 서식이다. ③ 카드 서식은 비치하여 사용하는 카드의 서식이다. ④ 대장 서식은 비치대장·비치 장부에 사용하는 서식이다. ⑤ 일반 서식은 위의 서식에 속하지 않는 서식이다.

2) 서식 설계의 원칙

서식에 사용되는 용지의 규격은 통일적인 것으로 하되(사무관리규정 제10조 제4항에 의한 용지의 규격), 증표 등 기타 사유가 있는 경우에는 그에 적합한 규격의 용지를 사용할 수 있다. 서식은 특별한 사유가 있는 경우를 제외하고는 별도의 기안문 및 시행문을 작성하지 않고 서식 자체를 기안문 및 시행문으로 갈음할 수 있도록 문서번호·수신기관 및 시행일 등의 항목을 넣어 설계한다. 또한 서식은 특별한 사유가 있는 경우를 제외하고는 전산화 또는 자동화가 용이하도록 정부 표준 다기능 사무기기의 제원에 맞추어 설계하며 호적·병적·연고지 조사 등의 필요가 있는 경우를 제외하고는 본적란을 설치하지 않는다. 민원 서식에는 당해 민원 사무의 처리 절차·연락처 및 처리 기간 등을 표시하여 민원인의 편의를 도모해야 한다.

3) 서식의 승인과 승인 신청

서식을 제정 또는 개정하려는 경우에는 기관장의 승인을 얻어야 하고 승인된 서식에 대하여 그 기재 항목이나 형식을 변경하지 않는 범위 내에서 단순히 자구를 수정하거나 활자 크기·종류 등을 변경하는 경우에는 사후 통보로 승인에 갈음할 수 있다. 서식 제정 기관은 서식을 폐지한 때에는 지체 없이 그 사실을 서식 승인 기관에 통보해야 한다. 서식 승인권자가 서식을 승인하는 때에는 서식 승인 번호를 부여해야 하며 서식에는 당해 서식의 아래 한계선 왼쪽 밑에 서식 승인 번호 및 승인 일자를, 아래 한계선 오른쪽 밑에 용지의 규격·지질 및 단위당 중량을 표시해야 한다.

4) 승인 서식의 전산 관리

서식 승인 기관은 당해 기관이 승인한 서식 중 전산기기에 의해 관리하는 것이 타당하다고 인정하는 서식에 대해서는 특별한 사유가 있는 경우를 제외하고는 그 관리에 필요한 소프트웨어를 개발하여 서식을 관리하고 사용자에게 제공할 수 있다.

7. 자료의 관리

기관이나 조직이 장기간 그 활동을 계속하다 보면 각종 자료가 누적적으로 생산되게 된다. 이때 자료를 관리하는 활동은 매우 중요한 의미를 지니게 된다. 뿐만 아니라 외부로부터 수집된 여러 자료들은 현대 조직들의 자료 관리 업무의 중요성을 높게 하고 있다. 자료 관리에 관해서도 사무관리규정 78조 이하가 상세한 조항을 가지고 있으므로 이들을 중심으로 자료 관리의 일반 원칙을 소개한다.

1) 자료의 종류와 관리 기관

자료는 행정 간행물·행정자료 및 일반 자료로 구분되는데 ① 행정 간행물은 행정기관이 발간하여 배포하는 행정 업무에 관한 간행물이다. ② 행정 자료는 행정기관, 국가 또는 지방자치단체가 관리하는 기업체 및 단체 또는 외국의 행정 기관이 생산한 행정 업무에 관한 자료이다. ③ 일반 자료는 행정기관에서 생산한 것이 아닌 각종 전문 서적·교양 서적 등 도서류와 기타 각종 형태의 자료이다. 또한 자료 관리에 관한 사무를 관장하기 위해 자료과, 자료 책임자, 기록보존소 등이 설치된다.

2) 자료의 수집

자료 관리 기관은 연 1회 이상 자료의 수요 조사를 거쳐 수집 대상 자료의 목록을 작성하고, 그 자료의 수집에 필요한 조치를 해야 하며 자료의 수집은 납본·구입·교환 및 기타의 방법으로 한다.

3) 자료 수집 과제 부여

자료 관리 기관 또는 자료과의 장은 기관의 비용으로 국외 여행을 하는 직원에 대하여 자료의 수집에 관한 과제를 부여할 수 있으며 자료 수집 과제를 부여한 기관 등은 그 자료의 수집에 필요한 경비를 지급해야 한다. 자료 수집 과제를 부여받은 직원은 귀국한 날부터 15일 이내에 그 과제를 부여한 자료 관리 기관의 장에게 자료 수집의 결과를 보고하고 수집한 자료를 제출해야 한다.

4) 자료의 교환

기관의 장은 외국 기관 또는 국내 민간 기관과 자료의 상호 교환에 관한 약정을 체결할 수 있으며, 약정을 체결한 때에는 중앙 자료관리 기관은 당해 자료를 생산한 기관에, 자료과의 장은 당해 자료를 생산한 처리과에 대하여 교환에 필요한 자료의 제출을 요청할 수 있으며, 그 요청을 받은 기관은 특별한 사유가 있는 경우를 제외하고는 이에 응해야 한다.

5) 자료의 분류

자료 관리기관은 특별한 사유가 있는 경우를 제외하고는 당해 기관이 수집한 자료를 자료 관리 대장에 등록하고, 다음 각 호의 방법으로 분류하여 관리해야 한다. 다만, 소장 자료가 적은 처리과는 분류를 생략할 수 있다. ① 행정 간행물 및 행정자료의 분류 번호는 기관번호·기능분류번호 및 형식구분번호로 구성한다. ② 일반 자료는 한국 십진분류법에 의한다.

6) 자료실의 설치 · 운영

기관은 자료실을 설치·운영하되, 자료실을 설치하는 것이 적합하지 않은 행정기관의 경우에는 그렇지 않다. 둘 이상의 기관이 동일한 청사를 이용하는 경우에는 상호 협의해 합동 자료실을 설치·운영할 수 있다. 자료실에는 자료 목록 등을 비치하여 이용자의 열람이 용이하도록 해야 한다.

7) 자료 열람의 제한

자료 관리기관의 장은 비밀·대외비 및 열람 제한 자료와 기타 특별한 사유가 있는 경우로 열람을 제한할 필요가 있다고 인정하는 자료에 대하여 열람 또는 복사를 제한할 수 있으며 열람 제한 자료에 대해서는 그 자료를 생산 또는 취득한 기관이 열람 제한의 표시를 해야 한다.

자료의 점검·폐기 및 이관 자료 관리기관은 연 1회 이상 소장 자료에 대한 점검을 실시해야 하며 자료 점검 결과 다음의 1에 해당하는 자료는 당해 자료 관리기관의 장 또는 처리과의 장이 폐기할 수 있다. 다만, 처리과의 장이 소장 자료를 폐기하는 때에는 사전에 당해 기관의 자료과의 장과 협의해야 한다. ① 자료로의 가치가 떨어져 더 이상 관리할 필요가 없게 된 자료 ② 2본 이상의 복본을 소장하고 있는 자료로 열람 빈도가 낮아 복본을 소장할 필요가 없게 된 자료 ③ 심한 훼손으로 더 이상 활용이 곤란하게 된 자료 ④ 기타 당해 자료 관리기관의 장이 소장할 필요가 없다고 인정하는 자료 등이다.

8. 각종 편람 관리

어떤 기관이 상당 기간에 걸쳐서 반복적으로 행하는 업무에 관해서는 그 업무의 처리가 표준화되고 전문화될 수 있도록 업무수행에 대한 편람을 작성하여 활용하는 것이 편리하다. 이와 관련하여 사무관리규정 90조 이하는 관련 조항을 갖고 있으며 이를 중심으로 편람의 작성과 관리에 대해 소개한다.

1) 업무편람의 종류

편람은 다음과 같이 행정편람과 직무편람으로 구분될 수 있는데, 행정편람은 사무처리 절차 및 기준과 장비 운용 방법 기타 일상적 근무 규칙 등에 관하여 각 업무 담당자에게 필요한 지침·기준 또는 지식을 제공하는 업무지도서 또는 업무 참고서이고, 직무편람은 부서별 또는 개인별로 그 소관 업무에 대한 업무계획·관리 업무 현황 기타 참고자료 등을 체계적으로 정리하여 활용하는 업무 현황철 또는 업무 참고철이다.

2) 기관편람

다음의 1에 해당하는 사항의 경우에는 기관편람으로 발간한다. ① 당해 기관만 행하는 고유 업무에 관한 사항 ② 당해 업무를 행하는 기관 또는 부서의 수가 적은 경우 ③ 기타 각급 기관의 장이 기관편람으로 발간하는 것이 필요하다고 인정하는 사항

3) 부서편람과 개인편람

직무편람은 부서별로 작성하는 부서편람과 개인별로 작성하는 개인편람으로 구분한다. 부서편람은 특별한 사유가 있는 경우를 제외하고는 기관의 직제에 규정된 최하 단위 부서별로 작성하고 개인편람은 특별한 사유가 있는 경우를 제외하고는 소속 직원이 담당하고 있는 단위 업무별로 작성한다.

4) 편람의 규격

행정편람의 규격은 특별한 사유가 있는 경우를 제외하고는 가로 182㎜, 세로 257㎜로 하고, 직무편람의 규격은 특별한 사유가 있는 경우를 제외하고는 가로 210㎜, 세로 297㎜로 하며 행정편람은 특별한 사유가 있는 경우를 제외하고는 가제식 편철방법으로 발간한다.

5) 편람의 관리

기관의 장은 매년 1회 이상 당해 업무 중에서 업무편람으로 발간 또는 작성할 대상 업무를 조사하여 편람 발간대상목록을 작성·관리하고 편람 발간계획을 수립하여 이를 실시할 필요가 있다. 행정편람은 자료 관리대장에 등록하여 관리해야 하며 기관의 장 및 처리과의 장은 정기 또는 수시로 직무편람의 내용을 점검해야 한다.

9. 사무의 전산화

컴퓨터, 모뎀 등의 하드웨어 발달과 함께 현대 조직의 사무관리는 전산화의 속도가 빨라지고 있으며 이 추세는 거의 모든 기관과 조직을 압도하고 있다.

사무의 전산화를 위해서는 하드웨어와 소프트웨어의 신속한 발달 추세에 눈을 떼지 말아야 할 것이다. 특히 청소년 기관과 같은 조직체들은 활용할 수 있는 하드웨어에 대한 부단한 평가와 이를 위한 소프트웨어에 대한 평가 작업을 계속해야 할 것이다. 이 같은 장비는 일상적인 사무관리뿐만 아니라 청소년 지도자 연수의 전개 과정에서, 각종 자료의 발간과정에서, 기타 다양한 기관 활동의 제 측면에서 활용가능성이 검토되고 신속하게 이를 현장에 투입해야 할 것이다. 이를 위해서는 장기적인 마스터플랜이 요구된다.

사무전산화와 관련하여 사무관리규정 101조 이하는 행정기관 사무의 자동화에 대한 일반적 조항을 가지고 있으며 이를 중심으로 사무의 전산화의 원칙에 대해 소개한다.

1) 사무자동화 계획의 수립

사무 자동화를 종합적·체계적으로 추진하기 위해 다음의 내용이 포함된 사무자동화 기본 계획을 수립하여 추진하도록 되어 있다. ① 사무 자동화의 대상이 되는 사무 분야 ② 사무자동화 기기의 수요 및 소요 예산에 관한 사항 ③ 사무 자동화 기기 이용 기술의 보급에 관한 사항 ④ 사무자동화의 교육·훈련에 관한 사항 ⑤ 기타 사무자동화 사업의 추진에 관한 사항.

2) 기기 및 이용 기술의 표준화와 기기 운용 능력의 제고

기관은 기관에서 공통적으로 사용하거나 호환성이 필요한 사무자동화 기기에 대해서는 그 기종을 지정하거나 사무 자동화 기기의 표준화를 위해 필요한 조치를 할 수 있으며 사무자동화 기기의 효율적 이용 및 사무처리의 표준화를 위해 필요하다고 인정하는 경우에는 사무자동화 기기 이용 기술을 지정할 수 있다. 또한 직원의 사무 자동화 기기 운용 능력을 높이기 위해 필요한 경우에는 공무원의 기기 운용 능력을 검정하여 기능 수준에 따라 등급을 부여할 수 있다.

10. 사무환경의 관리

사무환경은 조직 구성원의 심리적, 육체적 근무 여건의 중요한 결정 요인이며 이를 유지 관리하고 개선하는 것은 사무관리의 중요한 과제 중의 하나이다. 기관의 장은 사무 능률의 향상 및 공무원의 건강 보호를 기할 수 있도록 사무환경을 조성·관리해야 할 것이다.

각 사무실은 건물 구조·조직·업무 및 인원 등을 고려하여 배치하되, 업무처리 흐름의 원활화, 관련 부서의 인접 배치, 민원인의 출입 편의 및 대사무실화가 이루어지도록 배치함을 원칙으로 하고 사무실의 면적은 업무의 성격, 직위 및 직급별 근무 인원, 집기 및 장비와 방문객의 규모 등을 고려하여 산정하는 것이 원칙이다(제112조 및 113조 참조).

또한 사무실 내의 조명, 온·습도, 공기, 소음, 색채 등 환경 요소에 대한 관리 기준의 설정 운영도 필요하다. 기관의 장은 적어도 매년 1회 이상 사무환경관리 상태의 적정 여부를 점검하고, 중대한 결함이 발견된 경우에는 지체 없이 시정·개선할 필요가 있으며 사무환경 관리 실태를 조사할 필요도 있다.

제2장 행정사무관리 규정 및 개정

사무는 조직체의 목적달성을 위한 업무활동과정에서 그 수단으로 존재하며, 사무작업은 업무의 수행과정과 내용 그리고 그 결과를 명확하게 할 뿐만 아니라 그 결과로 남게 된 각종자료는 활동의 지침이 되거나 의사결정의 중요한 정보를 제공하는 역할을 한다. 이러한 사무관리는 규정에 의하여 움직이고, 그 규정은 시대와 환경에 따라 즉 과학의 발전에 따라 달라진다. 과거에는 문서 위주의 사무관리에서 현재는 전자결제에 의한 환경으로 바뀌듯이, 앞으로는 아마 움직이는 유비쿼터스 사무관리로 변경될 것이다.

1. 행정사무관리 규정의 개정

사무관리규정 주요 내용

Ⅰ. 공문서 관리

1. 기안문과 시행문의 통합, 기재항목의 간소화를 위해 환경에 따라 변화해 간다.

과 거	변 경 됨
· 기안문과 시행문 분리 　- 선과 박스, 항목과다로 전자 　　유통에 장애	· 기안문과 시행문 통합 및 간 　소화 　- 선과 박스 없음 　- 편지형식 설계 　- 항목 50% 축소 · 학교교육의 신뢰 회복

전자문서의 원활한 유통을 위하여 기안문과 시행문을 하나로 통합하고, 전자유통에 장애가 되는 선과 박스를 없애 편지형식으로 설계하며, 기재항목을 대폭 간소화함.(38개⇒ 19개).

* 현행 기안문과 시행문, 통합서식예시: 별지 참조

2. 중요 문서의 간인 방법 변경

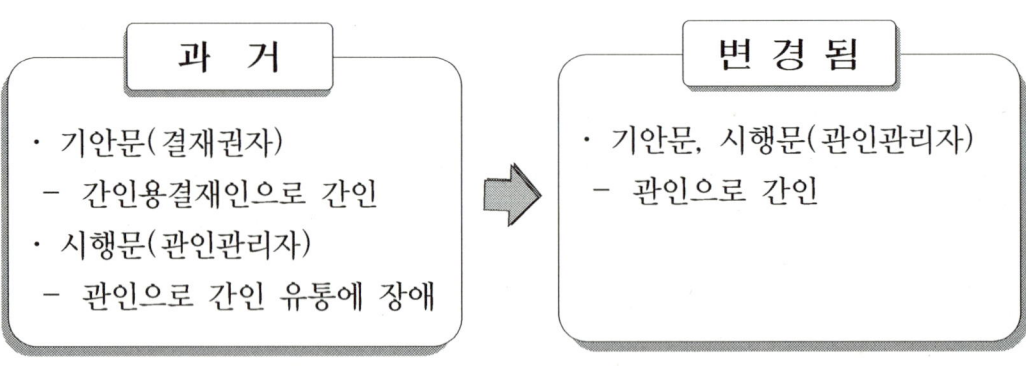

과 거	변 경 됨
· 기안문(결재권자) 　- 간인용결재인으로 간인 · 시행문(관인관리자) 　- 관인으로 간인 유통에 장애	· 기안문, 시행문(관인관리자) 　- 관인으로 간인

기존에는 결재를 받은 기안문 중 중요한 기안문에는 결재권자가 간인용결재인으로 간인하였으나, 앞으로는 기안문과 시행문이 하나로 통합됨에 따라 기안문에도 관인관리자가 관인으로 간인함.

3. 문서취급표시제 폐지(왼쪽상단)

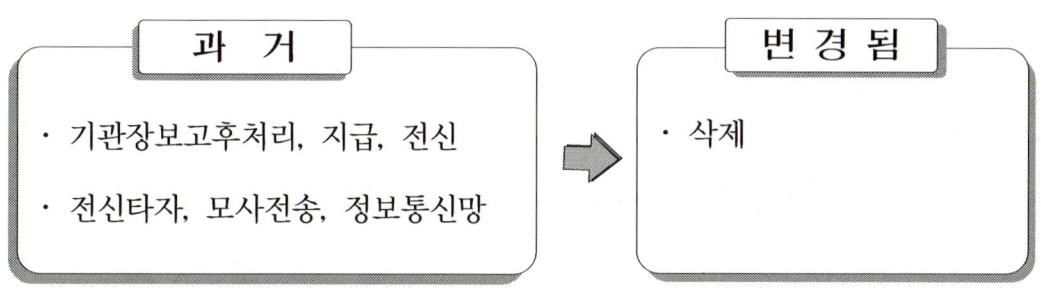

기존에는 기안문과 시행문의 왼쪽 상단의 취급란에 "기관장보고후처리, 지급, 전신, 전신타자, 전화, 모사전송, 정보통신망" 등의 표시를 하였으나 실효성이 없고, 활용도가 낮아 삭제한다.

4. 문서에 로고(좌측상단)/상징(우측상단)/홍보문구 표시(신설)

현재 일부 행정기관들이 로고/상징/마크/홍보문구 등을 공문서에 실제로 사용하고 있고, 행정기관 등의 요청이 있어 이를 현실화하기 위해 기안문 및 시행문에는 가능한 한 행정기관의 로고·상징·마크 또는 홍보문구 등을 표시하여 행정기관의 이미지가 높아질 수 있도록 근거를 명문화한 것이다.

5. 문서의 구성요소 및 기안문서의 서식변경

<table>
<tr><td colspan="2">

과 거

· 두문: 발신기관명, 취급, 주소, 전화, 결재/등록정보, 수신처 등 · 본문: 제목, 내용 및 첨부
· 결문: 발신명의 및 수신처란

</td><td></td><td>

변 경 됨

· 두문: 행정기관명, 수신자
· 본문: 제목, 내용 및 붙임
· 결문: 발신명의, 결재/등록정보, 주소, 전자주소, 전화 등

</td></tr>
</table>

종이문서와 전자문서의 구성 환경이 다르므로, 이에 맞도록 현실화한 것이며, 전자문서의 검색 및 활용이 용이하도록 전자기안문을 신설한 것이다.

6. 민원문서의 수신자란 우편번호/주소기재 의무화

<table>
<tr><td>

과 거

· 민원 회신문의 수신자란에 민원 인의 우편번호, 주소 미기재

</td><td></td><td>

변 경 됨

· 민원 회신문의 수신자란에 우편번호, 주소 기재 의무화

</td></tr>
</table>

기존에는 민원 회신문의 수신자란에 민원인의 주소를 미기재하여 쟁송증거서류 제출시 본인확인 곤란 등 민원야기 소지가 있어, 민원 회신문 수신자란에 우편번호, 주소의 기재를 의무화하여 민원야기소지를 사전에 방지하기 위한 것이다.(예시, 수신 홍길동 귀하→수신자 홍길동 귀하(우110-100 서울시 종로구 옥인동 18)

7. 문서번호의 명칭 및 구성요소 변경

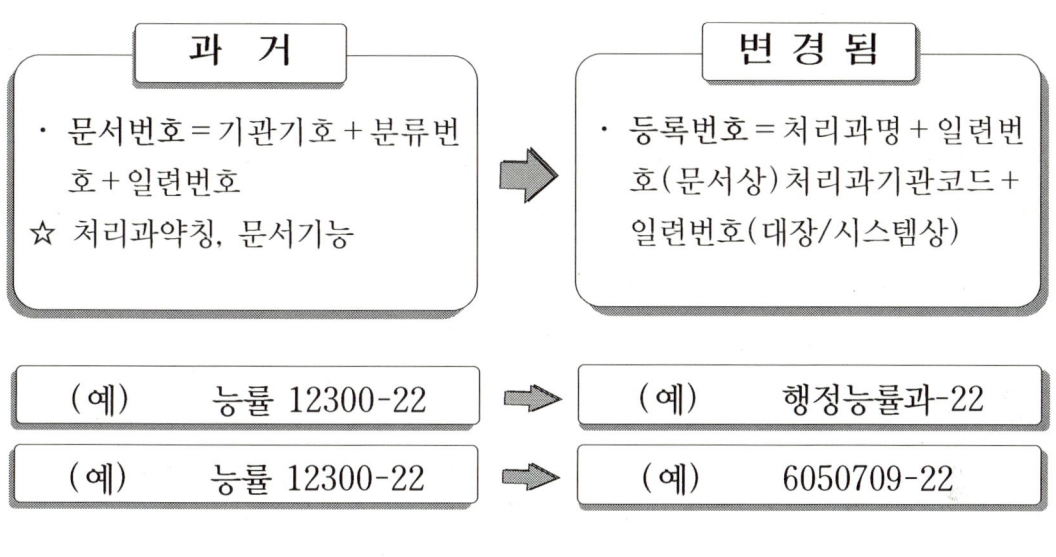

과 거

· 문서번호 = 기관기호 + 분류번호 + 일련번호
☆ 처리과약칭, 문서기능

변 경 됨

· 등록번호 = 처리과명 + 일련번호(문서상) 처리과기관코드 + 일련번호(대장/시스템상)

| (예) 능률 12300-22 | ⟹ | (예) 행정능률과-22 |
| (예) 능률 12300-22 | ⟹ | (예) 6050709-22 |

● 생산문서는 생산등록번호, 접수문서는 접수등록번호 ●

8. 수신자 표시방법의 변경(공문서수신자기호표)

과 거

· 수신처가 1곳인 경우
　수신　문화관광부장관
　참조 국어정책과장

· 수신처가 2 이상인 경우
　수신 수신처 참조
　참조

　　　　교육인적자원부장관
수신처 행정자치부, 문화관광부, 환경부, 여성부, 건설교통부, － － －

변 경 됨

수신자 문화관광부장관(국어정책과장), 여성부장관(총무과장).

수신자 수신자 참조

교육인적자원부장관

수신자 행정자치부장관(행정능률과장), 문화관광부장관(국어정책과장), 환경부 장관(총무과장), 여성부장관(총무과장), ㅡ ㅡ ㅡ.

9. 항목구분의 일부순서 변경

과 거

1. 첫 번째 항목
 가. 두 번째 항목
  (1) 셋째 항목
  (가) 넷째 항목
   1) 다섯째 항목
   가) 여섯째 항목
    ①
     ㉮

변 경 됨

1. 첫 번째 항목
 가. 두 번째 항목
  1) 셋째 항목
  가) 넷째 항목
   (1) 다섯째 항목
   (가) 여섯째 항목
    ①
     ㉮

셋째/넷째 항목과 다섯째/여섯째 항목의 순서를 바꾼다.

10. 내부결재문서의 표시방법의 명문화

[기안문 표시방법]
 수신자 내부결재

 (발신명의란은 공란으로 둔다)

[기록물등록대장 표시방법]
수신자란에 내부결재

● 내부결재 문서는 발신명의를 표시하지 아니한다(규칙에 명문화) ●

11. 종이문서 일괄기안 폐지

과 거
· 서로 관련성이 있는 경우 일괄기안(종이 · 전자문서) 시행

변 경 됨
· 종이문서 일괄기안 폐지
· 전자문서 일괄기안 존치

  기안문과 시행문이 하나로 통합되고 개별적으로 시행됨에 따라, 한 기안용지에 일괄하여 기안할 수 없게 됨에 따라 종이문서의 일괄기안을 폐지하고, 전자문서의 일괄기안을 존치한다.

12. 보조(좌)기관/총괄책임자의 부재사유 명문화

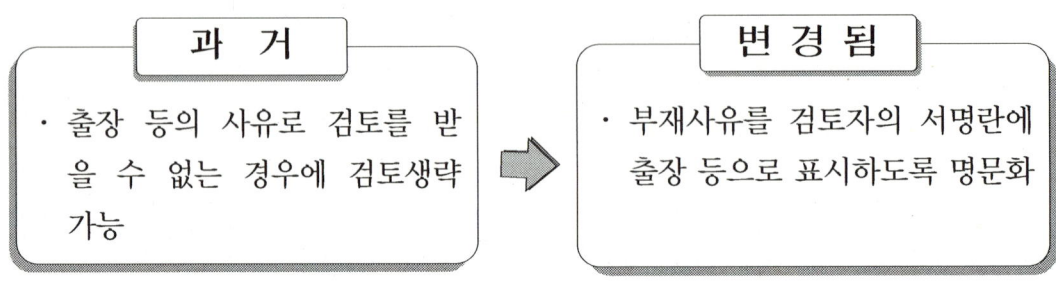

보조기관과 보좌기관의 출장 등의 사유로 검토를 받을 수 없는 경우에는 검토서명을 생략하고, 서명란에 출장 등의 사유를 명시하도록 하여 직근 상급자가 검토/결재함에 있어 검토서명의 생략사유를 확인하도록 하였다.

13. 총괄책임자/업무분담자의 검토서명 위치변경

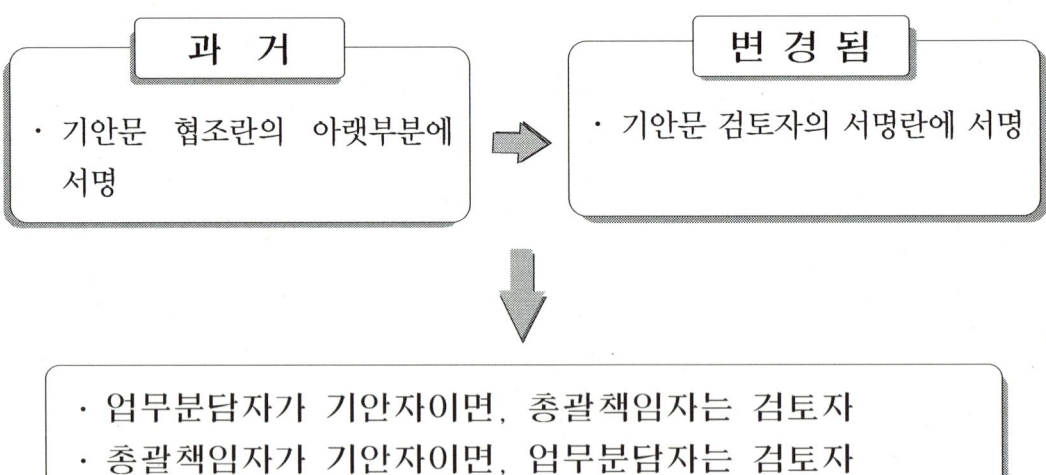

책임자/업무분담자의 서명이 협조서명이 아니고, 검토서명이므로 혼동을 피하기 위하여 서명위치를 변경한 것이다.

14. 업무담당자에게 단순 업무 외의 업무도 전결권 부여

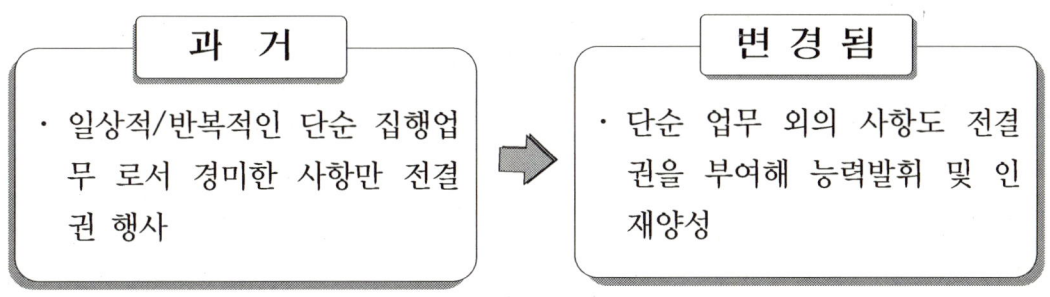

행정기관의 장은 사무의 내용에 따라 그 보조기관·보좌기관 또는 당해 업무담당 공무원으로 하여금 위임전결하게 할 수 있다.

15. 전결표시 및 서명표시 방법의 변경

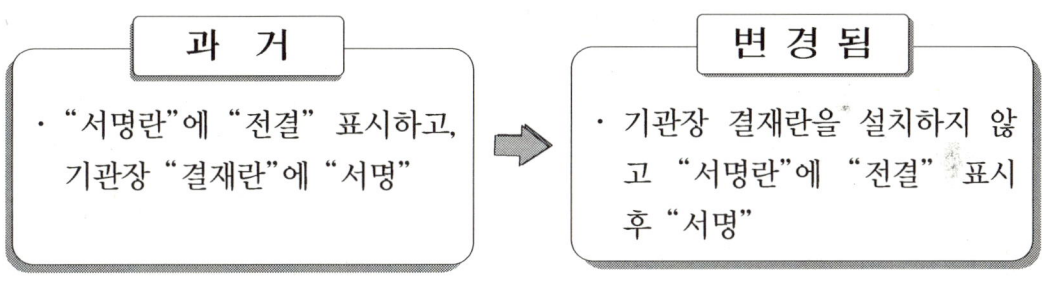

앞으로는 기안문과 시행문이 통합되어 그대로 시행되므로, 발신명의 밑에 온전한 직위 (직급), 전결 및 서명이 그대로 표시되도록 하여 정책실명제의 실현 및 정착을 위한 것이며, 기존에는 행정기관의 장의 직위 및 결재란을 설치하였으나, 앞으로는 행정기관의 장이 결재한 경우를 제외하고는 기관장의 직위 및 결재란을 설치하지 않는다.

□ 결재 및 전결 표시 사례

● 기관장이 결재하는 경우

   총무과장 ○○○ 기획관리국장 ○○○ 부교육감 ○○○

   교육감 ○○○   협조자 감사담당관 ○○○

● 국장이 전결하는 경우

   지방교육행정사무관 ○○○   총무과장 ○○○

   기획관리국장 전결 ○○○   협조자 감사담당관 ○○○

● 과장이 전결하는 경우

   지방교육행정주사 ○○○   지방교육행정사무관 ○○○

   총무과장 전결 ○○○   협조자 감사담당관 ○○○

● 사무관(직위 없음)이 전결하는 경우

   지방교육행정주사 ○○○   지방교육행정사무관 전결 ○○○

   협조자 지방교육행정사무관 ○○○

16. 대결표시 및 서명표시 방법의 변경

과 거

· "서명란"에 "대결" 표시하고, 기관장 "결재란"에 서명

변 경 됨

· 기관장 결재란을 설치하지 않고 전결하는 자의 "서명란"에 "전결" 표시 후 대결하는 자의 서명란에 "대결" 표시하고 "서명"

다만, 부기관장이 대결하는 경우에는 행정기관의 장의 결재란을 설치하지 아니하고 대결하는 자의 서명란에 "대결"표시를 하고 서명하여야 한다.

□ 대결표시 사례

● **기관장 결재사항을 부교육감이 대결하는 경우**
　총무과장 ○○○ 기획관리국장 ○○○ 부교육감 대결 ○○○
　협조자 감사담당관 ○○○, 교육국장 ○○○

● **국장 전결사항을 과장이 대결하는 경우**
　지방교육행정사무관 ○○○　　　총무과장 대결 ○○○
　기획관리국장 전결 ○○○　　　협조자 감사담당관 ○○○

● **과장 전결사항을 사무관이 대결하는 경우**
　지방교육행정주사 ○○○　　　지방교육행정사무관 대결 ○○○
　총무과장 전결 ○○○　　　협조자 감사담당관 ○○○

● **사무관(직위 없음) 전결사항을 주사가 대결하는 경우**
　지방교육행정주사 대결 ○○○　지방교육행정사무관 전결 ○○○
　협조자 지방교육행정사무관 ○○○

17. 문서심사제도의 폐지

기안문과 시행문의 통합으로 양자의 일치 여부 확인이 필요 없고, 결재완료문서는 수정이 불가능해 문서심사의 실효성이 없어짐.

18. 대상문서별 발송방법 변경

과 거	변 경 됨
· 기안문에 의해 시행문을 별도로 작성하여 발송	· 종이문서: 기안문 원본 복사 후 관인날인하여 발송 · 전자문서: 시스템의 전자문서에 전자이미지관인날인 후 발송

기존에는 시행문을 별도로 작성하여 발송하였으나, 앞으로는 기안문과 시행문이 하나로 통합됨에 따라 시행문을 별도로 작성하지 않고, 기안문에 관인(전자이미지관인)을 찍어 그대로 발송한다.

19. 전자문서의 전자이미지관인 날인자 지정

그동안에 논란이 된 전자문서에 대한 전자이미지관인 날인자를 문서수발업무담당자로 구체적으로 제도화하여 일관성 유지

20. 전자문서의 발송수단 확대

전자결재가 끝난 후 전자문서시스템에서 공무원의 공식전자우편주소로 보내 행정기관 외의 자(국민 등)에게 발송할 수 있도록 하였다.

21. 접수문서의 선람/공람서명의 명칭 및 방법변경

과 거

· 중요 문서: 선람자가 선람서명 후 계통에 따라 공람서명함.
· 비중요 문서: 선람서명 없이 공람란에서 계통에 따라 공람서명함.

변 경 됨

· 명칭변경: 선람을 공람으로 변경함.(선람 용어 폐지)
· 공람자 지정: 처리담당자가 공람할 자의 범위를 지정함.
· 공람대상문서: 처리방법을 받아야 할 문서, 민원문서 등.
· 공람방법: 종이문서→적당한 여백에 공람서명함. 전자문서→전자문서시스템상 전자이미지서명 없이 공람의 자동 기록유지.

선람을 공람으로 명칭을 변경하고, 지금까지는 접수문서 중 중요한 문서는 선람 서명하도록 하고, 접수한 모든 문서는 공람 서명하도록 하였으나, 앞으로는 공람이 필요한 문서에만 공람(적당한 여백에 공람서명)하도록 하고, 전자문서는 전자문서시스템 내에서 공람하였다는 기록이 유지되도록 한다.

　단순히 보았다는 뜻으로 형식적인 서명을 하는 데 시간을 많이 투자하여 행정 낭비가 심해 공람서명을 최소화한 것이다.

22. 전자문서의 접수수단 확대(신설)

> 행정기관 외의 자(국민, 법인 등)⇒홈페이지/공무원의 공식전자우편 주소⇒ 전자문서시스템(기록물등록대장) 접수

　전자정부의 구현을 촉진하고 국민 등에게 양질의 행정서비스를 제공하기 위하여 행정기관 외의 자(국민, 법인, 단체, 외국법인/단체, 다른 국가기관 등)로부터 문서를 접수할 근거를 마련한 것이다.

23. 행정정보시스템과 전자문서시스템 간 연계

> 각종 행정정보시스템과 전자문서시스템 간 연계를 통해 중복입력을 방지하고, 행정지식의 공유로 행정의 생산성 제고

24. 정부전자문서유통지원센터 신설

> 행정기관 간 전자문서의 원활한 유통을 지원하기 위해 정부전자문서유통 지원센터를 행정자치부에 두고 정부전산정보관리소가 그 기능을 수행

Ⅱ. 관인 관리

1. 관인등록(재등록, 폐기) 방법변경

과 거	변 경
· 중앙행정기관: 행정자치부에 등록(재등록, 폐기) · 기타 행정기관: 직근 상급기관에 등록(재등록, 폐기)	· 모든 행정기관: 당해 행정기관에 등록(재등록, 폐기) 다만, 제3차 소속기관: 직근상급기관에 할 수 있음.

지금까지는 관인을 등록 또는 재등록하거나 폐기하는 경우 직근 상급기관에 하도록 한 것을 당해 행정기관에 하도록 하여 업무처리의 신속을 기하도록 하고 행정의 자율성과 책임성을 강화하도록 함. 다만, 제3차 소속기관은 직근 상급기관에 할 수 있음.

※ 각급 학교의 관인등록 방법은 현재 "국립 및 공립각급학교관인규칙"(교육인적자원부령)이 개정 중에 있어, 그 결과에 따라 조례를 개정하여 처리한다.

2. 폐기관인의 이관 및 보존의무화 명시

과 거		변 경
· 소각 등의 방법으로 폐기, 보존 필요 시 정부기록보존소에 이관	→	· 폐기하지 않고, 정부기록보존소 등에 폐기관인을 이관

지금까지는 폐기관인을 관인대장에만 기록하고 폐기하였으나, 앞으로는 폐기하지 않고 정부기록보존소 등에 이관하여 역사적인 유물로 보존함으로써 행정기관에서 사용한 관인의 변천을 시대별로 알 수 있도록 한 것임.

3. 전자이미지관인의 등록/관리/원형변경 시 재등록

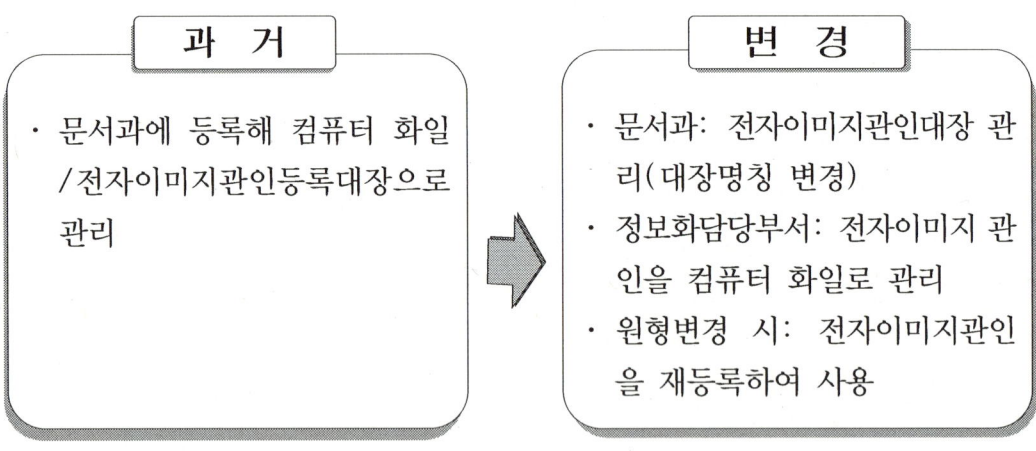

과 거		변 경
· 문서과에 등록해 컴퓨터 화일/전자이미지관인등록대장으로 관리	→	· 문서과: 전자이미지관인대장 관리(대장명칭 변경) · 정보화담당부서: 전자이미지 관인을 컴퓨터 화일로 관리 · 원형변경 시: 전자이미지관인을 재등록하여 사용

대장명칭을 전자이미지관인등록대장에서 등록/재등록/폐기를 다 포괄할 수 있는 전자이미지관인대장으로 변경하고, 그동안에 논란이 되어 왔던 대장과 컴퓨터 화일의 관리부서를 전자이미지관인대장은 문서과에서 관리하고, 전자이미지관인은 컴퓨터 화일로 정보

화담당부서가 관리하도록 구분한다.

4. 전자이미지관인의 관보공고 의무화

일부 행정기관이 전자이미지관인을 전자이미지관인등록대장과 컴퓨터 화일에 등록하지 않고 사용하고, 현행 규정상 관보에 공고를 하지 않음에 따라 전자이미지관인의 관리가 다소 소홀한 사례가 발생하여 전자이미지관인도 일반관인처럼 관보에 공고하도록 하여 전자이미지관인의 관리에 내실화를 기하고자 한다.

Ⅲ. 보고사무

1. 정기보고 지정번호의 표시방법 신설, 수시보고심사 및 보고심사 제외근거의 표시방법 변경

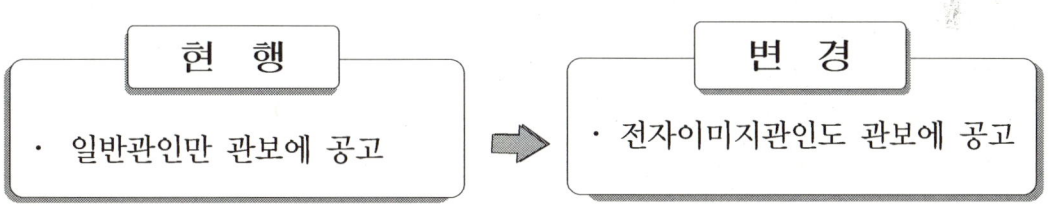

현 행	변 경
· 일반관인만 관보에 공고	· 전자이미지관인도 관보에 공고

┌─────────── 과 거 ───────────┐

- 행정자치부령지정 정기보고: 공문서의 상단 우측에 표시
  (예시) 부령 가 47-1
- 훈령지정 정기보고: 공문서의 상단 우측에 표시
  (예시) 훈령 가 47-1
- 수시보고: 공문서의 상단 우측에 표시
  (예시) 자체 수시 다15-1(3) 2003. 12. 2
- 보고심사 제외대상 보고: 공문서의 상단 우측에 표시
  (예시) 심사제외 영 제43-2-5

┌─────────── 변 경 ───────────┐

- 행정자치부령지정 정기보고: 본문의 첫째 항목에 표시
  (예시) 정기보고의 지정(부령 행정자치부-1)과 관련입니다.
- 훈령지정 정기보고: 본문의 첫째 항목에 표시
  (예시) 정기보고의 지정(훈령 행정자치부-1)과 관련입니다.
- 수시보고: 본문의 첫째 항목에 표시
  (예시) 2004. 7. 1. 자체 수시 전라남도교육청-1(3)과 관련입니다.
- 보고심사 제외대상 보고: 본문의 첫째 항목에 표시
  (예시) 사무관리규정 제43조 제2항 제5호(보고심사 제외근거)와
  관련입니다.

공문서의 본문을 읽음으로써 수시보고(요구)문서이거나 보고심사제외임을 곧바로 알 수 있도록 한다.

> ## 과 거
> ● 공문서의 상단 우측에 표시

> ## 변 경
> ● 행정자치부령지정협조: 본문의 첫째 항목에 표시
>   (예시) 1. 지정협조의 지정(부령협 행정자치부-1)과 관련입니다.
> ● 훈령지정협조: 본문의 첫째 항목에 표시
>   (예시) 1. 지정협조의 지정(훈령협 행정자치부-1)과 관련입니다.
> ● 수시보고: 본문의 첫째 항목에 표시
>   (예시) 1. 수시협 행정자치부-1(7)과 관련입니다.
>   (예시) 1. 수시협 전라남도-1(20)과 관련입니다.

IV. 협조사무

1. 지정협조 지정번호 표시방법 신설 및 수시협조의 표시방법의 변경

> ### 과 거
> · 결재가 끝난 문서를 등록하지 아니한 자, 관인을 부당하게 사용한 자, 보고지연(업무협조 지연)의 책임이 있는 자에 대하여는 징계 등 기타 필요한 조치를 하여야 함.

> ### 변 경
> · 위임전결규정상의 결재권자를 상향/하향 조정하여 기안/검토/결재를 한 자에 대하여도 징계 등의 행정책임을 묻도록 함.

공문서의 본문을 읽음으로써 수시협조(요청)문서임을 곧바로 알 수 있도록 하여 수시 협조 문서처리의 원활을 기하고자 한다.

Ⅴ. 행정책임

1. 결재권자 상향/하향 조정자 책임 신설

위임전결규정(사무전결처리규칙)상의 결재권자를 준수하도록 하여 결재 단계를 상향/ 하향하지 못하도록 한 것이다.

일반 기안문(시행문겸용) 통합서식
[별지제 1호의 2서식]

(앞쪽)

행 정 기 관 명
수신자 (   )
(경유)

제   목

발 신 명 의 ㊞

기안자(직위/직급)   서명   검토자(직위/직급) 서명   결재권자(직위/직급)   서명
협조자(직위/직급)   서명
시행 처리과명 – 일련번호 (시행일자)   접수   처리과명 – 일련번호(접수일자)

우   주소/홈페이지 주소
전화 (   )   전송 (   )/공무원의 공식 전자우편주소/공개구분
(뒤쪽)

――――― 〈처리요령〉 ―――――

1. 행정기관명: 그 문서를 기안한 부서가 속한 행정기관명을 기재한다.
2. (경유): 경유문서인 경우에 (경유)란에 "이 문서는 경유기관의 장은 ○○○(또는 제1차 경유기관의 장은 ○○○, 제2차 경유기관의 장은 ○○○)이고, 최종 수신기관의 장은 ○○○입니다."라고 표시하고, 경유기관의 장은 제목란에는 "경유문서의 이송"이라고 표시하여 순차적으로 이송하여야 한다.
3. 수신자(   ): 수신자명 또는 수신자기호를 먼저 쓰고, 이어서 (   ) 안에는 처리할 자(보조기관 또는 보좌기관을 말한다)의 직위가 분명한 경우에는 그 직위를 쓰되, 처리할 자의 직위가 분명하지 않는 경우에는 ○○업무담당과장 등으로 쓰며, 수신자가 너무 많아 문서의 주된 내용을 첫 장에서 파악하기 곤란한 경우에 한하여 두문의 수신자란에 "수신자 참조"라고 쓰고, 결문의 수신자란에 수신자명 또는 수신자기호를 표시한다.
4. 제목: 그 문서의 내용을 쉽게 알 수 있도록 간단하고, 명확하게 표시하고, 내용은 그 문서로써 표현하고자 하는 뜻을 쉬운 말로 간략하게 작성한다.
5. 발신명의: 합의제 행정기관 또는 행정기관의 장의 명의를 기재하고, 보조기관 또는 보좌기관 상호간에 발신하는 문서는 그 보조기관 또는 보조기관의 명의를 기재한다.
6. 기안자, 검토자, 협조자, 결재권자의 직위/직급 및 서명: 직위가 있는 경우에는 직위를 온전하게 쓰고, 직위가 없는 경우에는 직급을 온전하게 쓰며, 서명란에는 서명(사무관리규정시행규칙 제3호의 규정에 의한 서명, 전자문자서명, 전자이미지서명 또는 행정전자서명을 말한다. 이하 같다)을 표시한다.
7. 시행 처리과명 – 일련번호(시행일자) 접수 처리과명 – 일련번호(접수일자): 처리과명(처리과가 없는 행정기관은 7자 이내의 행정기관명의 약칭)을 기재하고, 일련번호는 연도별 일련번호를 기재하며, 시행일자와 접수 일자 란에는 연월일을 각각 온점(.)을 찍어 숫자로 기재한다. 다만, 민원문서인 경우에는 시행일자와 접수 일자 란에 시·분까지 기재한다.
8. 우 주소: 우편번호와 주소를 기재하되, 주소는 층수·호수까지 기재한다. (예) 우110-760 서울특별시 종로구 세종로 77-6 11층 1115호

〈처리요령〉

9. 홈페이지 주소: 행정기관의 홈페이지 주소를 기재한다.(예) www.mogaha.go.kr

10. 전화( ) 전송( ): 전화번호와 모사전송번호를 각각 기재하되, ( ) 안에는 지역번호를 기재한다. 기관 내부문서의 경우는 구내 전화번호를 기재한다.

11. 공무원의 공식 전자우편주소: 행정기관에서 공식적으로 공무원에게 부여한 전자우편주소를 기재한다.(예) doctor@mogaha.go.kr

11. 공무원의 공식 전자우편주소: 행정기관에서 공식적으로 공무원에게 부여한 전자우편주소를 기재한다.(예) doctor@mogaha.go.kr

12. 공개구분: 공개, 부분공개, 비공개로 구분하여 표시한다. 부분공개, 비공개인 경우에는 공공기관의기록물관리에관한법률시행규칙 제16조의 규정(별표11)에 의한 공개 여부 구분번호를 선택하여 ( ) 안에 표시한다.

13. 관인생략 등 표시: 발신명의의 오른쪽에 관인생략 또는 서명생략을 표시한다.

※ 기안자, 검토자 및 결재권자(직위/직급) 서명: "기안자, 검토자 및 결재권자"의 용어는 표시하지 않고, 기안자, 검토자 및 결재권자의 직위/직급을 쓰고 서명한다.

※ 협조자(직위/직급) 서명: "협조자"의 용어를 표시한 다음, 이어서 직위/직급을 쓰고 서명한다.

※ 전결 및 서명표시 위치: 사무관리규정 제16조 제2항 및 동규정 제19조 제1항의 규정에 의하여 결재권이 위임된 사항을 전결하는 경우에는 행정기관의 장의 결재란을 설치하지 아니하고 전결하는 자의 서명란에 "전결"표시를 하고 서명한다.

※ 전결, 대결 및 서명표시 위치: 사무관리규정 제16조 제3항 및 동규정 제19조 제2항의 규정에 의하여 대결하는 경우에는 행정기관의 장의 결재란을 설치하지 아니하고 원래의 전결하는 자의 서명란에 "전결"표시를 하고, 대결하는 자의 서명란에 "대결"표시를 하고 서명한다. 다만, 행정기관의 장의 결재사항을 부기관장이 대결한 경우 또는 대결한 문서를 시행하는 경우에는 행정기관의 장의 결재란을 설치하지 아니하고, 대결하는 자의 서명란에 "대결"표시를 하고 서명한다.

※ 보조기관 또는 보좌기관의 전결사항이 아닌 결재사항인 경우에는 검토자는 해당란에 검토서명을 하고, 보조기관 또는 보좌기관은 그 보조기관 또는 보좌기관의 직위를 쓰고, 해당란에 결재서명한다.

※ 발의자(★), 보고자(◉)표시는 직위 또는 직급 앞 또는 위에 한다. 전자문서의 결재 등 결재권자에게 직접 보고하지 아니하는 경우에는 보고자(◉)표시를 생략한다.

※ 전자이미지서명 등 전자문서처리를 위하여 기안자, 검토자, 결재권자의 서명란의 위치 및 크기를 조정하여 사용할 수 있다.

※ "수신자"는 "받는 자"로 사용할 수 있다.

전자기안문

[별지 제3호의2서식]

(표제부)

행 정 기 관 명

수신자   (   )

(경유)

제   목

본 서식은 표제부입니다.

본문 내용은 본문 부(별도 화일)를 이용하시기 바랍니다.

본문 내용에 대한 의견이 있는 경우에만 아래에 기재합니다.

1. 의견내용

2. 의견을 표시한 자의 소속, 직위(직급) 및 성명

발 신 명 의㉚

기안자(직위/직급)   서명   검토자(직위/직급)   서명   결재권자(직위/직급)   서명

협조자(직위/직급)   서명

시행   처리과명 – 일련번호(시행일자)   접수   처리과명 – 일련번호(접수일자)

우   주소/홈페이지 주소

전화(   ) 전송(   )/공무원의 공식 전자우편주소/공개구분

(본문부)

제   목

(본문 내용)

붙임

간이기안문
[별지 제3호의 3 서식]

등록번호	
등록일자	
결재일자	
공개구분	

협조자			

(제   목)

※ 필요한 경우 보고근거 및 보고내용을 요약하여 기재할 수 있음.

○ ○ ○ ○ 부   ○ ○ ○ ○ 부

또는

○ ○ ○ ○ 국   ○ ○ ○ ○ 과

비고

1. 이 서식은 보고서·계획서·검토서 등 내부적으로 결재하는 문서에 한하며, 시행문으로 변환하여 사용할 수 없다.

2. 등록번호란: 처리과기관코드[처리과명(처리과가 없는 행정기관은 7자 이내의 행정기관명의 약칭)을 말한다]와 연도별 일련번호를 기재한다.

3. 공개 구분란: 공개, 부분공개, 비공개로 구분하여 표시한다. 부분공개, 비공개인 경우에는 공공 기관의 기록물 관리에 관한법률시행규칙 제16조의 규정(별표11)에 의한 공개 여부 구분 번호를 선택하여 ( ) 안에 표시한다.

4. 기안자, 검토자, 협조자, 결재권자의 직위/직급 및 서명: 직위가 있는 경우에는 직위를 온전하게 쓰고, 직위가 없는 경우에는 직급을 온전하게 쓰며, 서명란에는 사무관리규정 시행규칙 제3호의 규정에 의한 서명, 전자문자서명, 행정전자서명 또는 전자이미지서명을 표시한다.

5. 발의자(★), 보고자(◉)표시: 해당 직위 또는 직급의 앞 또는 위에 한다. 전자문서의 결재 등 결재권자에게 직접 보고하지 아니하는 경우에는 보고자(◉)표시를 생략한다.

6. 전결 및 서명표시 위치: 사무관리규정 제16조 제2항 및 동 규정 제19조 제1항의 규정에 의하여 결재권이 위임된 사항을 전결하는 경우에는 행정기관의 장의 결재란을 설치하지 아니하고 전결하는 자의 서명란에 "전결"표시를 하고 서명한다.

7. 전결, 대결 및 서명표시 위치: 사무관리규정 제16조 제3항 및 동 규정 제19조 제2항의 규정에 의하여 대결하는 경우에는 행정기관의 장의 결재란을 설치하지 아니하고 원래의 전결하는 자의 서명란에 "전결"표시를 하고, 대결을 하는 자의 서명란에 "대결"표시를

하고 서명한다. 다만, 행정기관의 장의 결재사항을 부기관장이 대결한 경우 또는 대결한 문서를 시행하는 경우에는 행정기관의 장의 결재란을 설치하지 아니하고, 대결하는 자의 서명란에 "대결"표시를 하고 서명한다.

8. 보조기관 또는 보좌기관의 전결사항이 아닌 결재사항인 경우에는 검토자는 해당란에 검토서명을 하고, 보조기관 또는 보좌기관은 그 보조기관 또는 보좌기관의 직위를 쓰고, 해당란에 결재서명 한다.

9. 크기 및 결재란 수는 조정하여 사용할 수 있다.

2. 기록물 관리법령 주요 내용

기록물관리법령 주요 내용

Ⅰ. 기록물 등록

1. 등록방법

○ 처리과별로 생산·접수 기록물을 통합하여 등록관리(영 제10조, 규칙 제4조)

○ 모든 생산·접수 기록물에 처리과기관코드＋연도별등록일련번호로 구성되는 기록물 등록번호 부여(영 제10조, 규칙 제4조)

┌─── 종전 문서번호 ───┐   ┌─── 새로운 등록번호 ───┐
│   │   │   │
│ · 행정 12300-35   │ │ · 1310092-35   │
│ （처리과약칭 - 분류번호 - 등록 │   │ （처리과 기관코드 - 등록연번） │
│   연번）   │   │   │
└──────────────────────┘   └────────────────────────┘

※ 문서번호: 분류번호개념(종래)⇒등록번호, 고유번호(개선)

○ 문서 서식상 등록번호: 처리과명＋등록연번
예) 정부기록보존소 행정과에서 2004년도에 10번째 생산한 문서의 경우
    기록물 서식상 표기: 행정과-10
    기록물등록대장 및 시스템에서의 등록번호 관리: 1310092-10
    해당 기록물의 고유번호: 1310092-2004-10

정 부 기 록 보 존 소

수신자 전라남도교육감(총무과장)

제목   주요 기록물관리 지침 통보

　　　 공공기관의기록물관리에관한법률시행령 제7조의 규정에 의거 주요 기록물관리 지
침을 통보하오니 적극 시행하여 주시기 바랍니다.

붙임 주요 기록물관리 지침 1부 끝.

정 부 기 록 보 존 소 장

학예연구사 김형국 행정사무관 이명식 행정과장 전결 홍성우
협조자
시행 행정과-10(2003. 3. 5.) 접수

우 302-701 대전광역시 서구 둔산동920　　정부대전청사/www.archives.go.kr
전화(042)481-6266　　　　　　　　　　　전송(042)472-3903/khk@mogaha.go.kr/공개

기록물등록대장

(처리과기관코드: 1310092 연도: 2003)

기본등록사항												
등록 구분	생산 (접수) 일자	생산 (접수) 등록번호	첨부 번호	제목	쪽수	결재 권자	기안자 (업무담당자)	시행 일자	수신자* (발신자)	문서과 배부 번호	생산 기관 등록 번호	전자 기록물 여부
·	·	·		·		·	·	·	·	·	·	·
1(일반문서 생산·발송)	3. 5	1310092-10		주요 기록물 관리지침 통보	20	과장	김형국	3. 5	전라 남도 교육감			전자
·	·	·	·	·	·	·	·	·	·		·	

2. 등록시기(규칙 제4조)

○ 문서는 결재 또는 보고 종료, 수정 또는 반려, 접수 시
○ 사진, 필름 등은 보존기록물로 선정, 녹음·비디오 등은 편집 등 작품 완성 시

○ 등록 시 유의사항: 새로운 전자문서시스템에서는 등록 시 분류·편철 정보를 기입
  하지 않으면 기록물 생산 또는 접수 시 기록물등록대장에 등록할 수 없음.
○ 등록순서: 생산문서의 경우) 기안-분류 및 편철-결재-등록
  접수문서의 경우) 접수(등록)-담당자 지정-분류 및 편철-공람
※ 분류 및 편철은 종전의 분류번호 및 보존기간을 지정하는 것과 동일한 기능으로
  전자문서시스템에서 해당 기록물의 단위업무 및 기록물철을 지정하는 작업이다.

3. 등록번호 표시(규칙 제5조)

○ 기안문·시행문 서식의 생산문서는 등록번호란(종전의 문서번호란)에 표기
○ 카드·도면·보고서 등은 좌측상단에 등록번호 표기
○ 기타 접수문서는 우측상단에 별도의 접수처리 표시를 하여 등록번호 표기
○ 사진·테이프·필름·디스켓 등에도 등록번호 표기

4. 첨부물의 분리등록(영 제10조)

○ 일반문서에 첨부된 녹음테이프, 큰 도면 등 기록물종류나 규격이 달라 함께 관리가 곤란한 첨부물은 첨부물 분리등록 방법을 사용하여 등록
○ 첨부물 분리등록 시 등록번호는 본문과 동일한 등록번호에 첨부번호가 추가(규칙 제4조 별지 제1호 서식)
  - (예)「국무회의록」문건에 첨부된 발언록 테이프: 녹음테이프만 떼어내 첨부등록
  - (예) 농지전용허가서에 첨부된 지적도면: 도면만 따로 떼어내 첨부등록 가능

5. 등록파일

○ 한 번 등록으로 기록물등록대장, 생산기록물목록, 기록물철 색인목록, 이관기록물목록, 보존기록물목록을 모두 처리
○ 기록물은 한 건이라도 임의폐기 또는 멸실 시 전산으로 추적 가능(영 제10조)

Ⅱ. 분류·편철 및 기록물분류기준표

1. 기록물철 등록

○ 2004년부터는 기록물 건을 등록하기 위해서는 우선 기록물철등록부에 기록물철을 등록하여야 한다.

  - 기록물철 등록은 기본등록사항(단위업무번호, 기록물철 제목, 기록물 형태 등)과 보존분류사항(보존기간, 보존방법, 보존장소 등)을 지정 또는 기입하는 것을 말한다.

  - 기록물철 제목은 수기 입력하여야 하지만, 대부분의 작업은 지정(단위업무번호, 기록물형태, 보존기간 등) 또는 자동부여(보존분류사항)된다.

○ 기록물철등록부는 종전의 보존문서기록대장을 대체하는 것으로 기록물철을 등록관리하기 때문에 문서정리 기간 시 색인목록 작성, 생산목록 작성, 이관목록 작성 등의 작업이 생략된다.

기록물철등록부 (처리과기관코드: 자동 연도: 자동)

기 본 등 록 사 항						보 존 분 류 사 항						
단위 업무 코드	생산 년도	기록물철 등록연번	기록물철 제 목	특수 목록	기록물 형 태	종료 연도	보존 기간	보존 방법	보존 장소	비치 종결 일자	비치 사유	업 무 담당자
지정	자동	자동	기입	기입	지정	기입	지정	자동	자동	기입	기입	지정

2. 기록물철 분류번호

○ 기록물철 분류번호의 구성(영 제13조)
- 분류번호는 기록물철을 「기록물철등록부」에 등록하여 관리.

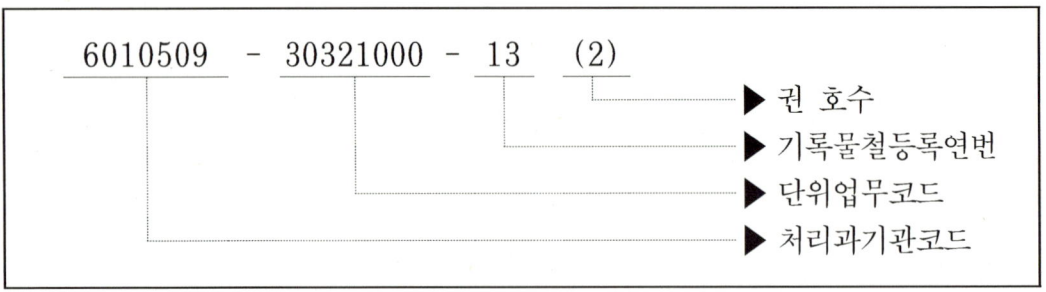

6010509 - 30321000 - 13 (2)

▶ 권 호수
▶ 기록물철등록연번
▶ 단위업무코드
▶ 처리과기관코드

3. 기록물분류기준표(영 제12조)

○ 처리과별·단위업무별로 기록물분류기준표에 의거 기록물관리

○ 기록물분류기준표는 전문관리기관이 전산으로 작성·고시

○ 직제개정·업무변경 시 지체 없이 분류기준표 변경 신청

○ 「기록물분류기준표」는 현행 「공문서 분류번호 및 보존기간표」를 대체하는 현대적 기록관리시스템으로, 처리과별로 수행하는 단위업무를 기준으로 단위업무별로 보존분류사항(보존기간, 보존장소, 보존방법, 비치여부) 및 검색어(특수목록) 등을 지정·고시하는 기록물관리 규정이다.

○ 기록물분류기준표는 처리과별로 단위업무조사서를 받아 중앙기록물관리기관 또는 특수기록물관리기관이 작성·고시(규칙 제7조)

4. 기록물분류기준표의 개념과 구성(영 제12조)

○ "처리과별(기관별)로 단위업무"를 확정하여 관리

- 출처별 기록물관리 원칙에 입각, 처리과별로 단위업무를 확정하여 고시(告示)·운영

- 단위업무별로 보존분류사항(보존기간, 보존장소 등)의 기준을 제시

- 업무담당자는 자신이 수행하는 단위업무별로 기록물철을 등록·편철

단위 업무

○ 업무의 성격·처리절차·형태 등이 거의 동일한 업무의 최소단위
   ☞ 1인 또는 소수의 인원으로 구성된 팀에게 분장되는 수준의 업무·사업으로 직제개정 등으로 업무변경 시 2개 이상으로 분리하기 어려운 수준
○ 업무의 분장 및 이관이나 문서관리 시에 기본단위로 사용
   ☞ 단, 편철의 기준이 되는 단위사안은 아님

○ "처리과별 단위업무" 체제의 장점
① 문서등록 시 사용하기 편리하며, 기록물의 정확한 분류(分類) 가능
 - 각 처리과마다 평균 20~30개의 단위업무를 확정고시
 - 업무담당자는 자신의 분장사무에 해당하는 단위업무를 쉽게 확인
 - 업무담당자는 생산한 기록물을 해당 단위업무에 정확하게 등록·분류·편철함으로써 단일한 성격을 지닌 기록물이 별도의 기록물철에 편철되는 오분류(誤分類)를 방지할 수 있다.

② 행정환경의 변화를 신속히 반영하여 업무환경과 기록관리를 일치시킴
 - 기존 '공문서분류번호및보존기간표'는 평균 5년 단위로 수정 및 증보(增補)되므로 직제변경 사항을 제대로 반영하기가 곤란하다.
 - 기록물분류기준표는 기관별(처리과별)로 운영되므로 기관별(처리과별) 직제변경 사항을 신속히 반영할 수 있다.

③ 열람의 효율성과 편리성 제고
 - 제반 기록의 등록사항을 단위업무별-기록물철별-기록물 건별로 체계적으로 관리함으로써 업무담당자나 일반 시민이 쉽게 열람할 수 있다.

④ "다수의 보존분류항목"을 통해 기록의 제반정보 종합관리
 - 아래 고시형식(시행규칙 별지 제3호 서식)처럼 다수의 세부항목 관리한다.

처리과 기관코드	기능분류번호				보존분류기준					검색어 지정기준			
	대기능	중기능	소기능	단위업무	보존기간	보존방법	보존장소	비치기록물여부	비치기록물이관시기	특수목록위치	제1특수목록	제2특수목록	제3특수목록
○ 조사서 대상항목 아님 ○ 정부기록보존소 고유작업													

※ 단위업무설명, 보존기간 책정사유, 열람 등의 항목을 추가관리

○ 기록물분류기준표 조사서 작성 작업의 의미

- 기록물분류기준표는 처리과별(업무담당자별)로 작성된 조사서를 토대로 전문관리기관이 최종 확정하는 방식으로 제정된다.

- 기관의 행정적 필요를 충족할 수 있고, 기록정보의 생산 및 적절한 관리, 역사적 가치의 실현이 가능한 방식이다.

- 업무담당자는 기록을 직접 생산하는 1차 생산자의 입장에서 자신이 생산하는 기록의 행정적 가치에 대해 정확한 의견을 피력할 권리를 행사한다.

5. 기록물 분류기준 표

○ 업무처리 절차의 변화

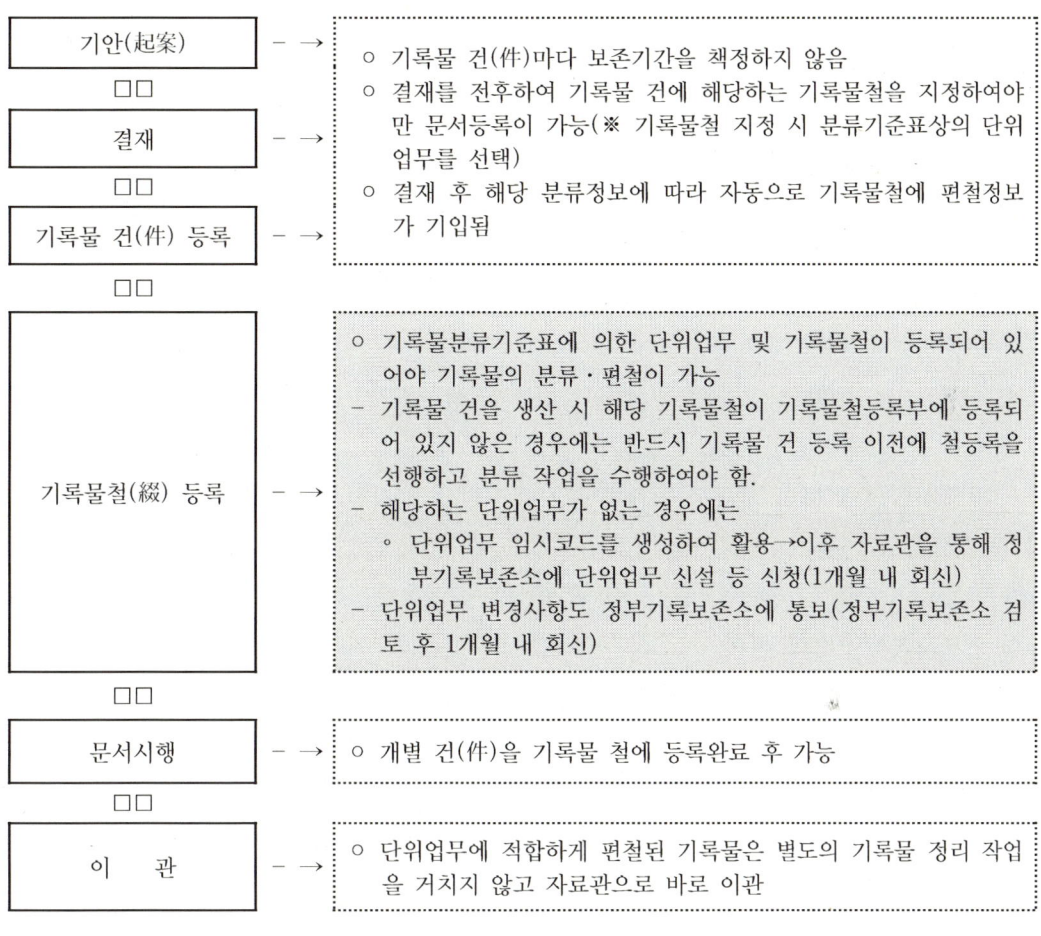

기안(起案)
- ○ 기록물 건(件)마다 보존기간을 책정하지 않음
- ○ 결재를 전후하여 기록물 건에 해당하는 기록물철을 지정하여야 만 문서등록이 가능(※ 기록물철 지정 시 분류기준표상의 단위 업무를 선택)
- ○ 결재 후 해당 분류정보에 따라 자동으로 기록물철에 편철정보 가 기입됨

결재

기록물 건(件) 등록

기록물철(綴) 등록
- ○ 기록물분류기준표에 의한 단위업무 및 기록물철이 등록되어 있 어야 기록물의 분류·편철이 가능
- - 기록물 건을 생산 시 해당 기록물철이 기록물철등록부에 등록되 어 있지 않은 경우에는 반드시 기록물 건 등록 이전에 철등록을 선행하고 분류 작업을 수행하여야 함.
- - 해당하는 단위업무가 없는 경우에는
  - ° 단위업무 임시코드를 생성하여 활용→이후 자료관을 통해 정 부기록보존소에 단위업무 신설 등 신청(1개월 내 회신)
- - 단위업무 변경사항도 정부기록보존소에 통보(정부기록보존소 검 토 후 1개월 내 회신)

문서시행
- ○ 개별 건(件)을 기록물 철에 등록완료 후 가능

이 관
- ○ 단위업무에 적합하게 편철된 기록물은 별도의 기록물 정리 작업 을 거치지 않고 자료관으로 바로 이관

72

○ 보존기간 책정단위 변화: 건(件)→기록물 철(綴)단위 책정

○ 기록물분류기준표는 단위업무별 보존연한 책정 기준을 제시
○ 기록물 보존연한 책정은 처리과의 장 책임하에 기록물 철 단위로 책정
○ 단, 기록물분류기준표상 준영구 이상으로 보존연한이 책정된 기록물을 20년 이하 보존으로 책정할 경우에는 해당 기록물을 전문관리기관으로 이관하여 폐기 심사를 거친 이후 처리

- 현행 건(件)단위 보존연한 책정방식은 불가피하게 동일한 단위사안에 대해서도 별도의 보존연한을 책정
- 이는 결국 동일 사업을 수행하는 과정에서 생산된 기록물이 보존연한의 차이로 인해 흩어지고 상호 연결이 충분하지 않은 결과를 초래
- 단위사안별로 묶인 기록물 철(綴)에 보존연한을 책정함으로써 기록물 정보의 양(量) 및 질(質) 제고 가능

○ 기록물등록방식의 변화

현 행	향 후
○ 건(件) 등록 시 단위업무 코드 부여 - 분류체계: 단위업무코드＋연번 ➜ 예: 총무12345-21 ※ 철(綴) 등록 - 이듬해 문서정리기간에 문서정리 시 편철 후 등록	○ 건(件) 등록 시 고유번호로만 식별 - 분류체계: 처리과코드＋연번 ➜ 예: 3406189-21 ※ 단, 육안으로 볼 때는 "자치행정과-21" ○ 철(綴) 등록 시 단위업무 코드 부여 - 분류체계: 처리과코드＋단위업무코드 ＋기록물 철 등록연번 ➜ 예: 3406189-742143-21

※ 문서시행 전에 건등록과 철등록이 동시에 이루어진다는 것의 의미
　- 이듬해 문서정리기간에 새롭게 편철을 하지 않고, 문서시행 때 철등록을 통해 편철
을 함으로써,
　- 정확한 등록·분류·편철이 가능하게 되었으며 문서관리가 보다 편리해진다.

Ⅲ. 편철 및 기록물 정리 방법

○ 기록물분류기준표의 적용 및 단위사안별 기록물철 작성에 따라 편철량 및 편철방
　식의 변화(종전 200매→100매)
- 모든 기록물은 사안단위로 관련 문서끼리만 얇게 편철
- 일반문서류는 완결 전에는 진행문서파일에, 완결 후에는 보존용 표지를 씌워 크립
　으로 고정 후 보존상자에 넣어 관리
- 카드류, 사진·필름류, 도면류는 보관봉투에 담아 편철
- 편철순서와 면 표시는 발생순으로 위에서부터 아래로 실시

1. 편철기준(영 제13조)

〈기록물철 작성기준〉

· 발생·경과·완결의 관계로 연결되는 하나의 사안단위
· 하나의 주제·과제·행사·회의·사안 관련 기록물
· 테이프, 디스크, 디스켓, 영화필름 등 분리 곤란한 매체단위
　※ 관련 없는 기록은 동일매체에 수록하지 말아야 함.
· 사진·도면 등의 경우 대상이 되는 주제·행사·시설·구역단위
· 카드류의 경우 동종카드(30건 미만)를 넣어 편철한 봉투단위
· 기타 기록물철 단위로 적합한 업무단위

기록물철은 100매 이내로 얇게 하되 분량이 많을 때는 2권 이상으로 분철가능.

2. 기록물철 작성 및 등록

○ 처리과의 장은 단위업무별 편철기준을 작성·운영(영 제13조)

단위업무	편 철 기 준
징계업무	징계요구서, 사실조사서, 진술서, 회의록, 처분결정서 등을 모아 사건단위로 편철
건축허가	허가신청서, 심의서, 협의문서, 허가서 등을 모아 허가건별로 편철

○ 업무담당자는 단위업무 편철기준에 따라 기록물철을 작성하면 지체 없이 「기록물철 등록부」에 등록하고, 「기록물철 표지」를 전산으로 출력하여 당해 기록물철의 표지로 부착해야 함(규칙 제9조, 제15조)

3. 일반문서류의 편철 및 보관(규칙 제10조)

○ 기록물철 작성·등록 후 완결 시까지 진행문서 파일에 넣어 관리
○ 편철순서는 위로부터 표지, 색인목록(수기작성), 발생일자순 문건의 순서로 끼워 넣어 편철
○ 사안이 완결되면 진행문서 파일에서 기록물만 빼내 색인목록을 전산출력물로 바꾸고(기록물 정리 후 교체 가능) 보존용 표지를 씌운 후 크립으로 고정
○ 처리완결된 일반문서류는 보존상자에 넣어 관리하다가 이관
○ 진행문서 파일은 다른 사안의 진행문서파일로 계속해서 재활용
※ 보존기간 20년 이하 기록물인 경우에는 종전의 사무용파일을 2005년 말까지 사용가능하며, 준영구 이상의 기록물은 반드시 새로운 편철용구를 사용(시행규칙 부칙 제3조)

4. 카드류의 편철 및 보관(규칙 제11조)

○ 비치활용기간 중에는 개별로 카드함에 넣어 관리
○ 비치활용이 끝난 카드류는 30건(매) 기준으로 카드봉투에 넣어 편철하고 카드봉투를 기록물철로 간주하여 「기록물철등록부」에 등록

○ 기록물등록대장에 정리한 카드는 어느 봉투(기록물철)로 갔는지 분류등록을 한 후, 색인목록을 전산출력하여 카드봉투에 넣음
○ 봉투에 담은 카드는 보관상자에 넣어 관리하다가 이관

5. 도면류의 편철 및 보관(규칙 제12조)

○ 도면류는 사안(기록물철)단위로 도면봉투에 넣어 편 상태로 도면함에 관리
○ 보관봉투 맨 위에 색인목록을 놓고 각 도면에 등록번호 표시 후 색인목록순으로 배열

6. 사진·필름류의 편철 및 보관(규칙 제13조)

○ 사안(기록물철)단위로 사진봉투에 넣어 관리하다가 이관
○ 보관봉투 맨 위에 색인목록을 놓고, 각 사진·필름에 등록번호를 표시한 후 색인목록순서대로 배열

7. 보관상자에 기록물을 넣을 때

○ 사무실 활용 중에는 담당자가 찾기 쉽도록 업무별 또는 담당자별로 구분 보관
○ 이관 시에는 업무담당자나 단위업무 구분 없이 생산년도별·보존기간별로 보관상자를 편성·보관 후 이관(영 제20조)

76

- 여백이 많을 경우 인접부서 또는 상위부서에서 통합하여 반드시 생산연도별·보존기간별로 상자를 편성하여 이관해야 함.
○ 기록물 이관 시는 이관목록을 작성한 후 이관목록상의 상자번호를 해당 보관상자에 표시하여 이관

8. 면 표시 방법(사무관리규정시행규칙 제7조)

○ 문건별 면 표시는 중앙하단에, 철단위 면 표시는 우측하단에 표기
○ 양면 기재된 문서는 양면 모두에 면 표시
○ 기록물철의 면 표시는 편철순서대로 맨 윗장부터 아래로 일련번호로 부여하되, 표지와 색인목록은 제외하고 본문부터 면 표시 시작
○ 동일 기록물철을 2권 이상으로 나누어 편철 시 2권 이하의 철단위 면 표시는 전권의 마지막 쪽수 다음부터 시작. 이 경우에도 표지와 색인목록은 면 표시 제외한다.
○ 기록물철단위 면 표시는 최초에는 연필로 했다가 기록물 정리가 끝나면 비로소 잉크 또는 넘버링기기로 확정 표시한다.

9. 종전과 달라진 사항

○ 일반문서류 편철방법

종 전	변 경
○ 서류에 구멍을 뚫어 편철	○ 손상 없이 끼워 넣는 방식
○ 업무종류별로 두껍게 편철	○ 사안별로 관련 문서끼리만 얇게 편철
○ 진행파일과 보존용파일 미구분	○ 진행파일과 보존용표지 구분
○ 내부표지 따로 없음	○ 기록물철 등록 후 출력되는 내부표지 반드시 사용→기록물철등록 여부 확인
○ 아래부터 위로 역순 편철	○ 논리적 순서대로 위로부터 아래로 순차적 편철→전산화 가능
○ 색인목록 수기 작성	○ 정리이관 시 전산출력된 색인목록으로 교체→전산등록 일치 여부 확인
○ 면 표시 방법 불확실	○ 전산화 가능토록 면 표시 표준화

※ 새로운 체제에서는 전산등록이 제대로 안되면 편철처리도 불가

○ 편철·보관방법이 없던 카드류, 도면류, 사진·필름류 등의 편철 보관방법도 전산화에 맞도록 표준화

10. 보존기간 분류(영 제15조)

○ 1·3·5·10·20년, 준영구, 영구의 7종으로 분류(영 별표 2 참조)
- 기록물철의 구체적 내용에 따라 기록물분류기준표상의 보존기간과 다르게 책정가능하다.

※ 준영구는 인적기록·물품관리기록, 시설관련기록 등 장기보존은 필요하지만 관리대상인 인물·물건·시설 등이 사망 또는 소멸되면 더 이상 보존필요가 없기 때문에 보존기간을 특정하기 곤란하여 50년 경과 후 매 20년마다 보존 여부를 재분류해야 하는 기록물임(영 제15조)

- 종전의 30년 보존기록물은 준영구 기록물로 간주하여 관리(영 부칙 제3조)
○ 보존기간 계산의 기산일: 생산년도 다음해 1월 1일

○ 비밀기록물은 기록물분류기준표를 참고하여 건단위로 보존기간 책정(영 제29조)
○ 전문관리기관의 장은 특별히 보존조치 필요시 특정기록물에 대하여 보존기간 지정 통보 가능(영 제15조 제2항)

11. 보존방법 분류(영 제16조)

○ 보존방법은 보존가치, 활용도, 문화재적 가치 등을 고려하여 3종으로 구분
- 원본과 보존매체 병행보존, 원본만 보존, 보존매체로 대체보존
○ 보존방법은 전문관리기관의 장이 결정하여 기록물분류기준표에 지정 고시

12. 보존장소 분류(영 제17조)

○ 20년 이하 보존물은 자료관, 준영구 이상은 전문관리기관 보존원칙
- 기록물분류기준표상 비치기록물은 활용기간 중 계속 처리과에서 보존 가능(영 제2조)
○ 준영구 이상 기록물 중 활용빈도가 높은 비치문서류 등은 기록물분류기준표에 보존 장소를 자료관으로 지정 후 자료관에서 관리 가능
※ 기록물분류기준표에 보존장소가 자료관으로 지정된 기록물만 해당

Ⅳ. 시행령 주요 개정 내용

1. 기록물 관리의 전산화 및 기록목관리시스템 구축(영 제20조의2)

○ 기록물관리의 효율성 및 정보자료로서의 활용성을 높이기 위해 기록물의 생산, 유통, 이관, 보존, 활용 등의 전 과정을 연계하여 처리하고, 기록물관리시스템을 구축하도록

한다.
- 처리과: '전자문서시스템'⋯→전자문서 생산 및 유통
- 자료관: '자료관시스템'⋯→기록물 보존관리 및 활용(限時記錄) 중앙행정기관, 지자체, 교육청 단위 구축
- 전문관리기관: '전문관리기관시스템'⋯→기록물 보존관리 및 활용. 정부기록보존소, 특수기록물관리기관(법원, 국회, 국정원 등), 지방기록물관리기관(시도) 단위 구축

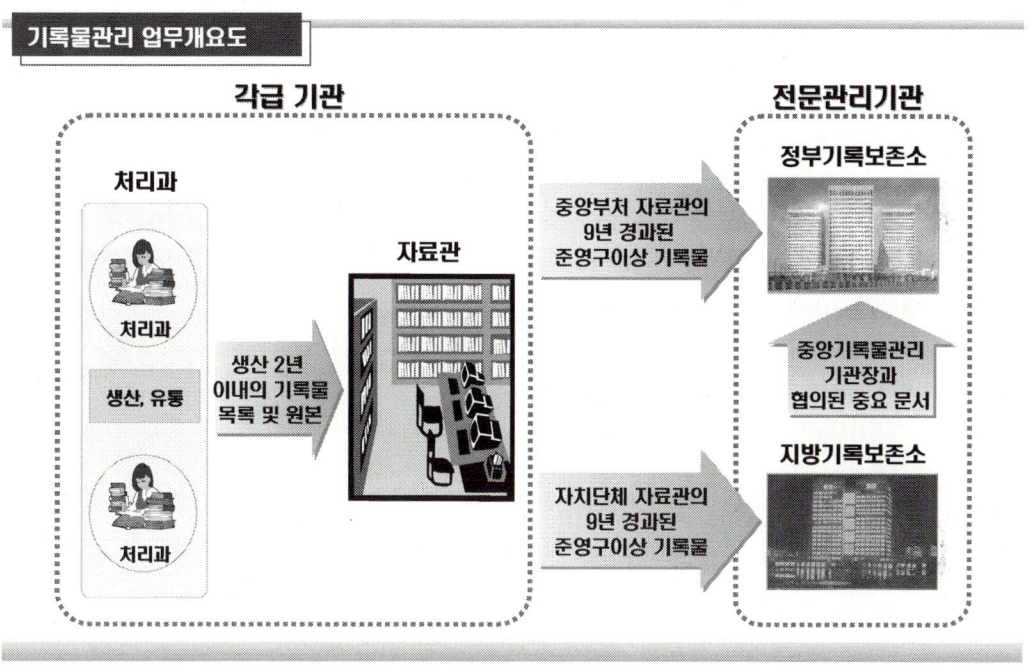

2. 전자문서의 구체화(영 제30조)

○ 전자문서의 안전한 보존 및 활용성을 높이기 위해 전자문서 이관 및 관리방식을 구체적으로 정함.
  ○ 전자문서의 이관시기를 다른 기록물과 동일한 시기로 조정
  - 생산현황 보고 시 이관(종전)→종이 기록물과 동일시기(개정)
  ○ 각급 기록물관리기관의 장이 보유전자문서와 표준 전자문서와의 호환성을 유지 관

리하도록 함.

※ 자료관시스템에 의한 기록물관리 및 전자문서이관 관련 조항에 대한 경과규정을 둠

○ 전자문서의 이관
- 전자문서시스템에서 자료관시스템으로 전자적인 방법에 의해 이관
- 자료관으로 전자문서를 이관한 후 인수절차가 종료되었음을 통보받는 즉시 전자문서시스템에서는 이관한 전자문서를 삭제하여야 한다.

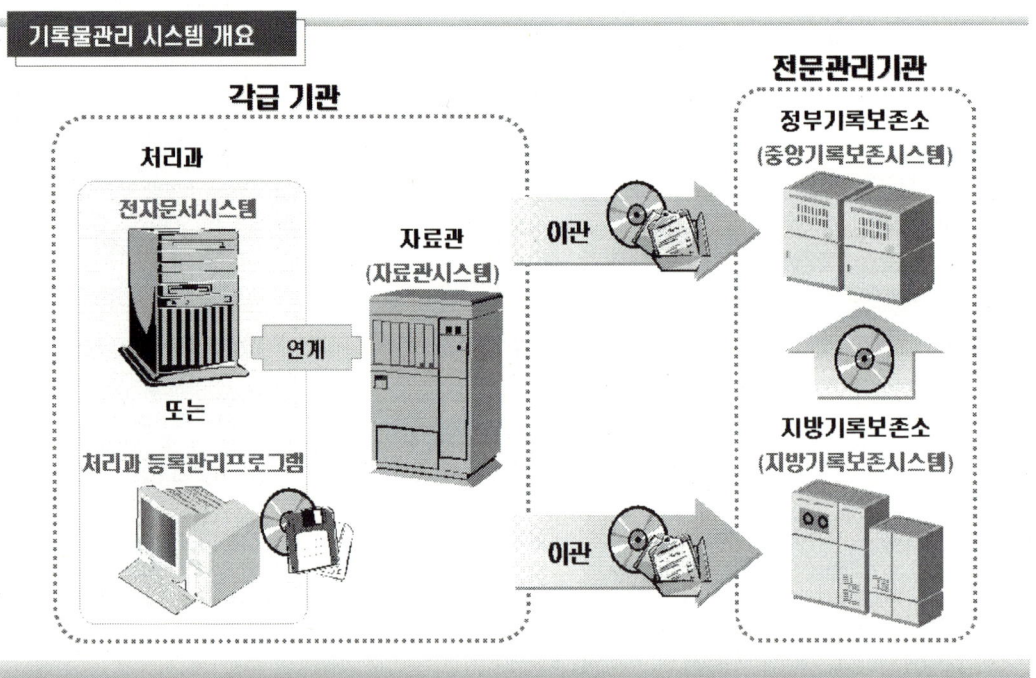

3. 기록물관리제도 요약

〈종　전〉	〈변　경〉
○ 문서번호/접수번호(생산문서와 접수문서의 등록번호를 별도 부여)	○ 생산등록번호/접수등록번호(생산문서와 접수문서의 등록번호를 통합하여 부여)
○ 각종 문서대장이 별도관리(문서등록대장, 접수대장, 배부대장, 특수규격관리대장, 보존문서기록대장 등)	○ 각종 문서대장을 통합관리(기록물등록 대장, 기록물배부대장, 기록물철등록부)
○ 시청각 기록물은 미등록	○ 시청각 기록물도 등록 관리
○ 공문서보존기간표에 의거 기록물 분류 및 편철	○ 분류기준표에 따라 기록물 분류 및 편철
○ 매년 문서정리기간에 기록물철명을 문서기록대장에 등재	○ 기록물 건 생산과 동시에 기록물철등록부에 기록물철명을 등재
○ 매년 생산현황보고 시 생산문서목록을 작성하여 보고	○ 별도의 추가 작업 없이 전자문서시스템을 이용하여 생산현황보고
○ 생산현황보고 시 전자문서를 이관	○ 종이 기록물과 동일한 시기에 전자문서를 이관하고, 이관 방식은 전자문서시스템－자료관시스템－전문관리기관시스템을 이용

제3장 현대 사무관리와 법적 제도

총 칙

1. 사무관리의 목적(규정 제1조)

기존 ○ 행정기관의 사무관리에 관한 사항을 규정함으로써 사무의 간소화·표준화 및 과학화를 기하여 행정의 능률을 높임을 목적으로 한다.

미래 ○ 행정기관의 사무관리에 관한 사항을 규정함으로써 사무의 간소화·표준화·과학화 및 정보화를 기하여 행정의 능률을 높임을 목적으로 한다.

상황적용 ○ 기존의 사무관리는 주로 서류에 관한 작업이었으나, 지금은 사무관리가 행정활동을 촉진하고 정보를 처리는 기능으로 개념이 바뀌고, 앞으로는 전자문서시스템과 행정정보시스템 간의 연계를 통해 전자문서와 행정정보를 공유/활용함에 따라 이에 맞게 "정보화"를 추가한 것이다.

2. 전자관인의 인증사무 근거 삭제(규칙 제3조의2)

기존 ○ 영 제9조의3의 규정에 의하여 전자문서에 대한 전자관인의 인증을 받고자 하는 행정기관의 장은 정보전산정보관리소장에게 인증서의 발급을 신청하여야 함.
○ 인증서의 발급 기타 전자관인의 인증사무에 관한 절차 등은 행정자치부장관이 정하여 이를 관보에 고시하여야 함. 이를 변경하는 때에도 또한 같다.

삭제 ○ 전자관인(電子官印)의 인증사무(認證事務)가 전자정부의구현을위한행정업무등의전자화촉진에관한법률 제20조 및 동법시행령 제3장(전자관인)에 규정되어 있으므로 이를 삭제하였다.

공문서관리

1. 일반사항
가. '서명'개념의 명확화(규정 제3조 제8호)

기존 ○ "서명"이라 함은 기안자·검토자·협조자·결재권자 또는 발신명의인이 공문서(전자문서를 제외한다)상에 자필로 자기의 성명을 한글로 표시하는 것을 말한다.

현재 ○ "서명"이라 함은 기안자·검토자·협조자·결재권자 또는 발신명의인이 공문서(전자문서를 제외한다)상에 자필로 자기의 성명을 다른 사람이 알아볼 수 있도록 한글로 표시하는 것을 말한다.

바뀐 이유 ○ 기안자, 검토자, 협조자, 결재권자 또는 발신명의인의 실명을 곧바로 알 수 있도록 하여 행정업무실명제의 정착 및 강화를 위하여 "다른 사람이 알아볼 수 있도록"을 추가한 것이다.
  * 다른 사람이 알아볼 수 없는 것은 서명이 아니다.

나. "전자문자서명"의 도입(규정 제3조8호의2)
  ○ "전자문자서명"이라 함은 기안자·검토자·협조자·결재권자 또는 발신명의인이 전자문서상에 전자적 결합으로 자동 생성된 자기의 성명을 전자적인 문자 형태로 표시하는 것을 말한다.
  ○ 기존의 "전자이미지서명"은 그림파일이어서 전자결재 또는 전자유통 시 시간이 오래 걸리고, 검색이 불가능하여 문제가 있으므로, 이를 해소하고자 과도기적으로 기존의 "전자이미지서명"과 신설된 "전자문자서명"을 병행하여 사용하다가 어느 정도 정착이 되면, "전자문자서명"으로 서명하도록 유도할 예정이다.
  "전자이미지서명"의 개념 명확화(규정 제3조 제9호)

<pre>┌──────┐</pre>
  기존   ○ "전자이미지서명"이라 함은 기안자·검토자·협조자·결재권자 또는 발신명의인이 전자문서상에 표시한 서명을 말함.

  현재   ○ "전자이미지서명"이라 함은 기안자·검토자·협조자·결재권자 또는 발신명의인이 전자문서상에 전자적인 이미지 형태로 된 자기의 성명을 표시하는 것을 말한다.

  ○ 기존의 "전자이미지서명"의 개념을 보다 이해하기 쉽도록 개정한 것이다.

라. "행정전자서명"의 도입(규정 제3조 제10호)
  ○ "행정전자서명"이라 함은 기안자·검토자·협조자·결재권자 또는 발신명의인의 신원과 전자문서의 변경 여부를 확인할 수 있도록 당해 전자문서에 첨부되거나 논리적으로 결합된 전자적 형태의 정보로서 인증을 받은 것을 말한다.

  ○ 전자결재 및 전자문서의 유통이 활성화됨에 따라 "행정전자서명"은 전자인증을 받은 공무원만이 전자문서에 접근하여 사용할 수 있도록 하고, 행정기관의 전자문서의 보안성과 신뢰성 강화를 위하여 도입한 것이다.

마. "전자문서시스템"의 도입(규정 제3조 제10호)
  ○ "전자문서시스템"이라 함은 문서의 기안·검토·협조·결재·등록·시행·분류·편철·보관·보존·이관·접수·배부·공람·검색·활용 등 문서의 모든 처리절차가 전자적으로 처리되는 시스템을 말한다.

  ○ 기존에는 법적인 근거 없이 전자결재시스템, 전자문서관리시스템, 전자문서시스템 등의 용어가 혼용되었으나, "전자문서시스템"으로 용어를 일원화하고 그 개념과 범위를 가능한 한 구체적으로 정하기 위해 도입한 것이다.

바. "전자이미지관인"의 개념 명확화(규정 제3조 제11호)

| 기존 | ○ "전자이미지관인"이라 함은 컴퓨터 등 정보처리능력을 가진 장치에 의하여 전자적인 이미지 형태로 사용되는 관인을 말한다.

| 현재 | ○ "전자이미지관인"이라 함은 관인의 인영을 컴퓨터 등 정보처리능력을 가진 장치에 전자적인 이미지 형태로 입력하여 사용하는 관인을 말한다.

○ 기존의 "전자이미지관인"의 개념을 보다 이해하기 쉽도록 개정한 것이다.

사. "행정정보시스템"의 도입(규정 제3조 제12호)
○ "행정정보시스템"이라 함은 행정기관이 행정정보를 생산·수집·가공·저장·검색·제공·송신·수신 및 활용하기 위한 하드웨어·소프트웨어·데이터베이스와 처리절차 등을 통합한 시스템을 말한다.
○ 앞으로는 조직에 따라 다양한 모습으로 존재하는 각종 「행정정보시스템들을 전자문서시스템과 연계」시켜서 모든 공무원이 「하나의 화면에서 모든 행정정보를 활용」할 수 있게 하는 제도적 장치를 보완·설치하여 양질의 공문서 작성·행정정보생산체계를 구축하고자 "행정정보시스템"의 개념을 도입한 것이다.

2. 공문서 관리

가. 전자문서에 쓰는 서명 추가(규정 제8조 제1항)

| 기존 | ○ 문서는 당해 문서에 대한 서명(전자이미지서명을 포함한다. 이하 같다)에 의한 결재가 있음으로써 성립한다.

| 현재 | ○ 문서는 당해 문서에 대한 서명(전자문자서명·전자이미지서명 및 행정전자서명을 포함한다. 이하 같다)에 의한 결재가 있음으로써 성립한다.
○ 전자결재 및 전자문서의 유통의 활성화를 위하여 전자문서에 사용하는 서명으로 기존의 전자이미지서명 외에 전자문자서명 또는 행정전자서명을 추가한 것이다.

나. 행정전자서명의 인증 및 효력(규정 제8조의2)

 ○ 행정자치부장관은 행정전자서명에 대한 인증업무를 행하되, 전자정부구현을위한행정
업무등의전자화촉진에관한법률시행령 제11조의 규정에 의한 인증관리센터가 그 기능을
수행한다.

 ○ 인증을 받은 행정전자서명이 있는 경우에는 제3조 제8호의 규정에 의한 서명이 있
는 것으로 보며, 당해 전자문서는 행정전자서명이 된 후에 그 내용이 변경되지 아니하였
다고 추정한다.

 ○ 행정자치부장관은 위의 인증 업무 중 행정자치부장관이 지정하여 고시하는 중앙행
정기관·지방자치단체 또는 그 소속기관에 대한 인증업무를 당해 중앙행정기관·지방자
치단체 또는 그 소속기관에 위탁한다.

 ○ 행정기관의 전자문서의 보안성과 신뢰성을 확보하기 위하여 전자문서의 사용권한이
있는 자만이 그 문서에 접근하고 기안자·검토자·결재권자 등의 신원(身元)과 전자문서
의 변경 여부를 확인할 수 있도록 하기 위하여 행정전자서명의 인증제를 도입하고, 인증
업무의 위탁근거와 전자문서의 효력의 근거를 명시하기 위한 것이다.

다. 문서작성의 일반원칙 세분화(규정 제10조 제1항)

 기존 ○ 문서는 쉽고 간명하게 한글로 작성하되, 올바른 뜻의 전달을 위하여 필
요한 경우에는 괄호 안에 한자 기타 외국어를 넣어 쓸 수 있으며, 특별한 사유가 있는 경
우를 제외하고는 한글맞춤법에 따라 가로로 쓴다.

 현재 ○ 문서는 문화예술진흥법 제7조의 규정에 의한 어문규범에 맞게 한글로
작성하되, 쉽고 간명하게 표현하고, 뜻을 정확하게 전달하기 위하여 필요한 경우에는 괄
호 안에 한자 그 밖의 외국어를 넣어 쓸 수 있으며, 특별한 사유가 있는 경우를 제외하고
는 가로로 쓴다.

 ○ 문서작성의 일반원칙의 근거를 어문규범으로 명문화하여 한글전용의 어문정책을 지
속적으로 추진하고, 표현을 이해하기 쉽게 정리한 것이다.

라. 문서의 전자적 처리 원칙 명문화(규정 제10조의 2)

 ○ 행정기관의 장은 문서의 기안·검토·협조·결재·등록·시행·분류·편철·보관·
보존·이관·접수·배부·공람·검색·활용 등 문서의 모든 처리절차가 전자문서시스템

상에서 전자적으로 처리되도록 하여야 한다.

○ 전자결재, 전자문서의 유통 및 전자문서의 보존/검색/활용의 활성화를 위하여 문서의 생산부터 보존까지 문서의 모든 처리절차가 전자적으로 처리되도록 원칙을 명문화한다.

마. 전자문서의 수정 결정권자 확대(규정 제11조)

| 기존 | ○ 수정전의 전자문서는 처리과의 장이 보존할 필요가 있다고 인정하는 경우에는 이를 보존하여야 함.

| 현재 | ○ 수정전의 전자문서는 기안자·검토자 또는 결재권자가 보존할 필요가 있다고 인정하는 경우에는 이를 보존하여야 한다.

○ 지금까지는 전자문서상에 수정전의 전자문서의 내용이 보존되도록 하는 결정을 처리과의 장이 하였으나, 앞으로는 기안자·검토자 또는 결재권자로 확대하여 향후에 책임문제를 규명할 필요가 있는 경우에 이에 대처하도록 하기 위한 것이다.

바. 중요 문서의 간인방법 변경(규칙 제6조)

| 기존 | ○ 기안문은 결재권자가 간인용결재인으로, 시행문은 관인관리자가 관인으로 간인한다.

| 개정 | ○ 기안문과 시행문 모두 관인관리자가 관인으로 간인한다.

○ 기존에는 결재를 받은 기안문 중 중요한 기안문에는 결재권자가 간인용결재인으로 간인하였으나, 앞으로는 기안문과 시행문이 하나로 통합됨에 따라 기안문에도 관인관리자가 관인으로 간인한다.

사. 문서에 대한 표시삭제(규칙 제8조 제1항 내지 제3항, 규칙 제21조 제2항)

| 기존 | ○ 기관장보고후처리의 표시, 지급의 표시를 문서의 취급란(기안문과 시행문의 왼쪽 상단)에 표시하고, 발송봉투에도 같은 표시를 한다.(규칙 제8조 제1항 내지 제3항).

○ 전신, 전신타자, 전화, 모사전송, 정보통신망의 표시를 취급란에 하여야 한다. (규칙 제21조 제2항).

아. 문서에 로고/상징/마크/홍보문구 등 표시(규칙 제8조 제6항)

○ 기안문 및 시행문에는 가능한 한 행정기관의 로고·상징·마크 또는 홍보문구 등을 표시하여 행정기관의 이미지가 높아질 수 있도록 하여야 한다.

○ 현재 지방자치단체 등 일부 행정기관들이 로고/상징/마크/홍보문구 등을 공문서에 실제로 사용하고 있고, 행정기관 등의 요청이 있어 이를 현실화하기 위해 근거를 명문화한 것이다.

자. 각종 대장·서식의 전자관리의 구체화(규칙 제8조의2)

> **기존** ○ 각종 대장·서식은 컴퓨터 파일로 관리한다.

> **현대** ○ 각종 대장·서식은 전자문서시스템 등으로 관리한다.

○ 각종 대장·서식은 실질적으로 전자문서시스템, 행정정보시스템 등으로 관리되므로, 포괄적인 개념인 "전자문서시스템 등"으로 표현을 확대한 것이다.

차. 문서의 구성요소 및 기안문서의 서식변경(규칙 제9조, 규칙 제12조)

> **기존** ○ 종이문서와 전자문서의 구성요소는 다음과 같다.

- 두문: 발신기관명, 취급, 보고 등 표시, 발신기관의 우편번호·주소·전화번호 및 모사전송번호, 처리과명, 과장 이하 직원의 직위 또는 직급 및 성명, 문서번호, 시행일자, 보존기간, 수신란 등으로 한다.
- 본문: 제목·내용 및 첨부로 한다.
- 결문: 발신명의 및 수신처란으로 한다.

> **현대** ○ 문서의 구성요소는 다음과 같이 종이문서와 전자문서가 다름.

- 두문: 행정기관명, (경유) 및 수신자로 한다.

　- 본문: 제목·내용 및 붙임으로 함. 다만, 전자문서인 경우에는 제목 및 내용으로 할 수 있다.

　- 결문: 발신명의, 기안자·검토자·협조자·결재권자의 직위 또는 직급 및 서명(전자문자서명·전자이미지서명 및 행정전자서명을 포함한다. 이하 같다), 생산등록번호와 시행일자, 접수등록번호와 접수일자, 행정기관의 우편번호·주소·홈페이지주소·전화번호·모사전송번호, 공무원의 공식 전자우편주소 및 공개구분으로 한다.

　ㅇ 문서의 구성요소는 다음과 같이 유형별로 그 구성요소를 달리할 수 있다.

　[일반 기안문(시행문 겸용)(별지 제1호의2서식): 종이문서＋전자문서]

　일반 기안문(시행문 겸용)은 두문·본문 및 결문으로 구성함. 다만, 전자문서는 두문·본문 및 결문 또는 두문·본문·결문 및 붙임으로 구성할 수 있다.

　※ 이 경우 본문은 제목·내용 및 붙임으로 하는 것을 원칙으로 하며, 전자문서인 경우에는 본문은 제목·내용 및 붙임으로 하거나 제목 및 내용으로 할 수 있다.

　[전자기안문(시행문 겸용)(별지 제3호의2서식): 전자문서만]

　문서를 일반 기안문(시행문 겸용)의 형식으로 구성하지 않고, 전자문서로서 전자기안문(시행문 겸용)으로 구성할 수 있으며, 전자기안문(시행문 겸용)은 표제부와 본문부로 나눌 수 있음. 이 경우에는 서로 다른 파일 또는 같은 파일로 구성하되, 표제부는 두문, 본문의 제목 및 결문으로, 본문부는 제목·내용 및 붙임으로 구성할 수 있다.

　[간이기안문(별지 제3호의3서식): 종이문서＋전자문서]

　왼쪽 상단에 위치한 문서등록의 표시(등록번호, 보존기간, 결재일자 및 공개구분), 오른쪽 상단에 위치한 결재란(기안자, 검토자, 협조자, 결재권자), 제목, 요약설명문, (작성일자), 작성기관(아래 중앙)의 표시를 한다.

　* 작성일자는 연도와 월을 작성기관 위에 표시할 수 있다.

　ㅇ 종이문서와 전자문서의 구성 환경이 다르므로, 이에 맞도록 현실화한 것이며, 전자문서의 검색 및 활용이 용이하도록 전자기안문을 신설한 것이다.

일반 기안문(시행문 겸용) 통합서식[별지 제1호의2서식]

행 정 기 관 명

수신자   (   )
(경유)
                    제   목

발 신 명 의⑪

기안자(직위/직급) 서명   검토자(직위/직급) 서명   결재권자(직위/직급) 서명
협조자(직위/직급) 서명

시행 처리과명－일련번호(시행일자)   접수   처리과명－일련번호(접수일자)

우   주소   /홈페이지 주소
전화(   )   전송(   )   /공무원의 공식 전자우편주소/공개구분

──────── 〈 처리요령 〉 ────────

(이란은 서식에 포함하지 아니함)

1. 행정기관명: 그 문서를 기안한 부서가 속한 행정기관명을 기재한다.

2. 수신자( ): 수신자명 또는 수신자기호를 먼저 쓰고, 이어서 괄호 안에는 처리할 자(보조기관 또는 보좌기관을 말한다)의 직위를 쓰되, 처리할 자의 직위가 분명하지 아니한 경우에는 ○○업무 담당과장 등으로 쓰며, 수신자가 많아 본문의 내용을 기재할 란이 줄어들어 본문의 내용을 첫 장에서 파악하기 곤란한 경우는 두문의 수신자란에 "수신자 참조"라고 쓰고, 결문의 발신명의 밑의 왼쪽 기본선에 맞추어 수신자란을 설치하여 수신자명 또는 수신자기호를 표시한다.

3. (경유): 경유문서인 경우에 (경유)란에 "이 문서는 경유기관의 장은 ○○○(또는 제1차 경유기관의 장은 ○○○, 제2차 경유기관의 장은 ○○○)이고, 최종 수신기관의 장은 ○○○입니다."라고 표시하고, 경유기관의 장은 제목란에 "경유문서의 이송"이라고 표시하여 순차적으로 이송하여야 한다.

4. 제목: 그 문서의 내용을 쉽게 알 수 있도록 간단하고, 명확하게 기재한다.

5. 발신명의: 합의제 행정기관 또는 행정기관의 장의 명의를 기재하고, 보조기관 또는 보좌기관 상호간에 발신하는 문서는 그 보조기관 또는 보좌기관의 명의를 기재한다.

6. 기안자 · 검토자 · 협조자 · 결재권자의 직위/직급: 직위가 있는 경우에는 직위를 온전하게 쓰고, 직위가 없는 경우에는 직급을 온전하게 쓴다. 다만, 기관장과 부기관장의 직위는 간략하게 쓴다.

7. 시행 처리과명 - 일련번호(시행일자) 접수 처리과명 - 일련번호(접수일자): 처리과명(처리과가 없는 행정기관은 10자 이내의 행정기관명의 약칭)을 기재하고, 일련번호는 연도별 일련번호를 기재하며, 시행일자와 접수일자란에는 연월일을 각각 온점(.)을 찍어 숫자로 기재한다. 다만, 민원문서인 경우로서 필요한 경우에는 시행일자와 접수일자란에 시 · 분까지 기재한다.

8. 우 주소: 우편번호를 기재한 다음, 행정기관이 위치한 도로명 및 건물번호 다음에 괄호하여 주소를 기재하고, 사무실이 위치한 층수와 호수를 괄호 안에 기재한다.(예) 우-110-034 서울특별시 종로구 효자로 39(창성동 117)(2층 208호)

9. 홈페이지 주소: 행정기관의 홈페이지 주소를 기재한다.(예) www.mogaha.go.kr

10. 전화 ( ) 전송( ): 전화번호와 모사전송번호를 각각 기재하되, ( ) 안에는 지역번호를 기재한다. 기관 내부문서의 경우는 구내 전화번호를 기재한다.

11. 공무원의 공식 전자우편주소: 행정기관에서 공무원에게 부여한 전자우편주소를 기재한다.

12. 공개구분: 공개 · 부분공개 · 비공개로 구분하여 표시한다. 부분공개 · 비공개인 경우에는 공공기관의기록물관리에관한법률시행규칙 제16조의 규정(별표 11)에 의한 공개 여부 구분번호를 선택하여 ( ) 안에 표시한다.

13. 관인생략 등 표시: 발신명의의 오른쪽에 관인생략 또는 서명생략을 표시한다.

※ 기안자 · 검토자 및 결재권자(직위/직급) 서명: "기안자 · 검토자 및 결재권자"의 용어는 표시하지 아니하고, 기안자 · 검토자 및 결재권자의 직위/직급을 쓰고 서명한다.

※ 협조자(직위/직급) 서명: "협조자"의 용어를 표시한 다음, 이어서 직위/직급을 쓰고 서명한다.

──────── 〈 처리요령 〉 ────────

(이란은 서식에 포함하지 아니함)

※ 전결 및 서명표시 위치: 사무관리규정 제16조 제2항 및 동규정시행규칙 제19조 제1항의 규정에
  의하여 결재권이 위임된 사항을 전결하는 경우에는 행정기관의 장의 결재란을 설치하지 아니하고
  전결하는 자의 서명란에 "전결"표시를 한 후 서명한다.
※ 전결·대결 및 서명표시 위치: 사무관리규정 제16조 제3항 및 동규정시행규칙 제19조 제2항의 규
  정에 의하여 위임전결사항을 대결하는 경우에는 행정기관의 장의 결재란을 설치하지 아니하고 전
  결하는 자의 서명란에 "전결"표시를 한 후 대결하는 자의 서명란에 "대결"표시를 하고 서명하며,
  위임전결사항이 아닌 사항을 대결한 경우에는 행정기관의 장의 결재란을 설치하지 아니하고 대결
  하는 자의 서명서명란에 "대결"표시를 하고 서명한다.
※ 발의자(★)·보고자(◉)의 표시는 직위 또는 직급 앞 또는 위에 한다.
※ "수신자"는 "받는 자"로 사용할 수 있다.

[통합서식] 사례 1(일반문서, 전결문서)〈생산된 기안문〉

행 정 자 치 부

수신자 보건복지부장관(행정관리담당관)
(경유)
제 목   서식승인   알림

1. 귀부 행정관리담당관-179(2006. 11. 12.)와 관련됩니다.

2. 귀부의 소관 법령인 「장애인복지법시행령개정령(안)」 중 별지 서식의 승인신청에 대
하여 붙임과 같이 알립니다.

붙임 승인서식 33부 끝.

행 정 자 치 부 장 관 [인]

전결 11/20

행정주사   허북식   행정사무관   김광천   행정능률과장

신천지

협조자

시행 행정능률과-141(2004. 11. 20.)   접수(   )

우 110-760 서울시 종로구 세종로 77-6(11층 1115호)/www.mogaha.go.kr

전화(02)3703-4684   전송(02)3703-5532/hernam59@mogaha.go.kr/공개

[통합서식] 사례 2(일반문서, 전결문서)〈접수된 시행 문〉

행 정 자 치 부

수신자   보건복지부장관(행정관리담당관)

(경유)

제목   서식승인   알림

1. 귀부 행정관리담당관-179(2006. 11. 12.)와 관련됩니다.

2. 귀부의 소관 법령인「장애인복지법시행령개정령(안)」중 별지 서식의 승인신청에 대하여 붙임과 같이 알립니다.

붙임 승인서식 33부 끝.

행 정 자 치 부 장 관 ⑩

전결 11/20

행정주사　　　　허북식　　　행정사무관　　　　김광천　　　행정능률과장

신천지

협조자

시행 행정능률과-141(2004. 11. 20.) 접수 행정관리담당관-39(2004. 11. 22.)

우 110-760 서울시 종로구 세종로 77-6(11층 1115호)/www.mogaha.go.kr

전화(02)3703-4684 전송(02)3703-5532/hernam59@mogaha.go.kr/공개

[통합서식] 사례 3(일반문서, 대결문서)〈생산된 기안 문〉

행 정 자 치 부

수신자 보건복지부장관(행정관리담당관)

(경유)

제목　　　　　　　　　　　서식승인　　　　　　　　　　　알림

1. 귀부 행정관리담당관-179(2004. 11. 12.)와 관련됩니다.

2. 귀부의 소관 법령인 「장애인복지법시행령개정령(안)」 중 별지 서식의 승인신청에 대하여 붙임과 같이 알립니다.

붙임 승인서식 33부 끝.

행 정 자 치 부 장 관

대결 11/20

행정주사   허북식   행정사무관   행정능률과장   전결
                          김광천

협조자

시행 행정능률과-141(2004. 11. 20.) 접수(   )

우 110-760 서울시 종로구 세종로 77-6(11층 1115호)/www.mogaha.go.kr

전화(02)3703-4684   전송(02)3703-5532/hernam59@mogaha.go.kr/공개

[통합서식] 사례 4(일반문서, 대결문서)〈접수된 시행문〉

행 정 자 치 부

수신자 보건복지부장관(행정관리담당관)

(경유)

제목   서식승인   알림

1. 귀부 행정관리담당관-179(2006. 11. 12.)와 관련됩니다.

2. 귀부의 소관 법령인 「장애인복지법시행령개정령(안)」 중 별지 서식의 승인신청에 대하여 붙임과 같이 알립니다.

붙임 승인서식 33부 끝.

행 정 자 치 부 장 관

대결 11/20

행정주사	허북식	행정사무관		행정능률과장	전결
		김광천			

협조자

시행 행정능률과-141(2006. 11. 20.) 접수 행정관리담당관-39(2006. 11. 22.)

우110-760 서울시 종로구 세종로 77-6(11층 1115호)/www.mogaha.go.kr

전화(02)3703-4684   전송(02)3703-5532/hernam59@mogaha.go.kr/공개

[통합서식] 사례 5(민원문서)

행 정 자 치 부

수신자 홍길동 귀하(우 110-135 서울특별시 종로구 옥인동 177-22)

(경유)

제목   민원사항   회신

1. 안녕하십니까? 귀하께서 우리 부에 요청하신 민원 사항에 대하여 다음과 같이 회신합니다.

가. 민원 요청 내용

대통령령 제16,521호로 개정된 사무관리규정이 공포된 후 시·군·구·동 단위 일선(一線) 행정기관이 공문서에 한자 병기(倂記)가 시행되고 있는지 여부와 가능하면 공문서 사본(寫本)을 첨부(添附)하여 주기를 요청한다.

나. 회신 내용

붙임 공문서 사본과 같이 공문서를 작성하는 경우에 올바른 뜻의 전달을 위하여 필요

한 경우에는 괄호 안에 한자 기타 외국어를 넣어 사용하고 있습니다.

2. 위 사항과 관련하여 궁금한 사항은 아래 담당자에게 연락하여 주시면, 성실히 안내하여 드리겠습니다.

붙임 공문서 사본(한자 병기 사례) 1부 끝.

행 정 자 치 부 장 관

전결 9/7

행정주사   허북식   행정사무관   김광천   행정능률과장

신천지

협조자

시행 행정능률과 - 141(2004. 9. 7.)   접수 (   )

우 110-760 서울시 종로구 세종로 77-6(11층 1115호)/www.mogaha.go.kr

전화(02)3703-4684   전송(02)3703-5532/hernam59@mogaha.go.kr/공개

전자기안문 [별지 제3호의 2 서식]

(표제부)

행 정 기 관 명

수신자   (   )

(경유)

제   목

본 서식은 표제부입니다.
본문 내용은 본문부(별도화일)를 이용하시기 바랍니다.

본문 내용에 대한 의견이 있는 경우에만 아래에 기재합니다.
1. 의견내용
2. 의견을 표시한 자의 소속, 직위(직급) 및 성명

발 신 명 의 ⟨인⟩

기안자(직위/직급) 서명   검토자(직위/직급) 서명   결재권자(직위/직급)   서명
협조자(직위/직급) 서명

시행   처리과명 – 일련번호(시행일자)   접수   처리과명 – 일련번호(접수일자)

우   주소/홈페이지 주소
전화(   )   전송(   )/공무원의 공식 전자우편주소/공개구분

(본문부)

제   목

(본문 내용)

붙임.

[전자기안문 사례]
(표제부)
행 정 기 관 명

수신자 수신자 참조
(경유)
제목 『행정자치부 정책평가위원회』 전체 회의 개최
본 서식은 표제부입니다.
본문 내용은 본문부(별도화일)를 이용하시기 바랍니다.

⌜ 관인생략 ⌟

행정자치부장관

수신자 중앙공무원교육원장(교육총괄과장), 정부청사관리소장(관리총괄과장), 정부기록보
존소장(행정과장), 정부전산정보관리소장(정보유통과장), 국가전문행정연수원장(총무과장)

전결 9/1
행정주사 정광근 행정사무관 조홍남 행정관리담당관
한경호

협조자

시행   행정관리담당관-1348(2003. 9. 1.)   접수   행정능률과-866 (2003. 9. 2.)

우110-760   서울특별시 종로구 세종로 55(세종로 1가 77-6)
                            (14층 1415호)/www.mogaha.go.kr
전화(02)3703-4335   전송(02)3703-5506/jkk0816@mogaha.go.kr/공개

(본문부)

제목   『행정자치부 정책평가위원회』   전체 회의 개최
1. 행정관리담당관-1332(2006. 8. 30.)호와 관련됩니다.
2. 국무조정실의 하반기 중앙행정기관 평가에 대비하고, 주요 정책과제의 시행·평가계획 및 하반기 평가방향에 대한 실질적인 토론으로 개혁과제의 효율적인 추진 방안을 모색하기 위하여 『행정자치부 정책평가위원회』 전체 회의를 붙임과 같이 개최하오니, 정책과제 소관 실·과에서는 회의에 참석하여 주시기 바라며,
3. 아울러, 소관 실·과에서 이미 작성한 2006년도 주요 업무 시행·평가계획을 다음과 같이 보완하여 2006. 9. 16.(화)까지 제출하여 주시기 바랍니다.
가. 평가계획서 작성 당시와 비교하여 행정환경 변화 등으로 계획내용이 변경된 경우 수정·보완하고, 계획 달성이 어려운 경우 일정 조정
나. 평가계획서 내용에는 없으나, 평가과제와 관련되는 성과가 있는 부분 등은 내용을 추가하여 정책성과가 극대화될 수 있도록 내용 보강
다. 행정관리담당관-1330(2006. 8. 30.)호로 이미 통보된 "주요 정책 국민만족도"제고 대책 중 사이버 토론회 내용 등 여론수렴, 홍보계획을 포함·반영하여 충실하게 보완 작성
4. 특히, 각 실·국에서는 회의 당일(9. 26.) 오전 중에 소위원회를 반드시 개최하고, 전체 회의 시에 소위원회별로 1차 심의 결과를 분과위원장이 핵심사항위주로 보고될 수 있도록 사전 준비에 만전을 기해 주시기 바랍니다.

붙임 행정자치부 정책평가위원회 전체 회의 개최계획 1부 끝.

간이기안문[별지 제3호의3서식]

등록번호	
등록일자	
결재일자	
공개구분	

협조자			

(제   목)

※ 필요한 경우 보고근거 및 보고내용 을 요약하여 기재할 수 있음.

○ ○ ○ ○ 부   ○ ○ ○ ○ 부
    (처·청 또는 위원회 등) 또는 (처·청 또는 위원회 등)
○ ○ ○ ○ 국   ○ ○ ○ ○ 과

비고(이 란은 서식에 포함하지 아니함)

  1. 이 서식은 보고서·계획서·검토서 등 내부적으로 결재하는 문서에 한하여 사용하며, 시행문으로 변환하여 사용할 수 없다.
  2. 등록번호란: 처리과기관코드[처리과명(처리과가 없는 행정기관은 10자 이내의 행정기관명의 약칭)을 말한다]와 연도별 일련번호를 기재한다.

3. 공개구분란: 공개, 부분공개, 비공개로 구분하여 표시한다. 부분공개, 비공개인 경우에는 공공기관의기록물관리에관한법률시행규칙 제16조의 규정(별표 11)에 의한 공개 여부 구분번호를 선택하여 (   ) 안에 표시한다.

4. 기안자, 검토자, 협조자, 결재권자의 직위/직급: 직위가 있는 경우에는 직위를 온전하게 쓰고, 직위가 없는 경우에는 직급을 온전하게 쓴다. 다만, 기관장과 부기관장의 직위는 간략하게 쓴다.

5. 발의자(★), 보고자(◉)표시: 해당 직위 또는 직급의 앞 또는 위에 한다.

6. 전결 및 서명표시 위치: 사무관리규정 제16조 제2항 및 동규정시행규칙 제19조 제1항의 규정에 의하여 결재권이 위임된 사항을 전결하는 경우에는 행정기관의 장의 결재란을 설치하지 아니하고 전결하는 자의 서명란에 "전결"표시를 한 후 서명한다.

7. 전결·대결 및 서명표시 위치: 사무관리규정 제16조 제3항 및 동규정시행규칙 제19조 제2항의 규정에 의하여 위임전결사항을 대결하는 경우에는 행정기관의 장의 결재란을 설치하지 아니하고 전결하는 자의 서명란에 "전결"표시를 한 후 대결하는 자의 서명란에 "대결"표시를 하고 서명하며, 위임전결사항이 아닌 사항을 대결한 경우에는 행정기관의 장의 결재란을 설치하지 아니하고 대결하는 자의 서명란에 "대결"표시를 하고 서명한다.

8. 보조기관 또는 보좌기관의 전결사항이 아닌 결재사항인 경우에는 검토자는 해당란에 서명을 하고, 보조기관 또는 보좌기관은 그 보조기관 또는 보좌기관의 직위를 쓰고, 해당란에 서명한다.

9. 크기 및 결재란 수는 조정하여 사용할 수 있다.

[간이기안문 사례 1]

등록번호	행정능률과-624
등록일자	2006. 7. 29.
결재일자	2006. 7. 29.
공개구분	공개

행정주사	행정사무관	행정능률과장	행정관리국장
김은이	김준희	이영환	전결 7/29 김호영
협조자			

기관별 목표관리제시행계획서 검토보고

2006. 7.

행정자치부
행정관리국

[간이기안문 사례 2]

등록번호	행정능률과-844
등록일자	2006. 8. 30.
결재일자	2006. 8. 30.
공개구분	공개

행정주사	행정사무관	행정능률과장	행정관리국장
전인철	휴가	이영환	전결 8/30 김호영
협조자			

정부지식관리 용역연구사업비 전용검토

2006. 8.

행정자치부
행정능률과

카. 문서번호의 구성요소 및 명칭 변경(규칙 제9조 제2항)

| 기존 | ○ 기존의 문서번호는 기관기호·분류번호 및 문서등록일련번호로 구성한다.

○ 문서번호는 공공기관의기록물관리에관한법률시행령 제10조의 규정에 의한 기록물 등록번호로 한다.

| 현재 | ○ 생산등록번호 및 접수등록번호는 공공기관의기록물관리에관한법률시행령 제10조의 규정에 의한 생산등록번호 및 접수등록번호로 한다.

○ 문서(기안문, 시행문, 각종 법령서식)에는 처리과명(처리과가 없는 행정기관은 행정기관명을 표시하되, 10자가 넘는 경우에는 10자 범위 내에서 행정기관명의 약칭을 표시함) 및 문서등록일련번호로 표시하고, 기록물등록대장과 전자문서시스템에서는 처리과기관코드와 일련번호로 구성한다.

○ 기존의 문서번호는 기관기호·분류번호 및 문서등록일련번호로 구성되어 있으나, 앞으로는 문서번호를 등록번호로 명칭을 변경하고, 생산문서는 생산등록번호로, 접수문서는 접수등록번호로 하며, 이는 기록물등록대장과 전자문서시스템에서는 처리과기관코드와 연도별 일련번호로 구성한다.(문서에서는 처리과명과 문서등록일련번호로 구성함).

○ 대장과 시스템 내에서는 검색이 용이하도록 생산(접수)부서를 코드(숫자)로 관리하고, 문서에서는 생산(접수)부서를 곧바로 알 수 있도록 처리과명을 표시하도록 한 것이다.

타. 수신자 표시방법의 변경(규칙 제9조 제2항)

| 기존 | ○ 수신과 참조의 두 줄로 하고, 수신처가 1곳인 경우와 여러 곳인 경우에 표시방법이 달랐다.

| 현재 | ○ 기존의 기안문과 시행문에서는 두문의 수신과 참조란이 두 줄로 되어 있었으나, 이를 한 줄로 하되, 수신자란에 수신자명 또는 수신자기호를 먼저 쓰고, 이어서 ( ) 안에는 처리할 자(보조기관 또는 보좌기관)의 직위가 분명한 경우에는 그 직위를 쓰되, 처리할 자의 직위가 분명하지 않는 경우에는 ○○업무담당과장 등으로 표시하도록 변경한다.

* 수신자가 많아 본문의 내용을 기재할 란이 줄어들어 본문의 내용을 첫 장에서 파악하기 곤란한 경우에는 두문의 수신자란에 "수신자 참조"라고 쓰고, 결문의 발신명의 밑의 왼쪽기본선에 맞추어 수신자란을 설치하여 수신자명 또는 수신자기호를 표시한다.

* 수신처를 수신자로 명칭을 변경한다.

* 공문서수신처기호표⇒공문서수신자기호표로 명칭변경

○ 공문서는 행정청이 생산하고, 행정청이 접수하므로, 수신처를 수신기관의 숫자에 관

계없이 동일하게 수신자(행정청 개념)로 명칭을 변경한 것이며, 동일한 업무를 수행하는 보조기관의 명칭이 다양함에 따라 참조란에는 처리할 자의 직위가 분명하지 않는 경우에는 ○○업무담당과장 등으로 표시하도록 한 것이다.

공문서수신자기호표 제정범위 확대 및 기관기호와 연계(규칙 제9조 제4항 및 제5항)

| 기존 | ○ 행정자치부장관이 중앙행정기관, 시·도(시·도교육청)의 수신처기호를 정함.

| 현재 | ○ 위의 사항에 외에 중앙행정기관과 문서수발이 많은 합의제행정기관(국가인권위원회, 방송위원회 등)과 정부투자기관관리기본법에 의한 정부투자기관을 추가한다.

○ 국가인권위원회, 방송위원회 등 문서수발이 많은 합의제행정기관도 공문서수신자기호표를 행정자치부장관이 정하여 업무처리에 실질을 기하고자 하며, 정부투자기관은 현재 실질적으로 공문서 수신처 기호를 부여하고 있으므로, 이를 명문화한 것이다.

○ 행정기관의 장은 공문서수신자기호와 규칙 제2조 제1항의 규정에 의한 기관번호(행정표준코드)를 연계하고, 기관번호의 생성·폐지·변경 등의 내역이 관리되도록 하여야 한다.

* 그 기관번호(행정표준코드)를 정부디렉토리시스템에 반영하여야 함.

♠ 행정표준코드: 행정자치부 홈페이지(http://mogaha.go.kr)의 행정표준코드 참조.

♠ 행정표준코드관리시스템 홈페이지: http://code.gcc.go.kr:7001/code/

○ 행정기관 간의 전자문서의 원활한 유통을 위한다.

하. 항목구분의 일부변경(규칙 제10조)

○ 필요한 경우에는 부분적으로 □, ○, -, · 등과 같은 특수한 기호로 표시할 수 있다.

○ 항목구분 시 필요한 경우에 특수한 기호를 표시할 수 있도록 융통성을 부여한 것이다.

거. 항목구분의 일부 순서 변경(규칙 제10조)

|기존| ○ 셋째 항목·넷째 항목과 다섯째 항목·여섯째 항목
행정능률을 떨어뜨리는 순서로 되어 있음.

구　분	항　목　부　호
첫째 항목	1., 2., 3., 4., ·························
둘째 항목	가., 나., 다., 라., ···················
셋째 항목	(1), (2), (3), (4), ··················
넷째 항목	(가), (나), (다), (라), ·············
다섯째 항목	1), 2), 3), 4), ······················
여섯째 항목	가), 나), 다), 라), ·················
일곱째 항목	①, ②, ③, ④, ······················
여덟째 항목	㉮, ㉯, ㉰, ㉱, ····················

|현재| ○ 항목의 순서를 바꿈

(셋째 항목·넷째 항목⇒다섯째 항목·여섯째 항목)

구　분	항　목　부　호
첫째 항목	1., 2., 3., 4., ·························
둘째 항목	가., 나., 다., 라., ···················
셋째 항목	1), 2), 3), 4), ······················
넷째 항목	가), 나), 다), 라), ·················
다섯째 항목	(1), (2), (3), (4), ··················
여섯째 항목	(가), (나), (다), (라), ·············
일곱째 항목	①, ②, ③, ④, ······················
여덟째 항목	㉮, ㉯, ㉰, ㉱, ····················

○ 문서처리의 신속을 기해 행정능률을 제고하기 위해 변경하였다.

너. 내부결재문서의 발신명의의 표시 여부 명문화(규정 제13조 제3항)
○ 내부결재문서는 발신명의를 표시하지 아니한다.

○ 내부결재문서는 어떤 사안에 대하여 내부적으로 의사를 결정하기 위하여 검토 또는 판단 등이 필요한 경우에 결재를 받는 문서로서 대내적/대외적으로는 시행하지 않으므로, 발신명의를 표시하지 않는다.

○ 내부결재문서에 대하여 발신명의를 표시하는지 여부에 대하여 너무도 많은 질의가 있어 왔으며, 내부결재문서는 발신명의를 표시하지 않는다는 법적인 근거가 있느냐의 질의도 너무 많아 내부결재문서의 발신명의 표시 여부에 대한 질의응답에 대한 시간소비 등 행정력 낭비가 발생함에 따라 이를 명문화하여 사전에 숙지하도록 함으로써 생산성이 없는 질의를 사전에 하지 않도록 하기 위한 것이다.

더. 전자문서의 일괄기안(규칙 제14조)

현재 ○ 전자문서의 내용이 서로 관련성이 있는 경우에는 각 안을 동시에 일괄하여 기안할 수 있다.
○ 이 경우 특별한 사유가 있는 경우를 제외하고는 각각 다른 생산등록번호를 사용하여 같은 일시에 시행하여야 한다.

○ 지금까지는 일괄기안의 경우 제1안의 결재정보, 제2안의 결재정보, 제3안 등의 결재정보가 사실상 다르나, 최상위(제1안)의 결재정보 하나로 제2안과 제3안 등의 결재정보를 포함한 것으로 하여 시행문을 각 안별로 시행하였으나, 앞으로는 결재정보가 시행문에도 각각 표시됨에 따라 각 안별로 결재정보가 시행문에 표시되어야 하는데, 기존의 일괄기안의 방식으로는 최상의(제1안)의 결재정보를 제2안과 제3안 등에 표시하게 되면, 결재정보의 결재권자와 시행문의 발신명의가 달라 문서업무처리에 혼동을 주게 되고, 설사 기존의 방식대로 일괄기안을 하였다하더라도 제1안은 결재가 되지 아니하였으나, 제2안 및 제3안 등은 결재가 되는 경우에 문서처리에 혼란(제1안이 결재가 되지 않으면, 제2안 및 제3안은 결재가 되었다 하더라도 시행할 수 없는 사례가 발생하는 등)을 주는 등의 부작용이

발생하여 종이문서의 일괄기안을 폐지하게 된 것이다.

    ○ 결론적으로 종합하면, 기존의 일괄기안은 서로 관련성이 있는 2개 이상의 안건을 일괄하여 한 기안용지에 기안하는 것을 말하는데, 앞으로는 기안문과 시행문이 하나로 통합되고 개별적으로 시행됨에 따라, 한 기안용지에 일괄하여 기안할 수 없게 됨에 따라 종이문서의 일괄기안을 폐지하고, 전자문서의 일괄기안을 존치하도록 한 것이다.

    러. 다른 의견표시방법의 변경(규칙 제18조 제1항·제3항)

    | 기존 | ○ 다른 의견을 표시하는 때에는 기안문의 해당 서명란에 "의견첨부"라고 쓰고 의견을 표시한 곳에 서명하여야 함.

    | 현재 | ○ 다른 의견을 표시하는 때에는 기안문의 해당 직위(직급)란 다음에 괄호하여 "의견 있음"이라고 표시하고 해당 서명란에 서명하고 그 의견을 당해 문서의 본문의 마지막에 표시하는 경우에는 "의견 있음"이라고 표시하여야 하며, 그 의견을 별지에 표시하는 경우에는 "의견붙임"이라고 표시하여야 한다.

    ○ 전자문서시스템에 의하여 작성된 전자문서에는 서명란에 서명정보가 들어가야 하므로, 다른 의견이 있는 경우에는 해당 직위(직급)란에 이어서 괄호 안에 "의견 있음"이라고 표시하도록 하고, 본문과 별지에 표시방법을 "이견 있음"과 "이견붙임"으로 표현을 달리하도록 구분한다.

    머. 발의자 및 보고자의 표시 명확화 및 발의자 항목 추가(규정 제14조, 규칙 제18조 제4항)

    | 기존 | ○ 기안문의 결재란에는 발의자(기안하도록 지시한 자를 말하며, 기안자가 스스로 입안한 경우에는 기안자를 말한다)와 보고자(결재권자에게 직접 보고하는 자를 말한다)를 알 수 있도록 표시하여야 함(규정 제14조).

    | 현재 | ○ 기안문에는 행정자치부령이 정하는 바에 따라 발의자(기안하도록 지시한 자를 말하며, 기안자가 스스로 입안한 경우에는 기안자를 말한다)와 보고자(결재권자

에게 직접 보고하는 자를 말한다)를 알 수 있도록 표시하여야 한다.(규정 제14조).

  ○ 전자문서인 경우에는 발의자는 해당란에 ★표시를 하거나 발의자가 누구인지를 검색할 수 있도록 기안자·검토자 또는 결재권자의 직위 또는 직급란에 발의자 항목을 추가할 수 있다.

  ○ 발의자와 보고자의 표시는 기안자, 검토자 및 결재권자의 "서명란"에 하는데, 기존의 규정에는 "결재란"에 명시되어 있어 해석상 혼란이 있어 행정자치부령에서 기안자, 검토자 및 결재권자의 "서명란"에 하도록 구체적으로 정함.

  ○ 전자문서의 경우 발의자가 누구인지를 검색 및 활용이 가능하도록 발의자 항목을 추가한다.

  보조(좌)기관 및 총괄책임자 등의 부재 시 사유명시(규정 제15조 제1항, 규칙 제18조 제2항)

  ┌─────┐
  │ 기존 │ ○ 보조기관·또는 보좌기관의 출장 등의 사유로 검토를 받을 수 없는 등
  └─────┘
부득이한 경우에는 이를 생략할 수 있음(규정 제15조 제1항).

  ○ 총괄책임자 또는 업무분담자의 출장 등의 사유로 검토를 받을 수 없는 등 부득이한 경우에는 이를 생략할 수 있다.(규칙 제18조 제2항).

  ┌─────┐
  │ 현재 │ ○ 보조기(좌)기관, 총괄책임자 또는 업무분담자의 출장 등의 사유로 검토
  └─────┘
를 받을 수 없는 등 부득이한 경우에는 이를 생략할 수 있으며, 이 경우 검토자의 서명란에 출장 등의 사유를 명시하여야 한다.

  ○ 보조기관과 보좌기관의 출장 등의 사유로 검토를 받을 수 없는 경우에는 검토서명을 생략하고, 서명란에 출장 등의 사유를 명시하도록 하여 직근 상급자가 검토/결재함에 있어 검토서명의 생략사유를 확인하도록 한다.

  서. 총괄책임자/업무분담자의 검토서명 위치변경(규칙 제18조 제3항)

  ┌─────┐
  │ 기존 │ ○ 기안문의 협조란의 아랫부분에 서명한다.
  └─────┘

▣ 현재 ▣　ㅇ 기안문의 검토자의 서명란에 서명한다.

　ㅇ 총괄책임자/업무분담자의 서명이 협조서명이 아니고, 검토서명이므로 혼동을 피하기 위하여 서명위치를 변경한 것이다.

[총괄책임자와 업무분담자의 검토서명 예시]
● 총괄 책임자가 기안하는 경우
▼ 업무분담자의 의견을 들은 후 보조(좌)기관의 검토·결재 등을 받아야 함.
▼ 총괄책임자는 기안자란에, 업무분담자는 협조란에 서명.

[기존]

보존기간		장　관		
공개 여부		**홍 길 동**		
차 관				3/6
국 장	전　결			
과 장	박 문 서	행정제도과장 강만수		
기안자	허 서 식	행정주사 김 철 수		협　조
심사자		심사일		

※ 업무분담자의 직급은 온전하게 씀(간략표시 가능).

[현재]

행정자치부장관

행정사무관 허서식　행정주사 김철수 행정능률과장　박문서 행정관리국장　전결 홍길동 협조자 행정제도과장 강만수

[기존에는 검토자인 행정주사 김철수는 협조란에서 검토하였으나, 앞으로는 검토자란으로 서명위치가 변경됨]

> 기안자는 업무분장상 총괄책임자인 행정사무관 허서식이고, 검토자는 업무분담자인 행정주사 김철수인 경우에 표시방법은 위와 같음. 총괄책임자 또는 업무분담자가 동일한 업무에 대하여 분장을 받은 경우에 기안은 업무의 사안에 따라 총괄책임자 또는 업무분담자가 선택적으로 할 수 있음.

● 업무분담자가 기안하는 경우
▼ 총괄책임자의 검토를 거친 후 보조(좌)기관의 검토·결재 등을 받아야 함.
▼ 업무분담자는 기안자란에, 총괄책임자는 협조란에 서명.
[기존]

보존기간		장 관	
공개 여부		**홍 길 동**	
차 관			3/6
국 장	전 결		
과 장	박 문 서	행정제도과장 강만수	
기안자	**김 철 수**	행정사무관 허서식	협조
심사자		심사일	

※ 총괄책임자의 직급은 온전하게 씀(간략표시 가능)

[현재]

행정자치부장관

행정주사 김철수 행정사무관 허서식 행정능률과장 박문서 행정관리국장 전결 홍길동

협조자 행정제도과장 강만수

어. 업무담당 공무원에게 단순 업무 외의 사항도 전결권 부여(규정 제16조 제2항)

　　┌─────┐
　　│ 기존 │　○ 행정기관의 장은 사무의 내용에 따라 그 보조기관 또는 보좌기관(일상
　　└─────┘
적·반복적인 단순 집행업무로서 경미한 사항의 경우에는 당해 업무 담당공무원)으로 하
여금 위임전결하게 할 수 있음.

　　┌─────┐
　　│ 현재 │　○ 행정기관의 장은 사무의 내용에 따라 그 보조기관·보좌기관 또는 당해
　　└─────┘
업무담당 공무원으로 하여금 위임전결하게 할 수 있음.

　○ 종전에는 업무담당공무원에게는 단순경미한 사항만 전결권을 부여하였으나, 앞으로
는 단순경미한 사항 외의 업무도 전결권을 주어 공무원의 능력을 향상시키도록 하고 업
무처리의 신속을 기해 행정의 생산성을 높이고자 한다.

저. 전결/대결표시 및 서명표시방법의 변경(규칙 제19조)

　　┌─────┐
　　│ 기존 │　○ 기안용지의 전결하는 자의 서명란에 "전결"표시를 하고 결재란에 서명
　　└─────┘
한다.
　○ 기안용지의 보조기관란 중 대결하는 자의 서명란에 "대결"표시를 하고 결재란에 서명.
다만, 보조(좌)기관이 아닌 자가 대결하는 경우에는 결재란에 "대결"표시를 하고 서명.

　　┌─────┐
　　│ 현재 │　○ 결재권이 위임된 사항을 전결하는 경우에는 행정기관의 장의 결재란을
　　└─────┘
설치하지 아니하고 전결하는 자의 서명란에 "전결"표시를 한 후 서명
　○ 위임전결사항을 대결하는 경우에는 행정기관의 장의 결재란을 설치하지 아니하고
전결하는 자의 서명란에 "전결"표시를 한 후 대결하는 자의 서명란에 "대결"표시를 하고
서명하여야 하며, 위임사항이 아닌 사항을 대결하는 경우에는 행정기관의 장의 결재란을
설치하지 아니하고 대결하는 자의 서명란에 "대결"표시를 하고 서명하여야 한다.
　○ 행정기관 외의 자에게 시행하는 문서, (관계)서식에 의하여 처리하는 문서에도 동일
하게 전결/대결의 표시를 하여야 한다.

ㅇ 앞으로는 기안문과 시행문이 통합되어 그대로 시행되므로, 발신명의 밑에 온전한 직위(직급), 전결 및 서명이 그대로 표시되도록 하여 정책실명제의 실현 및 정착을 위한 것이다.

ㅇ 기존에는 행정기관의 장의 직위 및 결재란을 설치하였으나, 앞으로는 행정기관의 장이 결재한 경우를 제외하고는 기관장의 직위 및 결재란을 설치하지 않고 있다.

[기관장의 직위 및 결재란을 설치하지 않는 이유]

기존의 방식대로 기관장의 직위 및 결재란을 설치할 경우에 결재권자(전결권자, 대결권자)가 누구냐 따라 결재란의 서명란에 기관장의 성명이 계속 바뀜에 따라 일반국민이나 공무원들이 기관장이 바뀐 것으로 혼동을 줄 우려가 있어 기관장의 직위 및 결재란을 설치하지 않고 실제로 전결(대결)한 자의 직위(직급)를 쓰고, 서명을 하도록 한 것임.

* 행정기관의 장의 란을 설치하지 않아도 결문의 발신명의(합의제 행정기관, 행정기관의 장의 직위) 표시로 행정권한이 있는 자(행정기관의 장, 합의제 기관인 경우에는 합의제기관)의 의사표시를 한 것으로 충분히 해석됨.

---

* 기존에는 직위가 있는 자가 전결(대결)한 경우에 전결(대결)의 표시와 서명이 분리되었으나, 앞으로는 전결(대결)의 표시를 서명란에 함께 표시함으로써 실제로 전결(대결)한 자가 누구인지를 확실히 알 수 있고, 정책실명제의 실현에도 도움이 된다.

[결재의 표시]

결재권자(행정기관의 장)가 결재하는 경우에 결재의 표시방법은 다음과 같이 행정기관의 장의 직위를 간략히 표시하고 서명한다.

〈예시〉 장관이 결재하는 경우의 결재의 표시방법

[기존]

보존기간	3년	장 관		
공개 여부	공 개	홍 길 동		
차 관	이만수			11/13
국 장	신천국			
과 장	박문서			
기안자	김철수	행정제도과장 강만수		협조
심사자			심사일	

[현재]

행정자치부장관

행정사무관 김철수 행정능률과장 박문서 행정관리국장 신천국 차관 이만수 장관 홍길동
협조자 행정제도과장 강만수

● 기존과 차이점
[앞으로는 기안문과 시행문이 통합되어 그대로 시행되므로, 발신명의 밑에 온전한 직위 (직급), 전결 및 서명이 그대로 표시됨. 다만, 기관장과 부기관장의 직위는 간략히 표시함]

---

* 기안자, 검토자 및 결재권자의 용어는 생략하고, 기안자, 검토자 및 결재권자의 순서대로 직위(직급)를 쓰고, 서명하도록 변경되었으며, 협조자란에는 협조자란 용어를 쓴 후 이어서 협조자의 직위(직급)를 쓰고 서명하도록 하였음에 특히 주의를 요한다.
* 기안문과 시행문에 정책결정(의사결정)관련자의 직위(직급)를 온전하게 표시하고 서명을 그대로 표시하도록 한 것은 정책결정(의사결정)이 어떻게 이루어지고, 관련자가 누구인지를 유리알처럼 상세히 보여줌으로써 행정의 책임성과 투명성을 제고하여 정책실명제의 실현을 위한 것이다.

[전결 및 대결의 표시]
 (1) 전결의 표시

 (가) 위임전결사항을 전결하는 때에는 기안용지의 보조기관란 중 전결할 자의 서명란에 "전결"의 표시를 하고 결재란에 서명.

〈예시〉 국장이 전결하는 경우의 표시

[기존]

보존기간	3년	장 관		
공개 여부	공 개	홍 길 동		
차 관				11/13
국 장	전 결			
과 장	박문서			
기안자	김철수	행정제도과장 강만수		협조
심사자			심사일	

[현재]

행정자치부장관

행정사무관 김철수 행정능률과장 박문서 행정관리국장 전결 홍길동
협조자 행정제도과장 강만수

● 기존과 차이점
[앞으로는 기안문과 시행문이 통합되어 그대로 시행되므로, 발신명의 밑에 온전한 직위(직급), 전결 및 서명이 그대로 표시됨]

* 기존에는 행정기관의 장의 직위 및 결재란을 설치하였으나, 앞으로는 행정기관의 장이 결재한 경우를 제외하고는 기관장의 직위 및 결재란을 설치하지 않는다.
  [기관장의 직위 및 결재란을 설치하지 않는 이유]
* 기존의 방식대로 기관장의 직위 및 결재란을 설치할 경우에 결재권자(전결권자, 대결권자)가 누구이냐 따라 결재란의 서명란에 기관장의 성명이 계속 바뀜에 따라 일반국민이나 신규 공무원은 기관장이 바뀐 것으로 혼동을 줄 우려가 있어 기관장의 직위 및 결재란을 설치하지 않고 실제로 전결(대결)한 자의 직위(직급)을 쓰고, 서명을 하도록 한 것이다.
* 발신명의로 행정권한이 있는 자(행정기관의 장, 합의제기관인 경우에는 합의제기관)의 의사표시를 한 것으로 충분히 해석된다.
* 기존에는 직위가 있는 자가 전결(대결)한 경우에 전결(대결)의 표시와 서명이 분리되었으나, 앞으로는 전결(대결)의 표시를 서명란에 함께 표시함으로써 실제로 전결(대결)한 자가 누구인지를 확실히 알 수 있고, 정책실명제의 실현에도 도움이 된다.

(나) 전결한 문서를 시행하는 때에는 그 시행문의 발신명의 밑에 다음과 같이 전결, 직위(직급)를 표시하고 서명함.

[기존]

    ○ ○ ○ ○ 장 관
전결 행정관리국장 홍길동

120

[현재]

행정자치부장관

행정사무관   김철수   행정능률과장 박문서   행정관리국장 전결   홍길동
협조자 행정제도과장 강만수

● 기존과 차이점

[앞으로는 기안문과 시행문이 통합되어 그대로 시행되므로, 발신명의 밑에 온전한 직위
(직급) 및 서명이 그대로 표시되어 시행된다]

* 기존에는 직위가 있는 자가 전결(대결)한 경우에 전결(대결)의 표시와 서명이 분리
되었으나, 앞으로는 전결(대결)의 표시를 서명란에 함께 표시함으로써 실제로 전결(대결)
한 자가 누구인지를 확실히 알 수 있고, 정책실명제의 실현에도 도움이 된다.

(다) 행정기관 외의 자에게 시행하는 문서와 서식에 의하여 처리하여 시행하는 문서에
는 전결의 표시를 생략한다.

[기존] 전결표시 생략

[현재] 전결표시를 함

행정자치부장관

행정사무관 김철수 행정능률과장 박문서 행정관리국장 전결 홍길동
협조자 행정제도과장 강만수

● 기존과 차이점

[앞으로는 대외적으로 시행하는 모든 문서에는 발신명의 밑에 온전한 직위(직급), 전결
및 서명이 그대로 표시되어 시행된다]

* 기존에는 직위가 있는 자가 전결(대결)한 경우에 전결(대결)의 표시와 서명이 분리

되었으나, 앞으로는 전결(대결)의 표시를 서명란에 함께 표시함으로써 실제로 전결(대결)한 자가 누구인지를 확실히 알 수 있고, 정책실명제의 실현에도 도움이 된다.

(2) 대결의 표시

(가) 문서를 대결하는 때에는 기안용지의 보조기관란 중 대결할 자의 서명란에 "대결"의 표시를 하고 결재란에 서명.

〈예시 1〉기관장 부재중 직근 하급자가 대결하는 경우의 표시

[기존]

보존기간	3년	장 관	
공개 여부	공개	**명 왕 성**	
차 관	대 결		11/13
국 장	**홍길동**		
과 장	박문서		
기안자	허서식	조직관리과장 **김천석**	협조
심사자		심사일	

[현재]
행정자치부장관

행정사무관 허서식 조직정책과장 박문서 행정관리국장 홍길동 차관 대결 명왕성
협조자 조직관리과장 김천석

● 기존과 차이점

[기안문과 시행문이 통합되어 그대로 시행되므로, 발신명의 밑에 온전한 직위(직급), 대결 및 서명이 그대로 표시된다]

* 기존에는 직위가 있는 자가 전결(대결)한 경우에 전결(대결)의 표시와 서명이 분리되었으나, 앞으로는 전결(대결)의 표시를 서명란에 함께 표시함으로써 실제로 전결(대결)

한 자가 누구인지를 확실히 알 수 있고, 정책실명제의 실현에도 도움이 된다.

〈예시 2〉 전결사항을 결재할 자(전결권자)가 부재중인 경우의 표시
① 국장 부재중 그 직무대리가 과장인 경우
- 과장이 국장 전결 사항인 문서를 대결하는 경우
[기존]

보존기간	3년	장 관	
공개 여부	공 개	정 보 수	
국 장	전 결		11/13
과 장	대 결		
기안자	허서식	행정제도과장 강만수	협조
심사자		심사일	

[현재]
행정자치부장관

행정사무관 허서식 행정능률과장 대결 정보수 행정관리국장 전결
협조자 행정제도과장 강만수

● 기존과 차이점
[앞으로는 기안문과 시행문이 통합되어 그대로 시행되므로, 발신명의 밑에 온전한 직위(직급), 대결, 전결 및 서명이 그대로 표시된다]

* 기존에는 직위가 있는 자가 전결(대결)한 경우에 전결(대결)의 표시와 서명이 분리되었으나, 앞으로는 전결(대결)의 표시를 서명란에 함께 표시함으로써 실제로 전결(대결)한 자가 누구인지를 확실히 알 수 있고, 정책실명제의 실현에도 도움이 된다.
② 차관 전결사항인 문서를 직무대리인 국장이 대결하는 경우

[기존]

보존기간	3년	장 관	
공개 여부	공 개	정보수	
차 관	전 결		11/13
국 장	대 결		
과 장	**박문서**		
기안자	허서식	행정제도과장 **이천국**	협조
심사자		심사일	

[현재]

행정자치부장관

행정사무관 허서식 행정능률과장 박문서 행정관리국장 대결 정보수 차관 전결
협조자 행정제도과장 이천국

● 기존과 차이점

[앞으로는 기안문과 시행문이 통합되어 그대로 시행되므로, 발신명의 밑에 온전한 직위
(직급), 대결, 전결 및 서명이 그대로 표시된다]

 * 기존에는 직위가 있는 자가 전결(대결)한 경우에 전결(대결)의 표시와 서명이 분리
되었으나, 앞으로는 전결(대결)의 표시를 서명란에 함께 표시함으로써 실제로 전결(대결)
한 자가 누구인지를 확실히 알 수 있고, 정책실명제의 실현에도 도움이 된다.

  ③ 과장 전결사항인 문서를 그 직무를 대리하는 자(보조기관 또는 보좌기관이 아닌
자)가 대결하는 경우

124

[기존]

보 존	3년	장 관		
공개 여부	공 개	대결 허서식 11/13		
과 장	전 결			
기안자	김철수			협조
심사자		심사일		

[현재]

행정자치부장관

행정주사 김철수   행정사무관 대결 허서식   행정능률과장 전결
협조자

* 기존에는 직위가 있는 자가 전결(대결)한 경우에 전결(대결)의 표시와 서명이 분리되었으나, 현재는 전결(대결)의 표시를 서명란에 함께 표시함으로써 실제로 전결(대결)한 자가 누구인지를 확실히 알 수 있고, 정책실명제의 실현에도 도움이 된다.

(나) 대결한 문서를 시행하는 때에는 그 시행문의 발신명의 밑에 다음과 같이 대결, 직위(직급)를 표시하고 서명함.

[기존]

○   ○   ○   ○   시   장

대결   행정사무관 허서식

[현재]

행정자치부장관

행정주사 김철수   행정사무관 대결 허서식   행정능률과장 전결

● 기존과 차이점

[기안문과 시행문이 통합되어 그대로 시행되므로, 발신명의 밑에 온전한 직위(직급), 대결, 전결 및 서명이 그대로 표시됨]

* 과거에는 직위가 있는 자가 전결(대결)한 경우에 전결(대결)의 표시와 서명이 분리되었으나, 전결(대결)의 표시를 서명란에 함께 표시함으로써 실제로 전결(대결)한 자가 누구인지를 확실히 알 수 있고, 정책실명제의 실현에도 도움이 된다.

(다) 행정기관 외의 자에게 시행하는 문서와 서식에 의하여 처리하여 시행하는 문서에는 대결의 표시를 생략한다.

※ "직무대리(법정대리, 지정대리)", "권한대행" 등은 대리행위이므로 이들이 결재하는 문서는 "대결"로 표시.

[현행] 대결표시 생략

[개정] 대결표시를 함

행정자치부장관

행정주사 김철수   행정사무관 대결 허서식   행정능률과장 전결

● 과거와 차이점
[대외적으로 시행하는 모든 문서에는 발신명의 밑에 온전한 직위(직급), 대결, 전결 및 서명이 그대로 표시되어 시행된다]

* 직위가 있는 자가 전결(대결)한 경우에 전결(대결)의 표시와 서명이 분리되었으나, 앞으로는 전결(대결)의 표시를 서명란에 함께 표시함으로써 실제로 전결(대결)한 자가 누구인지를 확실히 알 수 있고, 정책실명제의 실현에도 도움이 됨.

처. 검토·협조 및 결재 중인 문서의 열람체계 구축(규정 제16조의2)
ㅇ 행정기관의 장은 검토·협조 및 결재 중인 전자문서를 검토자·협조자 및 결재권자가 동시에 볼 수 있도록 전자문서의 열람체계를 구축할 수 있음.

ㅇ 기안자가 전자문서로 기안한 후 올리는 경우에 검토자·협조자 및 결재권자가 검토서명·협조서명 및 결재서명 전이라도 이를 동시에 볼 수 있도록 하고 사전에 숙지가 가능하게 하여 실제로 서명하는 경우에 곧바로 서명할 수 있도록 함.

커. 시행문의 기재항목 축소 및 변경(규정 제18조 제2항)
[기존] ㅇ 시행문에는 그 처리담당자의 소속부서·성명과 전화번호를 기재하여야 함.

* 기안문과 시행문의 기재항목에 대하여는 통합서식 참조

터. 문서심사제도의 폐지(규정 제19조 및 제20조, 규칙 제24조)

기존   ○ 문서의 심사에 관한 사무를 관장하기 위하여 행정기관의 처리과에 문서심사관을 두되, 문서심사관은 그 처리과의 장이 됨(제19조 제1항).

○ 처리과의 장은 제1항의 규정에 의한 문서의 심사에 관한 사무를 소속직원으로 하여금 처리하게 할 수 있음(제19조 제2항).

○ 행정기관의 장 또는 합의제기관의 명의로 발신하는 문서는 문서심사관의 심사를 받아야 함(제20조 제1항).

○ 문서심사관이 제1항의 규정에 의하여 문서를 심사하는 때에는 다음 사항을 검토하여야 함(제20조 제2항).

○ 문서심사관은 제2항의 심사가 완료된 때에는 기안문에 심사일 및 심사자를 표시하여야 함(제20조 제3항).

○ 문서심사는 당해 문서를 시행하는 날에 받아야 함.(규칙 제24조)

○ 문서심사결과 미비점이 있는 경우에는 기안자에게 통보하여 보완하도록 함(규칙 제24조).

퍼. 관인날인 대상문서의 구체화(규정 제21조 제1항)

기존   ○ 관인날인 대상문서: 시행문과 임용장·상장 및 각종 증명서에 속하는 문서

현재   ○ 관인날인 대상문서: 시행문, 게시판 등에 고시 또는 공고하는 문서, 임용장·상장 및 각종 증명서에 속하는 문서

○ 그동안에 게시판 등에 고시 또는 공고하는 문서에 관인을 찍어야 하느냐의 질의가 너무 많아 이를 명문화함으로써 사전에 사무관리규정을 숙지하게 하여 불필요한 질의에 일일이 응대하는 행정력 낭비를 줄이기 위해 관인날인 대상문서에 추가한 것임.

허. 관인생략 위치변경(규칙 제25조 제2항)

기존   ○ 기안문과 시행문의 발신기관명 위

| 현재 | ○ 발신명의의 오른쪽

○ 관인생략의 위치를 곧바로 알 수 있도록 하기 위한 것이다.

고. 발송대상문서의 방법 변경(규정 제22조 제1항)

| 기존 | ○ 기안문에 의하여 시행문을 별도로 작성하여 발송하여야 한다.

| 현재 | ○ 종이문서는 이를 복사하여 발송하고, 전자문서는 전자문서시스템상에서 발송하여야 한다.

○ 기존에는 시행문을 별도로 작성하여 발송하였으나, 앞으로는 기안문과 시행문이 하나로 통합됨에 따라 시행문을 별도로 작성하지 않고, 기안문에 관인(전자이미지관인)을 찍어 그대로 발송하되, 종이문서와 전자문서의 발송방법을 달리한다.
  - 종이문서: 기안문을 복사한 후에 관인을 찍어 발송(기안문에 관인을 찍으면, 시행문이 됨)
  * 결재난 것이 기안문이고, 이를 복사한 후 문서과의 관인관리자가 관인을 찍은 것이 시행문임(굳이 구분한다면, 기안문은 원본이고, 시행문은 정본(원본과 같은 효력 있음)으로 이해하면 될 것임).
  - 전자문서: 기안문에 처리과의 문서수발업무담당자가 전자이미지관인을 찍은 후에 전자문서시스템상에서 그대로 발송(기안문에 전자이미지관인을 찍으면, 시행문이 됨)

노. 관인관리자의 비고란 서명 삭제 및 전자문서의 전자이미지관인날인자 지정(규칙 제26조 제6항)

| 기존 | ○ 관인관리자는 문서심사 여부를 확인하고 문서등록대장의 비고란에 서명하여야 함.

| 삭제 | ○ 관인관리자가 비고란에 서명하는 것을 삭제한다.

ㅇ 전자문서인 경우에는 처리과의 문서수발업무담당자가 전자이미지관인을 찍어 발송하여야 한다.

ㅇ 관인관리자가 문서심사 여부를 확인하고 문서등록대장의 비고란에 서명하는 것은 형식적이고 효율성이 떨어져 삭제한 것이며, 전자이미지관인의 날인자를 구체적으로 정한 것이다.

도. 전자문서의 발송수단 확대(규정 제22조 제3항)
ㅇ 제1항의 규정에 불구하고 전자문서는 행정기관의 홈페이지 또는 공무원의 공식 전자우편주소(행정기관이 공무원에게 부여한 전자우편주소를 말한다. 이하 같다)를 이용하여 행정기관 외의 자에게 발송할 수 있다.
 * 전자문서시스템(기록물등록대장)⇒홈페이지/공무원의 공식 전자우편주소⇒행정기관 외의 자(국민, 법인, 단체, 외국법인/단체, 다른 국가기관 등)

ㅇ 전자정부의 구현을 촉진하고 국민 등에게 양질의 행정서비스를 제고하기 위하여 행정기관과 국민 간, 행정기관과 외국법인/단체 간, 국가기관 간 등에 전자문서의 원활한 유통을 활성화하기 위한 근거가 필요하여 신설한다.
 * 전자결재가 끝난 후 전자문서시스템에서 공무원의 공식 전자우편주소로 전자문서를 보내, 여기서 행정기관 외의 자(국민, 법인, 단체, 다른 국가 등)에게 발송할 수 있도록 한 것이다.

로. 문서배부대장의 명칭 변경(규정 제23조 제2항)
 기존 ㅇ 문서배부대장

 현재 ㅇ 공공기관의기록물관리에관한법률시행령 제10조의 규정에 의한 기록물배부대장

ㅇ 2003년까지는 사무관리규정에 의한 문서배부대장에 문서배부사항을 기록하도록 되

어 있으나, 2004년부터는 공공기관의기록물관리에관한법률시행령 제10조의 규정에 의한 기록물배부대장에 기록물 배부사항을 기록함에 따라 명칭을 변경한 것이다.

모. 경유문서의 처리절차 변경(규칙 제32조 제2항)

 기존 ○ 경유표시인의 경유란에 결재권자 및 그 직근 하급자의 서명을 받은 후 두문의 경유기관명에 관인을 찍어 수신기관에 보내야 하며, 경유기관에서 의견이 있는 경우에는 이를 첨부하여 수신기관에 보내야 한다.

○ 경유문서를 발송하는 때에는 문서접수대장의 비고란에 발송일자 등을 기재하여야 한다.

 현재 ○ 경유기관은 접수한 경유문서에 대한 검토를 마친 후 다른 경유기관 또는 최종 수신자에게 보내는 때에는 결재권자의 결재를 받아 경유기관의 장의 명의로 발송하는 문서에 경유문서를 붙여 보내야 하며, 경유기관에서 의견이 있는 때에는 그 의견을 붙여 보내야 한다.

○ 경유표시인의 처리절차, 경유기관의 관인날인 등은 전자문서의 유통에 장애가 되어 이를 해소하고자 일반문서의 수발신처럼 동일하게 경유문서를 접수한 후 검토하고 발송하는 경우에도 이를 붙여 발송하도록 하고, 의견이 있는 경우에는 이를 붙여 발송하도록 한다.

보. 접수문서가 2개 이상 보조(좌)기관과 관련 시 이송명의의 명확화(규정 제23조 제2항)

 기존 ○ 처리과는 당해 문서를 복사하여 관련 보조(좌)기관에 이송하여야 함.

 현재 ○ 처리과는 당해 문서를 복사하여 관련 보조(좌)기관에 당해 보조(좌)기관의 명의로 이송하여야 한다.

○ 접수한 문서가 2개 이상 보조(좌)기관과 관련이 있는 경우에는 주된 처리과에서 당해 문서를 복사하여 당해 보조(좌)기관의 명의로 발송하는 문서(대내문서)에 붙여 이송

하도록 하고, 받는 보조(좌)기관도 접수를 한 후 처리하도록 한 것임.

* 일부기관에서 발송 및 접수절차를 거치지 않는 사례가 발생하여 구체적으로 정한 것이다.

소. 문서의 반송 및 이송절차 명확화(규칙 제33조 제1항·제4항)

기존 ○ 문서심사관 또는 문서과의 장은 접수한 문서에 형식상의 흠이 있는 때에는 별지 제8호 서식에 의하여 발신행정기관에 이를 반송할 수 있음.

○ 문서심사관 또는 문서과의 장은 접수한 문서가 소관사항이 아닌 경우에는 이를 지체 없이 해당 소관기관에 이송하여야 함.

현재 ○ 행정기관의 장은 접수한 문서에 형식상의 흠이 있는 때에는 그 문서의 생산등록번호·시행일자·제목과 반송사유를 명시하여 발신행정기관에 이를 반송할 수 있다.

○ 행정기관의 장은 접수한 문서가 소관사항이 아닌 경우에는 이를 지체 없이 해당 소관기관의 장에게 이송하여야 한다.

○ 문서심사관 또는 문서과의 장의 명의로 문서를 반송할 수 있는 것으로 해석이 가능하게 되어 발신명의의 표시에 혼란을 초래할 우려가 있어 문서를 반송/이송할 수 있는 권한을 문서심사관 또는 문서과의 장에서 행정기관의 장으로 바꾼 것임.

* 문서심사제도는 폐지되어 문서심사관도 폐지됨.

오. 문서처리인의 명칭 변경(규정 제23조 제2항본문 전단)

기존 ○ 문서처리인

조. 문서의 생산등록 신설(규칙 제22조)

○ 문서생산 시 기록물등록대장에 등록하고, 문서의 등록번호는 생산등록번호로 하며, 내부결재문서는 기록물등록대장의 수신자란에 "내부결재"표시를 하여야 함.

ㅇ 내부결재문서인 경우에 수신자란에 표시하는 방법 및 법적근거에 대한 문의가 많아 이를 명문화하여 사전에 숙지를 하도록 함으로써 불필요한 질의에 응대하는 행정력을 줄이기 위한 것임.

초. 접수문서의 접수등록번호와 접수일시 기재방법(규정 제23조 제2항본문 후단, 규칙 제31조)

기존 ㅇ 접수일시 및 번호를 기재(규정 제23조 제2항본문 후단)

현재 ㅇ 공공기관의기록물관리에관한법률시행령 제10조의 규정에 의한 기록물등록대장에 접수등록번호와 접수일시를 기재하여야 하며, 전자문서인 경우에는 그 접수등록번호와 접수일시가 자동으로 표시되도록 하여야 한다.(규칙 제31조).

ㅇ 문서등록번호는 생산문서는 생산등록번호로, 접수문서는 접수등록번호로 명칭이 변경되고, 2003년까지는 문서접수대장에 문서를 접수하나, 2004년부터는 문서접수와 문서등록 및 문서의 보존을 통합한 기록물등록대장에 접수함에 따라 이의 근거를 마련하고, 문서처리의 전자화를 위하여 전자문서는 접수등록번호와 접수일시가 자동으로 표시되도록 명시한 것이다.

ㅇ 문서접수 시 기록물등록대장에 등록하고, 문서의 등록번호는 접수등록번호로 함(규칙 제31조).

ㅇ 문서등록번호는 생산문서는 생산등록번호로, 접수문서는 접수등록번호로 구분되므로, 문서의 접수와 문서의 등록을 구분하기 위한 것이다.

코. 접수문서의 선람서명/공람서명의 명칭 및 방법변경(규정 제23조 제3항)

기존 ㅇ 처리과는 중요한 내용의 문서에 대하여는 보조기관 또는 보좌기관의 공람을 거치기 전에 결재권자의 선람을 받아야 함(제23조 제3항).

ㅇ 제3항의 규정에 의한 선람을 하는 결재권자는 문서의 처리기한 및 처리방법을 지시

할 수 있으며, 필요하다고 인정하는 때에는 그 처리담당자를 따로 지정할 수 있음(제23조 제4항).

현재 ○ 처리과의 문서수발사무를 담당하는 자는 접수된 문서를 처리담당자에게 인계하고, 처리담당자는 행정자치부령이 정하는 문서에 해당하는 경우에는 공람할 자의 범위를 정하여 그 문서를 공람하게 할 수 있다. 다만, 전자문서인 경우에는 공람하였다는 기록이 전자문서시스템상에서 자동으로 표시되도록 하여야 함(제23조 제3항).

 * 종이문서: 적당한 여백에 공람서명함.

 * 통계·설문조사 등을 위하여 각 기관으로부터 취합하는 문서는 공람서명을 하지 않고, 문서의 접수로 종결함.

 ○ 제3항의 규정에 의한 공람을 하는 결재권자는 문서의 처리기한 및 처리방법을 지시할 수 있으며, 필요하다고 인정하는 때에는 그 처리담당자를 따로 지정할 수 있음(제23조 제4항).

■ 행정자치부령으로 정하는 공람문서(규칙 제31조의 2)
● 결재권자로부터 처리지침을 받아야 할 필요가 있는 문서
● 민원문서
● 행정 기관 간 또는 행정기관 내 보조기관 또는 보좌기관 간 업무협조에 관한 문서
● 접수된 문서를 처리하기 위하여 소관사항 등 형식적인 면 또는 법률·예산 등 내용적인 면에서 검토가 필요한 문서
● 그 밖에 공무원의 신상(身上), 교육훈련 등과 관련하여 공무원이 개별적으로 또는 전체적으로 알아야 할 문서

 ○ 선람을 공람으로 명칭을 변경하고, 지금까지는 접수문서 중 중요한 문서는 선람서명 하도록 하고, 접수한 모든 문서는 공람서명 하도록 하였으나, 앞으로는 공람이 필요한 문서에만 공람(적당한 여백에 공람서명)하도록 하고, 전자문서는 전자문서시스템 내에서 공람하였다는 기록이 유지되도록 함.

 ○ 단순히 보았다는 뜻으로 형식적인 서명을 하는 데 시간을 많이 투자하여 행정낭비가 심해 공람서명을 최소화한 것임.

토. 전자문서의 접수수단의 확대(규정 제23조 제6항)

○ 행정기관의 장은 행정기관의 홈페이지 또는 공무원의 공식 전자우편주소를 이용하여 행정기관 외의 자로부터 문서를 받아 처리과에서 접수할 수 있음.

* 행정기관 외의 자⇒홈페이지/공무원의 공식 전자우편주소⇒전자문서시스템(기록물등록대장) 접수

○ 전자정부의 구현을 촉진하고 국민 등에게 양질의 행정서비스를 제고하기 위하여 행정기관 외의 자(국민, 법인, 단체, 외국법인/단체, 다른 국가기관 등)로부터 문서를 접수할 근거를 마련한 것임.

포. 생산문서의 등록번호의 명칭변경(규정 제24조)

| 기존 | ○ 생산 또는 접수한 문서는 기록물등록대장에 등록하고 등록번호를 부여함.

| 현재 | ○ 생산문서는 기록물등록대장에 등록하고 생산등록번호를 부여함.

○ 기존에는 기록물등록대장에 생산문서와 접수문서를 등록하도록 표현되어 있어 생산문서인지 접수문서인지를 구분하기 곤란하고 "등록"이란 용어가 생산문서만 해당된 것으로 오해할 소지가 있어 생산문서는 생산등록번호로, 접수문서는 접수등록번호로 구분하여 혼란을 예방하기 위한 것임.

* 문서의 등록과 문서의 접수의 용어를 구분하되, 이를 하나의 기록물등록대장에 등록(생산등록 또는 접수등록)하도록 함.

전자문서의 표준 및 유통 등

1. 전자문서의 표준 고시 등 근거 마련(규정 제26조, 규칙 제34조)

○ 행정자치부장관은 전자문서시스템 기능의 규격표준, 전자문서시스템 간 전자문서의 유통표준, 전자문서시스템과 행정정보시스템 간 전자문서 또는 행정정보의 유통표준 등을

정하여야 한다. 다만, 산업표준화법에 의한 한국 산업규격이 제정되어 있는 사항에 대하여는 그 규격에 따름(규정 제26조 제1항).

  ㅇ 행정자치부장관은 제1항의 규정에 의하여 규격표준·유통표준 등을 정한 경우에는 이를 관보에 고시하고 인터넷에 게시하여야 한다. 그 표준을 변경하는 경우에도 또한 같음(규정 제26조 제2항).

  ㅇ 행정기관의 장은 특별한 사유가 없는 한 제1항의 표준에 적합하다고 인증을 받은 전자문서시스템을 사용하여야 함(규정 제26조 제3항).

  ㅇ 제3항의 규정에 의한 인증은 행정자치부장관이 지정하는 전문기관이 행함(규정 제26조 제4항).

  ㅇ 영 제26조 제3항의 규정에 의하여 행정자치부장관이 전자문서시스템에 대한 인증을 행하는 전문기관을 지정하는 경우에는 인증을 실시할 수 있는 시설과 인력 또는 인증실적 등을 고려하여 지정하여야 함(규칙 제34조).

  ㅇ 전자문서시스템에 대한 표준이 없어 각 행정기관이 도입하여 사용하는 시스템이 사무관리규정과 맞지 않는 사례가 발생하여 문서관리에 문제점이 발생하여 이를 해결하고, 전자문서관리의 효율화 및 행정기관 간 전자문서의 원활한 유통을 기하고자 행정자치부장관은 전자문서시스템 기능의 규격표준 등을 정하여 관보에 고시하도록 하고, 행정기관의 장은 그 표준에 적합하다고 인증을 받은 전자문서시스템을 사용하도록 하기 위하여 신설한 것임.

  2. 행정정보시스템과 전자문서시스템 간 연계(규정 제28조)

  ㅇ 행정기관의 장은 자체적으로 운영·관리하고 있는 행정정보시스템을 전자문서시스템 등과 연계하여 행정정보를 공동 활용하는 등의 조치를 취하여야 함.

  ㅇ 기존의 전자문서시스템과 행정정보시스템이 서로 연계되지 않아 행정정보를 중복입력하는 낭비를 초래할 뿐만 아니라, 양질의 공문서를 만들기 위해서는 각종 행정지식·정보의 즉시 이용이 필수불가결함에도, 이를 뒷받침할 장치가 미흡하여 이를 해결하고자 전자문서시스템과 행정정보시스템을 서로 연계하고, 행정정보·지식의 체계적인 공유를 기하고자 신설한 것임.

3. 정부전자문서유통지원센터 신설(규정 제28조, 규칙 제35조)

○ 행정자치부장관은 행정기관 간 전자문서의 원활한 유통을 지원하기 위하여 행정자치부에 정부전자문서유통지원센터(이하 이 조에서 "센터"라 한다)를 두되, 정부전산정보관리소가 그 기능을 수행한다. 다만, 행정자치부장관은 전자문서유통관리의 안정성 및 용이성 등을 위하여 필요한 경우에는 센터 업무의 일부를 다른 행정기관으로 하여금 수행하게 할 수 있음(규정 제28조 제1항).

○ 센터는 다음 각호의 업무를 행함(규정 제28조 제2항).

1. 전자문서 또는 행정정보의 원활한 유통을 위한 지원 및 규격표준·유통표준 등의 운영

2. 전자문서시스템 및 행정정보시스템의 전자적 주소 등의 배포 및 관리

3. 전자문서 또는 행정정보의 효율적인 유통을 위한 프로그램의 개발·보급

4. 전자문서 또는 행정정보의 유통 시 발생하는 장애의 복구를 위한 지원

○ 전자문서의 원활한 유통을 위하여 센터의 운영에 관하여 필요한 세부사항은 행정자치부령으로 정함(규정 제28조 제3항).

○ 센터를 관리하는 자는 센터의 시스템이 정상적으로 가동되도록 관리하여야 하며, 유통되는 전자문서 및 행정정보가 위조·변조·훼손 또는 유출되지 아니하도록 적절한 보호대책을 강구하여야 함(규칙 제35조 제1항).

○ 센터의 관리자는 원활한 전자문서유통을 지원하기 위하여 필요한 경우 테스트문서를 발송하여 행정기관 간 정상적 문서유통 여부를 확인하여야 함(규칙 제35조 제2항).

○ 센터의 관리자는 전자문서유통상의 장애가 발생하거나 시스템 간 문제가 발생한 경우에는 각 행정기관의 전자문서시스템의 관리자에게 시스템관련 정보를 요청할 수 있음(규칙 제35조 제3항).

○ 행정자치부장관은 사무관리규정 제28조 제1항 단서의 규정에 의하여 센터의 업무의 일부를 수행하는 행정기관에 대하여 기술적인 지원을 할 수 있음(규칙 제35조 제4항).

○ 센터의 관리자와 센터업무의 일부를 수행하는 행정기관의 전자문서유통지원업무를 담당하는 자의 역할 및 센터의 이용절차 등에 관하여 필요한 세부사항은 행정자치부장관이 정함(규칙 제35조 제5항).

○ 기존의 전자문서 유통은 기관에서 기관으로의 직접 전달방식인바, 문서의 보안성·안전성·신뢰성 확보의 필요성이 제기되어 행정기관 간의 원활한 전자문서의 유통을 지원하기 위하여 신설함.

- 기관 간 직접 전달방식으로 문서유통 시, 장애가 발생하면 이를 치유하기 곤란함 (예: 기관에서 B기관으로 전자적으로 문서를 발송했더라도 B기관에서 문서를 접수한 적이 없다고 주장할 경우 분쟁 발생)

관인관리

1. 관인등록(재등록, 폐기)의 방법변경(규정 제38조, 규칙 제56조)

기존 ○ 중앙행정기관의 관인은 행정자치부에, 기타 행정기관의 관인은 그 직근 상급기관에 등록하여야 함(규정 제38조 제1항).

○ 영 제38조의 규정에 의하여 관인을 등록하고자 하는 기관은 별지 제24호 서식에 의하여 관인등록기관에 등록신청을 하여야 함(규칙 제56조 제1항).

○ 등록기관은 제1항의 규정에 의하여 관인을 등록하는 때에는 별지 제25호 서식의 관인대장에 그 인영을 등록하여 보존하여야 함(규칙 제56조 제2항).

현재 ○ 행정기관은 행정자치부령이 정하는 바에 따라 관인의 인영을 당해 행정기관의 관인대장에, 전자이미지관인의 인영을 당해 행정기관의 전자이미지관인대장에 각각 등록하여야 함. 다만, 제3차 소속기관은 직근 상급기관에 등록할 수 있음(규정 제38조 제1항).

○ 영 제38조 제1항의 규정에 의하여 행정기관은 별지 제24호 서식의 관인대장에 관인(전자이미지관인을 제외한다. 이하 이 조 및 제57조에서 같다)의 인영을 등록하여 보존하여야 함. 직근 상급기관이 제3차 소속기관의 관인을 등록하는 경우에도 또한 같음(규칙 제56조 제1항).

○ 제3차 소속기관이 직근 상급기관에 관인을 등록하고자 하는 경우에는 별지 제25호 서식에 의하여 등록신청을 하여야 함(규칙 제56조 제2항).

○ 지금까지는 관인을 등록 또는 재등록하거나 폐기하는 경우 직근 상급기관에 하도록 한 것을 당해 행정기관에 하도록 하여 업무처리의 신속을 기하도록 하고 행정의 자율성

과 책임성을 강화하도록 함. 다만, 제3차 소속기관은 직근 상급기관에 할 수 있음.

2. 관인재등록신청 및 폐기신고(규칙 제57조)

[기존] ○ 영 제39조의 규정에 의한 관인의 재등록신청 및 폐기신고는 별지 제24호 서식에 의함.

○ 관인등록기관은 관인재등록/폐기 시 관인대장에 그 사실을 기재하고, 그 인영을 등록하여 보존하여야 함.

[현재] ○ 영 제39조의 규정에 의하여 행정기관이 관인재등록/폐기 시 관인대장에 그 사실을 기재하고 그 인영을 보존하여야 함. 직근 상급기관이 제3차 소속기관의 관인을 재등록하거나 폐기하는 경우에도 같음.

○ 직근 상급기관에 등록을 한 제3차 소속기관이 관인을 재등록하거나 폐기하고자 하는 경우에는 별지 제25호 서식에 의하여 재등록신청을 하거나 폐기신고를 하여야 함.

○ 관인등록/재등록/폐기가 직근 상근 행정기관에서 당해 행정기관으로 변경됨에 따라 정비한 것임.

3. 폐기관인의 이관 및 보존의무화 명시(규정 제39조 제2항)

[기존] ○ 폐기관인은 소각 등의 방법으로 폐기하고, 보존할 필요가 있는 경우에만 정부기록보존소 등에 이관하여 보존함.

[현재] ○ 소각 등의 방법으로 폐기하지 않고, 관인대장에 관인폐기 내역을 기재하고, 폐기되는 관인을 정부기록보존소(또는 시·군 및 자치구는 공공기관의기록물관리에관한법률 제7조의 규정에 의한 지방기록물관리기관을 말한다)에 관인폐기공고문과 함께 이관하여야 하며, 정부기록보존소 또는 지방기록물관리기관은 폐기된 관인이 잘못 사용되거나 유출되지 아니하도록 하여야 함.

○ 지금까지는 폐기관인을 관인대장에만 기록하고, 폐기하였으나, 앞으로는 소각 등의

방법으로 폐기하지 않고, 정부기록보존소 등에 이관하여 역사적인 유물로 보존함으로써 행정기관에서 사용한 관인의 변천을 시대별로 알 수 있도록 한 것임.

4. 전자이미지관인의 등록 및 관리(규칙 제57조의2)

▨ 기존 ▨　ㅇ 전자이미지관인을 사용하고자 하는 기관은 별지 제25호의2서식에 의하여 문서과에 등록(재등록 포함)하여 컴퓨터 화일 및 대장으로 관리하여야 함.

▨ 현재 ▨　ㅇ 전자이미지관인을 사용하고자 하는 기관은 별지 제25호의2서식의 전자이미지관인대장에 의하여 문서과에 등록(재등록 포함)하고, 특별한 사유가 있는 경우를 제외하고는 문서과가 전자이미지관인대장을 관리하며, 정보화담당부서가 전자이미지관인을 컴퓨터 화일로 관리하도록 함. 직근 상급기관이 제3차 소속기관의 전자이미지관인을 등록하는 경우에도 같음.

　ㅇ 제3차 소속기관이 직근 상급기관에 전자이미지관인을 등록하여 사용하고자 하는 경우에는 별지 제25호 서식에 의하여 등록신청을 하여야 함.

　ㅇ 대장명칭을 전자이미지관인등록대장에서 등록/재등록/폐기를 다 포괄할 수 있는 전자이미지관인대장으로 변경하고, 그동안에 논란이 되어 왔던 대장과 컴퓨터 화일의 관리부서를 전자이미지관인대장은 문서과가 관리하고, 전자이미지관인은 컴퓨터 화일로 정보화담당부서가 관리하도록 구분함.

5. 전자이미지관인의 원형변경 시 재등록 근거 명시(규정 제39조 제4항)

　ㅇ 전자이미지관인을 사용하는 기관은 사용 중인 전자이미지관인의 인영의 원형이 제대로 표시되지 아니하는 경우 전자이미지관인을 재등록하여 사용하여야 함.

　ㅇ 전자이미지관인의 원형이 제대로 표시되지 아니한 상태로 대외적으로 시행하는 경우에 국민들로부터 전자이미지관인을 위조/변조했다는 민원을 제기 받을 우려가 있고, 그런 문서가 공문서로서의 효력이 있느냐는 문제가 발생할 수 있으므로, 이러한 문제를 해결하고자 전자이미지관인의 원형 변경 시 재등록에 대한 사항을 명문화한 것임.

6. 전자이미지관인의 관보공고 의무화(규정 제40조, 규칙 제58조)

　　┌─────────┐
　　│　기존　│　○ 일반관인만 관보에 공고하도록 함.
　　└─────────┘

　　┌─────────┐
　　│　현재　│　○ 전자이미지관인도 관보에 공고하도록 함. 다만, 제3차 소속기관의 관인
　　└─────────┘
또는 전자이미지관인은 직근 상급기관에서 공고할 수 있다.
　　○ 전자이미지관인인 경우에는 전자이미지관인임을 표시하여 공고하도록 함.

　　○ 일부 행정기관이 전자이미지관인을 전자이미지관인등록대장과 컴퓨터 화일에 등록
하지 않고 사용하고 현행 규정상 관보에 공고를 하지 않음에 따라 전자이미지관인의 관
리가 다소 소홀한 사례가 발생하여 전자이미지관인도 일반관인처럼 관보에 공고하도록
하여 전자이미지관인의 관리에 내실화를 기하고자 함.
　　* 전자이미지관인공고 시 일반관인과 구분하여 공고하도록 함.

┌─────────────────────┐
│　　　　보고사무　　　　│
└─────────────────────┘

1. 보고(요구)문서의 표시위치의 변경(규정 제53조)

　　┌─────────┐
　　│　기존　│　○ 공문서의 상단 우측
　　└─────────┘

　　┌─────────┐
　　│　현재　│　○ 공문서의 본문의 첫째 항목
　　└─────────┘
　　○ 공문서의 본문을 읽음으로써 보고(요구)문서임을 곧바로 알 수 있도록 하여 보고문
서처리의 원활을 기하고자 함.

　　[별표 18] 참조

[별표 18]

정기보고 지정번호, 수시보고심사 및 보고심사제외근거의 표시(제65조 제5항, 제69조 제1항·제2항 관련)

보고구분	표시할 사항 및 표시요령	표시 예시	표시 위치
1.행정자치부령지정 정기보고 2. 훈령지정 정기보고	고유기호 행정기관명 －일련번호	정기보고의 지정(부령 행정자치부-1)과 관련됩니다. 정기보고의 지정(부령민 행정자치부-1)과 관련됩니다. 정기보고의 지정(부령 공통-1)과 관련됩니다. 정기보고의 지정(훈령 행정자치부-1)과 관련됩니다. 정기보고의 지정(훈령민 행정자치부-1)과 관련됩니다. 정기보고의 지정(훈령 공통-1)과 관련됩니다.	본문의 첫째 항목에 표시한다.
3. 수시보고	※ 아래 "수시보고심사의 표시방법"에 따른다.	2002. 7. 1. 중앙수시 행정자치부-1(3)과 관련됩니다. 2002. 7. 1. 자체 수시 전라남도-1(2)과 관련됩니다.	본문의 첫째 항목에 표시한다.
4. 보고심사 제외 대상보고 (영 제43조 제2항)	심사제외 근거규정	사무관리규정 제43조 제2항 제5호(보고심사 제외 근거)와 관련됩니다.	본문의 첫째 항목에 표시한다.

※ 수시보고심사의 표시방법

구 분	표 시 사 항
중앙심사수시보고	심사일자 중앙수시 행정기관명－일련번호( )
자체 심사수시보고	심사일자 자체 수시 행정기관명－일련번호( )

비고: ( ) 안에는 최초작성기관을 표시하며, 다음의 구분에 따라 그 숫자를 기입한다.

1. 최초작성기관이 중앙행정기관인 경우   0

2. 최초작성기관이 제1차 소속기관인 경우   1
3. 최초작성기관이 제2차 소속기관인 경우   2
4. 최초작성기관이 제3차 소속기관인 경우   3

2. 정기보고의 지정번호의 구성요소 변경(규칙 제65제2항)

기존   ○ 구성요소: 고유기기호와 보고요구기관의 소속중앙행정기관의 공문서수신처기호 다음에 붙임표(-)로 일련번호를 이어 기재한 번호로 함.

현재   ○ 공문서수신처기호를 행정기관명으로 변경

○ 공문서수신처기호는 행정기관의 신설, 통폐합에 따라 수시로 변하므로, 그 때마다 사무관리규정시행규칙을 개정해야 하는 문제가 발생함에 따라 이에 신축적으로 대응하기 위하여 변경한 것임.

3. 정기보고(요구)문서의 지정번호 표시위치의 신설(규정 제53조)

○ 공문서의 본문의 첫째 항목
○ 공문서의 본문을 읽음으로써 정기보고(요구)문서임을 곧바로 알 수 있도록 함.

4. 수시보고심사의 구성요소 및 표시위치 변경(규칙 제69조)

기존   ○ 구성요소: 보고요구기관의 공문서수신처기호 다음에 붙임표(-)로 연도별 일련번호를 이어 기재한 번호로 함.
    ○ 표시위치: 오른쪽 상단

현재   ○ 구성요소: 심사일자와 중앙수시(자체 수시)를 추가하고, 공문서수신처기호 대신에 행정기관명으로 변경
    ○ 표시위치: 공문서의 본문의 첫째 항목
    ○ 보고심사관은 별표 18의 예시와 같이 수시보고심사의 표시를 하여 그 결과를 통보하도록 함.

　○ 수시보고요구문서나 수시보고문서는 동일한 수시보고심사의 표시를 하여야 함.

　○ 수시보고심사를 받지 아니한 사항에 대하여는 별표 18의 예시와 같이 보고심사제외 근거를 표시하여야 함.

　[별표 18] 참조

　○ 공문서의 본문을 읽음으로써 수시보고(요구)문서이거나 보고심사제외임을 곧바로 알 수 있도록 함.

협조사무

1. 수시협조(요청)문서의 표시위치의 변경(규정 제60조)

　　기존　　○ 공문서의 상단 우측

　　현재　　○ 공문서의 본문의 첫째 항목

　○ 공문서의 본문을 읽음으로써 수시협조(요청)문서임을 곧바로 알 수 있도록 하여 수시협조문서처리의 원활을 기하고자 함.

[별표 21]

지정협조 지정번호 및 수시협조의 표시(제80조 제3항 및 제81조 제2항 관련)

협조구분	표시할 사항 및 표시요령	표시 예시	표시 위치
1. 행정자치부령지정 협조 2. 훈령지정협조	고유기호 행정기관명-일 련번호 고유기호 공통-일련번호	지정협조의 지정(부령협 행정자치 부-1)과 관련됩니다. 지정협조의 지정(부령협 공통-1) 과 관련됩니다. 지정협조의 지정(훈령협 행정자치 부-1)과 관련됩니다. 지정협조의 지정(훈령협 공통-1) 과 관련됩니다.	본문의 첫째 항목에 표시한다.
3. 수시협조	행정기관명-일련번호 (처리기간)	수시협 행정자치부-1(7일)과 관련 됩니다. 수시협 전라남도-1(20일)과 관련 됩니다.	본문의 첫째 항목에 표시한다.

2. 지정협조의 지정번호 표시위치 신설(규정 제80조)

○ 공문서의 본문의 첫째 항목

○ 지정협조(요청)문서에는 별표 21의 예시와 같이 지정협조의 지정번호를 표시하여야 함.

○ 공문서의 본문을 읽음으로써 지정협조(요청)문서임을 곧바로 알 수 있도록 함.

3. 수시협조의 심사번호의 구성요소 및 표시위치 변경(규칙 제80조, 제81조)

기존 ○ 구성요소: 공문서수신처기호-일련번호

○ 표시위치: 공문서의 오른쪽 상단

현재 ○ 구성요소: 행정기관명-일련번호

○ 표시위치: 공문서의 본문의 첫째 항목

○ 협조심사관은 별표 21의 예시와 같이 수시협조심사의 표시를 하여 그 결과를 통보하여야 함.

○ 수시협조(요청)문서에는 동일한 수시협조심사의 표시를 하여야 함.

○ 공문서의 본문을 읽음으로써 수시협조(요청)문서임을 곧바로 알 수 있도록 함.

서식승인

1. 민원서식 설계 시 전자신청여부 표시(규정 제73조 제5항)

기존 ○ 민원서식에 민원사무의 처리절차·연락처 및 처리기간 등 표시

현재 ○ 민원서식에 민원사무의 처리절차·연락처·처리기간 및 전자적 처리가능 여부 등 표시

○ 현재 민원서식은 종이문서 위주로 되어 있고, 전자신청가능 여부가 표시되지 않아 정보화에 역행되어 민원서비스혁신(G4C)사업의 일환으로, 민원서식에 '전자신청 가능 여부'를 표시하도록 하여 안방에서도 전자적으로 신청하여 받아볼 수 있도록 함.

* 행정기관이 민원서식 설계 시 이를 반영하도록 하고, 행정자치부장관이 서식승인 시 반영 여부를 확인하도록 함.

(예시): [전자신청이 가능한 서식입니다]라는 안내문을 오른쪽 상단에 표시함.

2. 서식설계의 일반원칙에 불필요항목 등 설치 금지 신설(규정 제73조 제6항)

기존 ○ 서식은 누구나 쉽게 이해할 수 있는 용어를 사용하여 설계하여야 함.

현재 ○ 서식은 누구나 쉽게 이해할 수 있는 용어를 사용하여 설계하여야 하며, 불필요하거나 활용도가 낮은 항목을 넣어서는 아니 된다.

○ 실제로 사용하지 않는 항목 또는 활용하더라도 극히 활용도가 낮은 항목을 사전에 서식설계 시 넣지 않도록 하고, 향후에 서식의 기재항목의 활용에 대한 실태점검을 통해 이를 개정할 수 있도록 하기 위한 것이다.

3. 서식에 행정기관의 로고/상징/마크/홍보문구 등 표시(규정 제73조 제9조)
○ 서식에는 가능한 한 행정기관의 로고·상징·마크 또는 홍보문구 등을 표시하여 행정기관의 이미지가 제고될 수 있도록 하여야 함.

○ 현재 지방자치단체 등 일부 행정기관들이 로고/상징/마크/홍보문구 등을 공문서에 실제로 사용하고 있고, 행정기관 등의 요청이 있어 이를 현실화하기 위해 근거를 명문화한 것임.

행정사무 개선

1. 목표관리제의 지원강화 신설(규정 제116조의 2 제3항)
○ 행정자치부장관은 행정기관의 장이 당해 기관의 사무에 대한 체계적인 목표관리를 행할 수 있도록 지원하기 위하여 종합계획을 수립·실시하도록 함.

○ 기관장을 비롯한 고급공무원들의 관심 부족, 평가를 싫어하는 행정문화, 행정업무 성과측정의 어려움 등으로 인하여 제도 정착에 어려움을 겪고 있음에도 불구하고, 이를 정착시킬 수단이 미약하여 목표관리제의 내실 있는 운영에 어려움이 있음.
○ 각급기관의 장이 체계적인 목표관리를 행할 수 있도록 행정자치부장관이 종합적인 계획을 수립·실시하도록 함으로써 내실 있는 제도운영을 지원하고자 근거를 신설한 것임.

2. 행정능률진단의 실시목적 및 활용범위 및 전문 인력 활용 근거 구체화(규정 제116조의3)

기존 ○ 행정기관의 사무 개선을 위하여 행정기관에 대한 능률진단을 실시할 수 있음.

┌─────┐
│ 현재 │ ○ 행정자치부장관은 행정기관의 사무 개선지원과 행정의 능률향상을 위
└─────┘
하여 행정사무의 절차 및 방법, 수행체계 및 관련제도 등을 분석·재설계하는 행정능률진
단을 실시할 수 있음(규정 제116조의 3 제1항).

  ○ 행정자치부장관은 다음 각호의 1에 해당하는 진단 등을 실시하는 때에 제1항의 규
정에 의한 행정능률진단을 활용하게 할 수 있음(규정 제116조의 3 제2항).

  1. 전자정부구현을위한행정업무등의전자화촉진에관한법률 제24조의 규정에 의한 행정기
관의 업무재설계

  2. 행정기관의조직과정원에관한통칙 제27조의 2의 규정에 의한 조직진단

  ○ 행정자치부장관은 행정능률진단의 효율적 실시를 위하여 행정능률진단관련 경험이
나 전문능력을 가진 각급 행정기관 소속 공무원의 지원을 받을 수 있음(규정 제116조의
3 제3항).

  ○ 현재 많은 공무원들이 『조직진단, 능률진단, 업무재설계 등을 조직을 잘라내고 줄이
는 것』으로 보고 이를 두려워하는 풍조가 만연하고 있고, 특히, 조직진단을 변혁기에 일
시적으로 실시하는 것이며 평소에는 하지 않는 것이라고 인식하는 경향이 있으며, 행정업
무에 대한 진단이 주로 외부용역으로 행해지고 있으나, 컨설턴트들이 행정현실에 대한 이
해가 부족하여 비현실적인 진단결과가 나오는 경우가 많음.

  ○ 이를 해결하고자 행정능률진단의 개념, 활용범위 및 전문 인력의 활용근거를 명확히
하기 위함.

  * 기존에는 사무관리규정에 행정능률진단을 실시할 수 있는 근거만 있음.

1. 전자문서 유통방식의 개선

■ 유통방식
○ 정부전자문서유통지원센터 중계시스템을 통한 행정기관 간 전자문서 유통

■ 문서유통 흐름도

○ 전체 흐름도

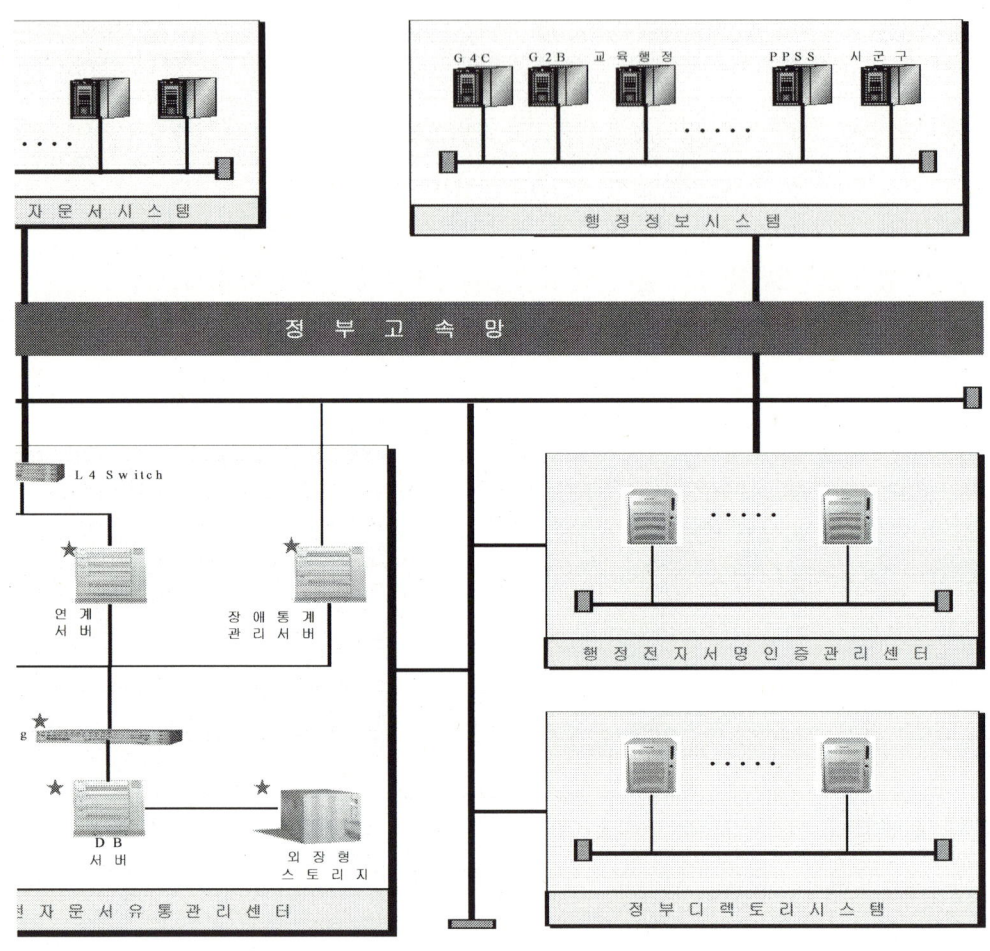

○ 세부 흐름도

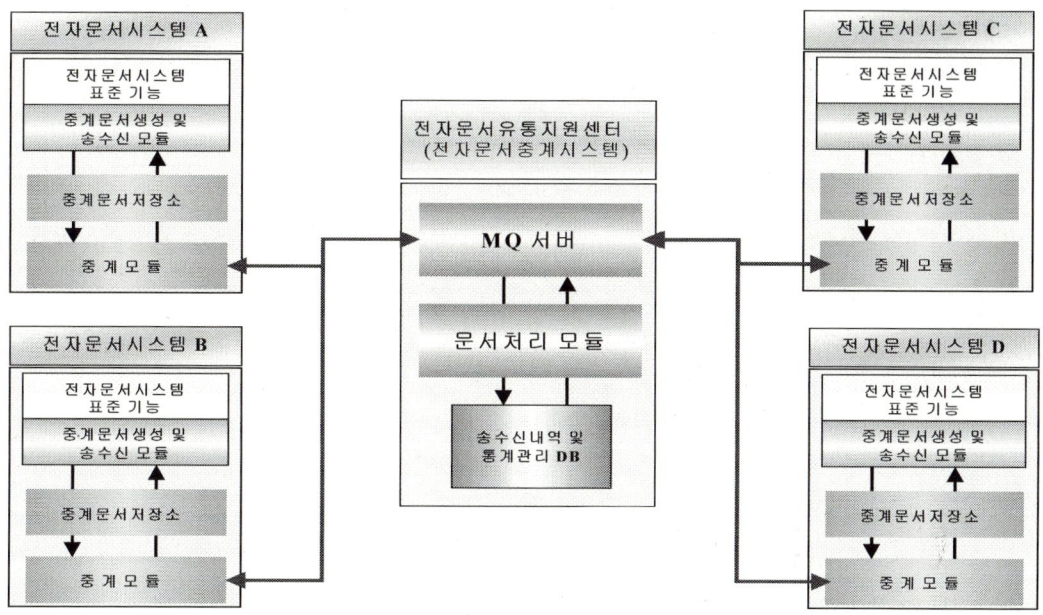

※ 새로운 전자문서시스템에서는 이러한 기능구현이 되어 있음

■ 행정기관 간 전자문서유통 세부 흐름과정

○ 신→신전자문서시스템으로 유통

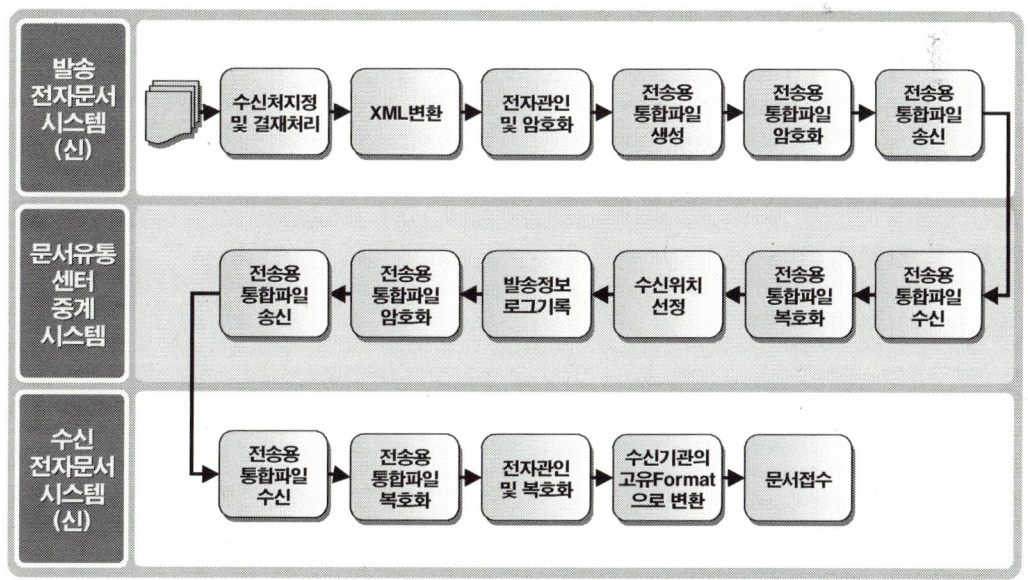

○ 신→구 전자문서시스템으로 유통

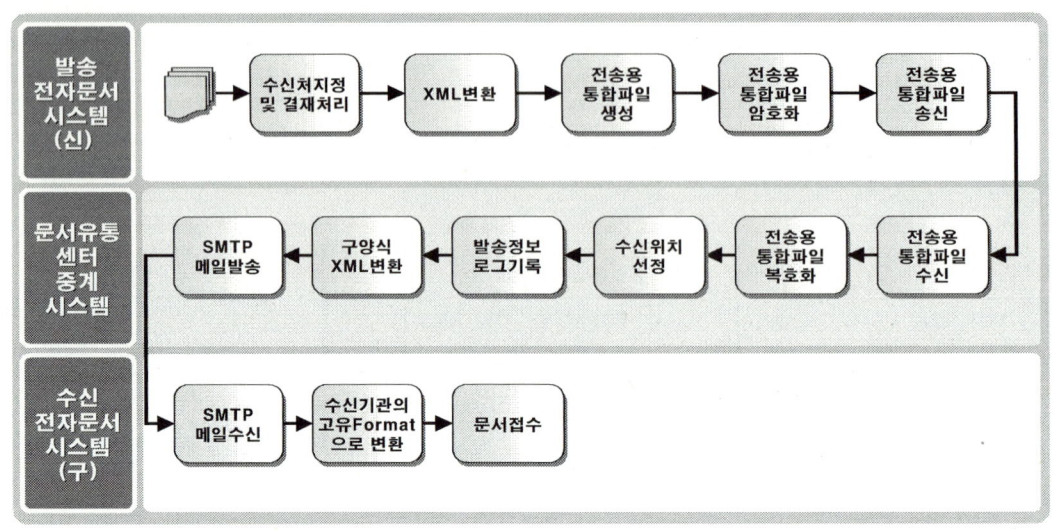

■ 정부전자문서유통지원센터 주요 기능

터와 관련된 전자문서시스템 및 행정정보시스템 정보관리 (IP, 기관명 등)

터와 관련된 전자문서시스템 및 행정정보시스템의 상태감시
스템이 비정상일 경우 시스템관리자에게 메일 및 메시지로 통보

는 각 전자문서의 유통과정 추적(송수신 시간 등)
생으로 인해 유통이 중지된 문서를 재처리

통 현황을 유통 유형별 집계 (기간별, 주기별 등)

등록 및 권한관리

및 프로그램 관리

담당자와 질의응답 및 자료실, 공지사항 관리

■ 기대효과

○ 전자문서중계시스템을 통해 기관 간 전자문서유통문제 해결

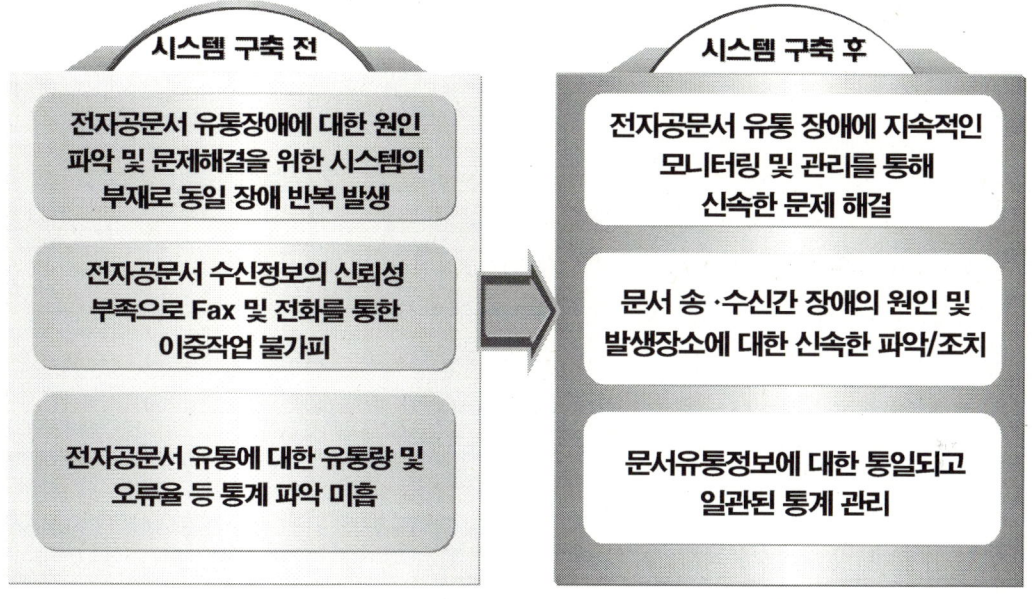

2. 전자문서시스템과 행정행정사무관리 간 연계

I. 전자문서시스템과 행정정보시스템 간 연계

■ 행정정보 연계배경

○ 현재 대부분의 행정업무가 정보화되어 있으나 전자문서시스템의 전자결재기능과의 연계기능이 없어

○ 행정정보시스템에서 담당자가 입력한 전자문서의 결재 시 동일 문서를 전자문서시스템에서 다시 수작업으로 입력해야 하는 이중 작업 발생

⇒따라서 행정정보시스템과 전자문서시스템과의 연계를 통해 행정정보시스템 사용 중 결재가 필요한 경우 동일 사용자에 의한 동일 데이터의 이중입력을 최소화하고 결재처리 단계별 또는 최종 결재결과에 대한 공개를 통해 보다 투명하고 신속한 의사결정을 지원

하는 방향으로 개선 필요

■ 연계대상 및 연계항목

○ 연계대상: G4C시스템, 시군구시스템, G2B시스템, 인사정책지원시스템

○ 행정정보시스템별 전자결재 연계항목: 행정정보시스템에서 정보제공

■ 행정정보 연계를 위한 기관별 임무 및 연계흐름

○ 기관별 임무

- 행정자치부(정부전산정보관리소)

· 행정정보시스템과 전자문서시스템과의 연계를 위한 연계표준 마련

· 연계를 위한 연계모듈(API)을 개발하여 행정정보시스템에 보급

- 행정정보시스템 보유기관

· 행정자치부에서 보급한 연계모듈을 자체 행정정보시스템에 탑재

· 전자문서시스템과 연계하고자 하는 대상업무에 대하여 제시된 연계표준에 의거 연계교환정보 문서생산을 위한 프로그램 개발

※ 생산에 필요한 문서형태(포맷)는 표준에 제시되어 있음

○ 연계흐름 및 절차

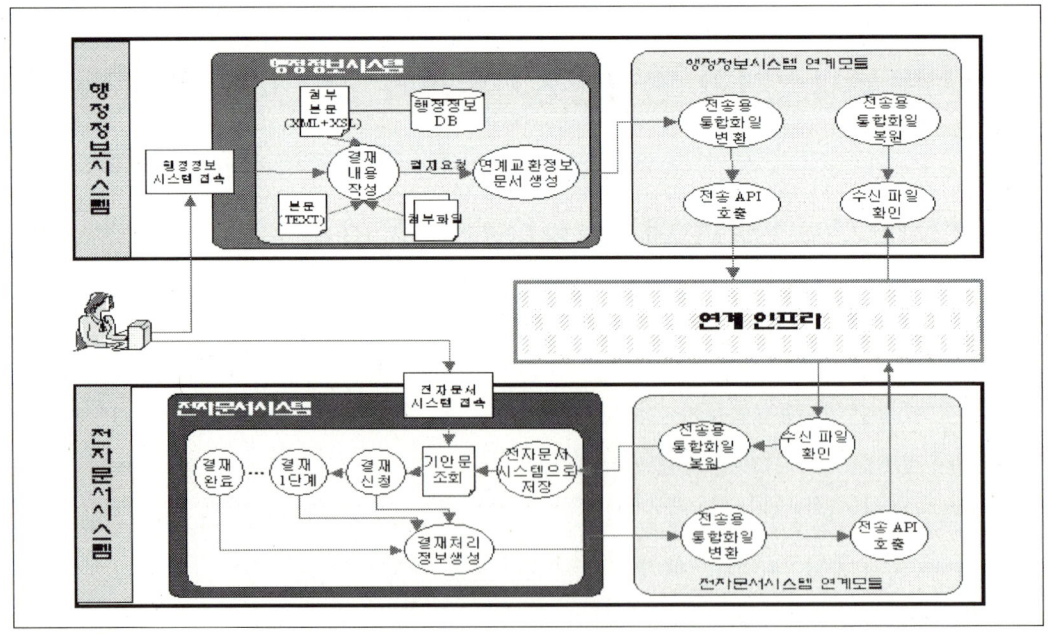

가. 사용자는 행정업무처리를 위하여 행정정보시스템에 접속

나. 행정정보시스템에서 결재내용(본문＋결재본문, 첨부파일)을 작성

다. 행정정보시스템에서 전자문서시스템으로 결재요청 시 연계문서를 생성

라. 행정정보시스템에서 연계문서를 통합(Packing)하여 임시 송신함에 저장 후 전송 API모듈을 호출

마. 전자문서시스템의 기안자는 결재상신을 위해 전자문서시스템으로 접속

바. 전자문서시스템의 기안자는 결재선을 지정하여 결재를 상신

사. 전자문서시템은 결재진행 내역에 대해 결재 처리정보와 필요시 본문, 결재본문, 첨부를 행정정보시스템으로 전달

※ 새로운 전자문서시스템에서는 이러한 기능구현이 되어 있다.

Ⅱ. 시스템 간 연계방식

■ 직접연계방식(기관 내부 연계)

○ 개념: 행정정보시스템이 각 기관마다 개별적으로 보유하고 있어 기관 내에서 전자문서시스템과 행정정보시스템 간 직접연계

※ 예: 시군구시스템, 인사정책지원시스템 등

○ 구 성 도

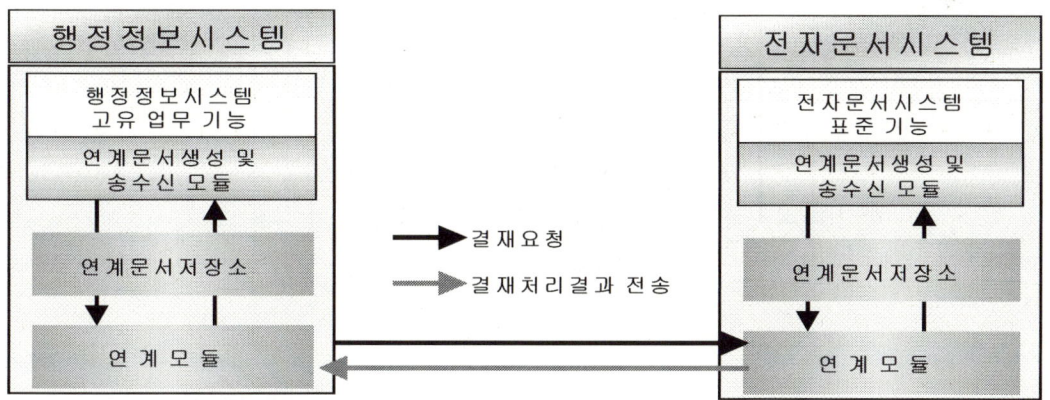

154

○ 연계과정

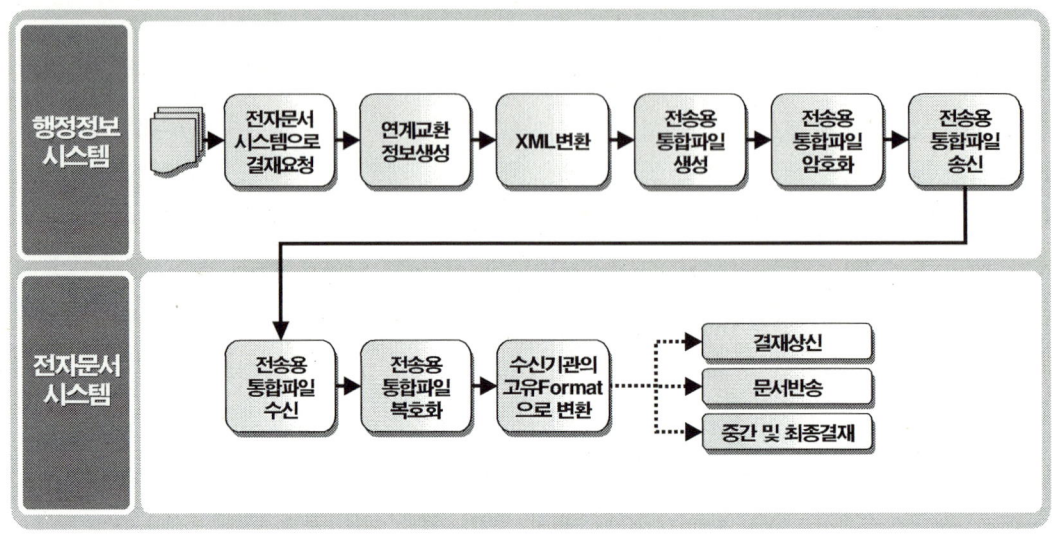

■ 간접연계방식(정부전자문서유통센터를 통한 연계)

○ 개념: 행정정보시스템이 특정 기관에 1개만 존재하고 타 기관에서 행정정보시스템을 이용하고자 할 때 정부전자문서유통지원센터의 연계시스템을 이용하여 연계하는 방식

※ 예: G4C시스템, G2B시스템

○ 구성도

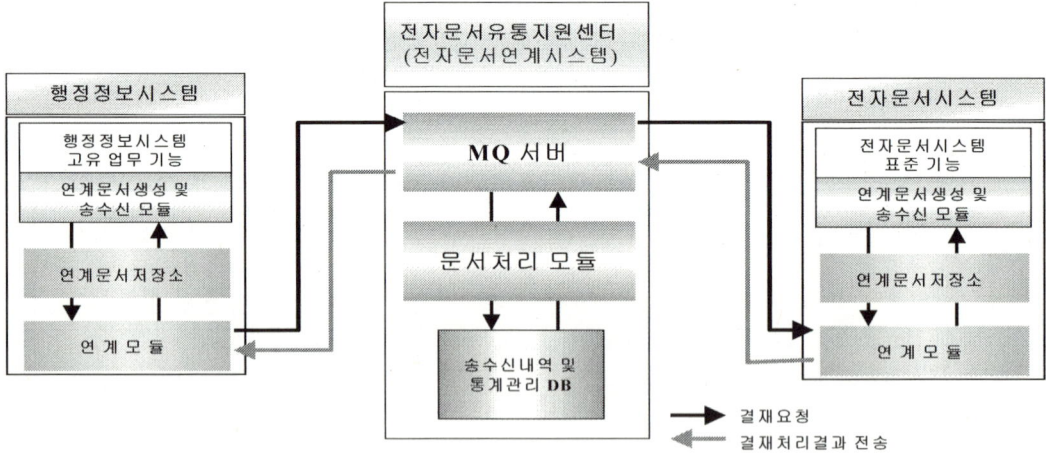

○ 연계과정

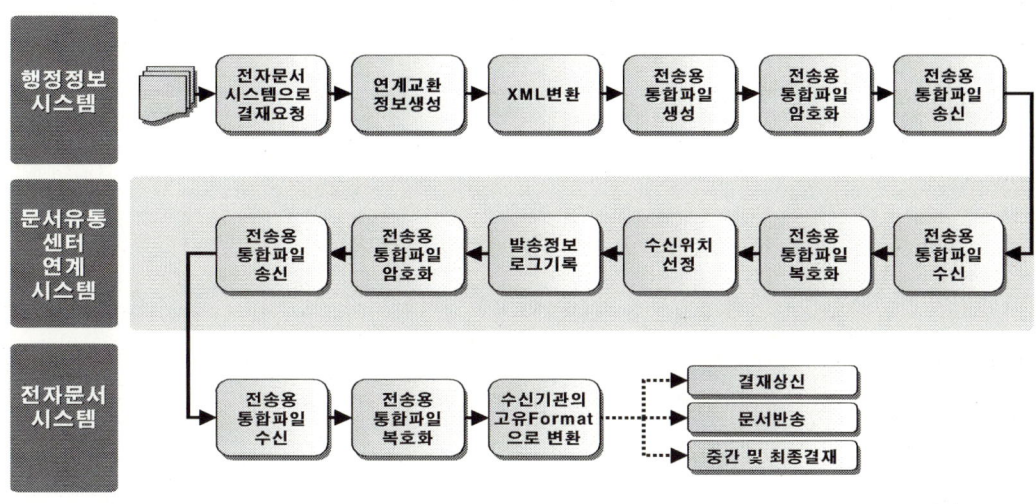

■ 기대효과

○ 연계시스템을 통해 다양한 행정정보시스템과 전자문서시스템 간 연계

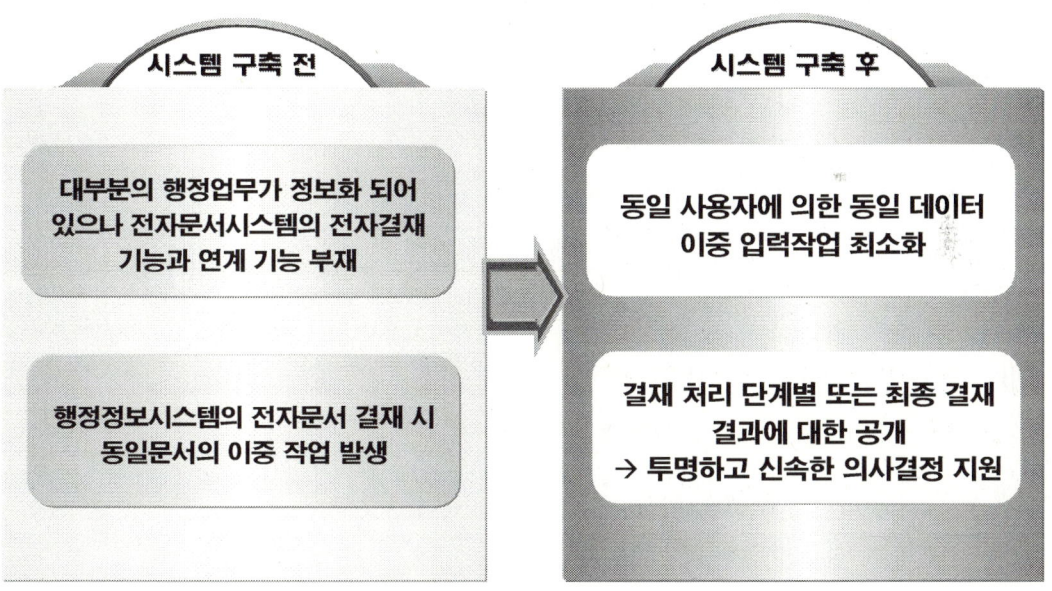

3. 공문서업무 전 과정의 전자화 추진상황

I. 추진개요

■ 추진배경 및 필요성

○ 『전자정부구현을위한행정업무등의전자화촉진에관한법률』이 '01. 7. 1 시행됨에 따라 현 전자문서관리체계(전자결재 및 전자문서유통)의 전반적인 검토 및 재구축 필요성 대두

○ 관련법 규정에 대한 능동적 대응으로 전자정부의 조기 실현

■ 주요 추진내용

○ 문서생산부터 보존까지 문서업무 전 과정에 대해 BPR 분석

- 생산·접수·이관·분류·보존의 전체적인 흐름에 대한 효율성 분석

- 기안문·시행문의 작성항목, 문서분류체계 등의 활용도 분석

- 문서처리 전 과정을 전자화에 맞도록 재설계

○ 전자문서유통의 활성화

- 상이한 전자문서시스템 간 전자문서유통의 표준화

- 행정기관 간 전자문서유통의 확대 추진

○ 전자정부구현을 위한 문서관리방안 강구 및 관련법령 개정

- 사무관리규정 및 동규정시행규칙 개정 등

II. 분야별 세부 추진내용

■ 전자문서관리체계 구축을 위한 태스크포스팀 구성·운영

○ 개선과제별 실무작업반 구성·추진

- 문서감축반(행정능률과, 행정정보화담당관실, 기록보존소 행정과)

· 문서업무 감축대상 발굴 및 폐지

· 문서생산에서 보존까지 문서관리업무 재설계(BPR) 실시

- 전자문서유통시스템 표준화반(행정정보화담당관실)

· 전자문서유통시스템 표준규격 개정(시스템부문)

· 기록물관리기능(등록·분류·편철) 추가

- 관리기관 표준모델 마련반(기록보존소 행정과)

· 자료관, 특수자료관, 지방기록물관리기관 표준모델 마련

· 기록물전산관리시스템 표준규격 마련(※ 기록물분류표 작성 병행)

- 관련법령 정비반(행정능률과, 정보화총괄담당관실, 기록보존소 행정과)

· 기록물관리법령, 사무관리규정, 정보공개법 개정

· 전자정부법 시행령, 시행규칙 반영사항 마련

○ 문서관리업무 재설계(BPR) 결과(사무관리규정 개정안 초안)

- 문서처리 전 과정을 전자화에 맞도록 재설계

· 활용도가 낮은 절차 및 항목 폐지(38개⇒19개)

· 기안문과 시행문을 하나로 통합 및 결재단계의 축소

- 기록물관리체계를 사용자 편의 위주로 개선

· 문서대장 기재항목 간소화(전산입력창 7개⇒2개, 항목 65개⇒16개)

· 문서등록번호, 문서생산부서코드 개선

· 기록물관리 표준 모형개발(기록보존소시스템 개발)

- 국민편의를 위한 문서처리절차 개선

· 정책결정 참여자의 실명공개 확대(모든 문서상 서명표시)

· 기관의 상세한 주소, 홈페이지 및 전자우편주소 표시

· 민원회신 문서의 수신 란 기재방법 변경

- 관인등록을 상급기관에서 당해 기관으로 변경

- 전자문서시스템·자료관시스템·기록보존시스템 등 도입

- 전자문서시스템·자료관시스템의 시험인증제 도입 등

■ 전자문서유통 확대를 위한 연구용역(ISP)사업 추진

○ 연구용역 과제의 범위

- 문서처리 전 과정의 정보화방안 마련

· 전자문서시스템, 자료관시스템, 기록보존시스템 표준규격 마련

· 전자적 생산문서의 저장포맷 표준 마련

· 조직/코드정보 등 인프라 정보의 기간시스템 연동표준 제정

· 표준에 따라 개발된 시스템들에 대한 인증시험방안 마련

- 정부전자문서유통지원센터 발전방안 마련

· 전자문서시스템의 각종 행정정보시스템과의 연계방안 마련

· 행정기관 간 전자문서유통지원 및 개선방안 마련

· 전자문서유통에 전자관인 적용을 위한 기술 및 기능표준 마련

○ 연구용역사업(ISP) 추진결과

- 행정기관 간 전자문서유통 확대를 위한 5개 표준(안) 마련

· 행정자치부 소관: 전자문서시스템규격표준(안), 행정기관 간 전자문서유통표준(안), 행정정보시스템 연계표준(안)

· 기록보존소 소관: 자료관시스템규격표준(안), 기록보존시스템규격표준(안)

■ 행정자치부소관 3개 표준(안) 확정·고시 추진('02. 5월~11월)

○ 표준(안) 적용범위: 행정기관(중앙, 지방자치단체(시도·시군구))

○ 전자문서관련 각 표준(안)의 요점

- 전자문서시스템 규격표준(안)

기관 내에서 업무연락, 기안, 보고, 메모 등의 각종 문서를 컴퓨터로 작성, 컴퓨터를 통해 결재, 이러한 문서를 등록대장으로 관리할 수 있는 기능수행

· 주요 기능으로는 문서작성/기안, 결재, 문서발송, 문서접수, 기록물 등록/분류/편철, 기록물철/기록물등록대장을 관리하고, 자료관으로 이관하는 문서함 관리와 참고자료에 대한 문서관리, 사용환경 설정 등으로 분류

· 따라서 이러한 항목별로 전자문서시스템이 갖추어야 할 기준을 제시

※ 전자문서시스템 규격표준 참조(행정자치부 홈페이지에 등재)

- 행정기관 간 전자문서 유통표준(안)

· 현 행정기관 간 전자문서유통방식은 기관 간 직접 통신함에 따라 유통 시 발생되는 장애에 대한 로그정보가 기록되지 않아 수신측 메일시스템과 전자문서시스템 간 문서의 유실이 발생하는 경우가 있으며, 전반적인 전자문서 유통현황에 대한 파악이 곤란한 등 문제점이 있어

· 이런 문제점의 해결을 위해서는 수신부인방지 체계와 수·발신 내역에 대한 책임소

재 규명이 필요하며, 문서유통 장애의 원인파악 및 문서유통 정보에 대한 통일되고 일관된 통계치 관리가 필요함.

· 이런 요구사항을 만족하기 위하여 문서 송·수신 중간단계를 책임지는 중계서버의 도입이 필요하고, 중계서버 도입을 통하여 송·수신 과정 상수·발신 내역을 명확히 하고, 전자문서유통 및 장애현황에 대해서 신속한 파악이 가능해진다.

· 따라서 행정기관 간 전자문서유통 방식은 중계서버를 통하여 유통될 수 있도록 행정기관 간 전자문서유통관련 규정을 마련함.

※ 행정기관 간 전자문서 유통표준 참조(행정자치부 홈페이지에 등재)

- 행정정보시스템 연계표준(안)

· 행정기관에서 각종 행정정보시스템을 사용하던 중 결재가 필요한 경우 전자문서시스템에서 동일 데이터의 이중입력을 최소화 하고

· 행정정보시스템과 전자결재시스템과의 연계가 가능하도록 연계유형(1:1→직접연계, 1:N→간접연계) 및 연계모듈(API)의 기능을 정의함.

※ 행정정보시스템 연계표준 참조(행정자치부 홈페이지에 등재)

○ 표준(안)의 각급기관(관련업체) 의견조회 실시

- 조회기관: 중앙행정기관, 광역지방자치단체, 전자문서시스템개발업체 등

- 조회대상: 행정자치부 소관 3개 표준(안)

- 조회내용: 표준(안)에 대한 각급기관 검토의견 취합

- 조회결과 조치

· 각 기관에서 제시한 의견에 대한 세부검토 실시(관련기관(부서) 합동)

· 세부검토 결과를 토대로 표준(안) 수정 및 최종(안) 마련

○ 표준(안)에 대한 유관기관합동 세부 검토실시

- 사무관리규정 관련 전자문서시스템 규격(안) 검토

- 연계모듈(API) 개발내용 협의·조정

- 전자문서시스템과 행정정보시스템 간의 연계표준(안) 협의 확정 등

○ 표준(안)의 행정정보화추진분과위원회 서면심의·의결 추진

- 심의위원: 국회사무처, 법원행정처 및 재경부 기획관리실장 등 25명

- 심의방법: 표준(안)에 대한 서면심의

- 심의결과: 3개 표준(안)에 대한 수정의결 (25명 위원 중 9명 의견제시)

· 행정정보화추진분과위원회 위원의 의견제시 사항 세부검토

· 세부검토 결과를 토대로 표준(안) 수정 및 의결

○ 3개 표준(안)의 관보게재 등 확정·고시

※ 전자문서시스템 개발업체에서는 '02. 7부터 새로운 사무관리규정 및 관련 표준을 준수한 새로운 전자문서시스템 개발에 착수

○ 추진배경 및 필요성

- 현 문서유통 장애발생시 원인파악 및 문제해결을 위한 제도적, 시스템적 통합장치의 부재

- 각종 행정정보시스템에서 생산된 행정정보를 전자문서시스템과 자동연계 처리 미비

⇒현 전자문서유통지원센터는 중계기능 없이 기관별 전자주소관리 기능만 수행함에 따라 송·수신 입증에 대한 어려움 등 문서유통의 신뢰성을 확보할 수 없어 표준에 따라 중계시스템을 도입하여 이를 해결

○ 추진목표

- 행정기관 간 전자문서유통체계 개선

· 각기 상이한 전자문서시스템 간 전자적 공문서 유통으로 인한 유통문서의 오류수신 또는 미수신 등의 문제점을 개선하고

· 『행정기관 간 전자문서유통 표준』에 근거한 행정기관 간 안정된 전자문서 유통을 위한 중계시스템 구축

- 전자문서시스템과 행정정보시스템 연계를 통한 업무처리 환경개선

· 전자문서시스템과 행정정보시스템 간 미연계로 행정정보시스템의 데이터 처리를 위해 결재 시 전자문서시스템에서의 재작성 등 이중 작업 불가피

· 따라서 전자문서시스템과 행정정보시스템 간의 연계가 가능하도록 연계모듈(API) 및 행정정보연계시스템을 구축

○ 주요 사업내용

- 전자문서시스템과 행정정보시스템 간 연계모듈(API) 개발·보급

- 행정기관 간 전자문서유통을 위한 중계모듈(API) 개발·보급

- 전자문서유통 중계/연계시스템 구축 등 관련 응용 S/W개발

- 중계·행정정보연계·장애(통계)관리·DB 서버, 스토리지 등 H/W도입

- WAS S/W, DBMS, 클러스트링 S/W 등 시스템 S/W 도입 등
■ 표준을 준수한 전자문서시스템 인증시험 추진
○ 인증시험 실시근거
- 사무관리규정 제26조(전자문서의 표준 고시 등)
· ② 행정기관의 장은 특별한 사유가 없는 한 제1항의 표준에 적합하다고 인증을 받은 전자문서시스템을 사용하여야 한다.
· ③ 제②항의 규정에 의한 인증은 행정자치부장관이 지정하는 전문기관이 행한다.
- 표준전자문서시스템 인증시험 위탁의뢰(행정자치부→한국전산원)
○ 인증시험 실시개요
- 대상: 새로운 사무관리규정 및 표준을 반영한 전자문서시스템
- 횟수: 한국전산원 주관으로 총 2회 인증시험 실시
- 장소: 한국전산원 무교청사 7층(인증시험장)
- 방법
· 인증심사위원회 및 인증심사조정반 구성·운영
· 시험 팀의 인증심사규격서 체크리스트에 의한 시험실시

■ 신전자문서시스템에 의한 전자문서유통
○ 각 행정기관에서의 신전자문서시스템 도입(업그레이드) 및 도입완료 기관은 신전자문서시스템을 활용하여 전자문서유통 실시
○ 미도입(업그레이드)기관은 신전자문서시스템 도입 전까지 현 전자문서시스템(구 전자문서시스템)을 활용하여 전자문서유통 실시
각 사무별 구체적 내용은 다음과 같다.
행정사무는 행정기관이 관장하는 사무 또는 그 성질상 행정작용에 속하는 사무를 말한다. 전자는 일반 행정기관의 사무를 의미하고, 후자는 의회 및 법원의 행정사무를 말한다. 즉 행정목적의 실현을 위하여 행하는 일체의 작용을 말한다. 여기에는 법률적 작용·사실적 작용·권력적 작용·비권력적 작용·입법적 작용·사법(司法)적 작용·통치적 작용·사법(私法)적 작용 등 모두가 포함된다.

제4장 행정사무관리 프레젠테이션

　　행정사무관리에 대한 프레젠테이션을 보면 다음과 같다. 행정사무관리를 이해하는 데는
요약된 파워포인트가 필요하다.

1. 사무관리의 개요

　　작업적인 측면: 소극적 자세
　　기능적 측면: 적극적 자세
　　사무의 기능 및 종류
　　행정활동의 보조 및 촉진
　　관련 분야의 연계성 유지
　　정보처리기능, 업무수행기능

2. 사무의 종류

　　(1) 목적에 의한 분류: 본래사무, 지원사무
　　(2) 사무의 난이도별 분류: 판단사무, 작업사무

　　사무관리의 전략
　　능률화: 작업능률, 정신능률사무, 균형능률사무
　　비용의 경제화 : 비용절감, 낭비제거

3. 사무관리 발전과정

- (1948-1961): 구: 일본총독부 활용
- (1961-1984): 효과성, 능률성 시대
- (1984-1991): 사무의 기계화 자동화
- (1991-1996. 4): 사무관리규정 통합
- (1996. 5-1999. 8): 전산화 체제 도입
- (1999. 9-12): 전자정부구현 기반구축
- (2000. 1-2001. 1): 기록물 보존
- (2001. 2. 14-6. 30): 전자관인의 인증
- (2001. 7. 1-): 전자관인의 사용 및 인증관리
- (2004. 1. 1-): 전자정부에 합당한 관리체제

4. 문서관리의 개설

- 당해기관의 의사표시가 명확하게 표시
- 위법, 부당하거나 시행불가능 사항배제
- 당해 기관의 권한 내의 사항 중에서 작성 될 것
- 법령에 규정된 것을 따를 것
- 절차에 따라 할 것
- 형식이 정리될 것.

5. 문서처리의 원칙 3가지

- 1. 즉일 처리의 원칙: 그날로 처리
- 2. 책임처리의 원칙: 직무의 범위 내에서
- 3. 적법성의 원칙: 법령의 규정에 따라서

6. 문서의 성질에 의한 분류

- 법규문서: 법규규정문서 - 헌법, 법률, 대통령령, 총리령, 부령, 조례, 규칙 등
- 지시문서: 하급기관 등 소속 원에게 지시하는 사항으로서 훈령, 지시, 예규, 일일명령
- 공고문서: 널리 알리기 위한 것 ,고시, 공고
- 비치문서: 비치대장, 비치카드
- 민원문서: 허가, 인가, 특정사항에 대한

7. 문서의 성립

- 성립시기
- 당해 문서에 대한 결재권자의 서명(전자이미지 서명을 포함)〉서명(전자문자서명 전자이미지서명 및 행정전자서명을 포함함에 의한 결재가 있음으로써 성립함

8. 문서성립 요건

- 1. 정당한 권한이 있는 직원이
- 2. 직무의 법위 내에서 공무상 작성하고
- 3. 결재권자의 결재가 있어야 함

9. 효력발생 시기

- 일반문서: 수신자에게 도달 될 때
- 공고문서: 고시 또는 공고가 있은 후 5일이 경과한 날, 다만 효력발생 시기가 법령에 규정되어 있거나, 공고문에 특별히 명시되어 있는 경우는 제외
- 전자문서: 수신자의 컴퓨터 파일에 기록된 때

10. 문서 작성의 일반 사항

- 용지의 규격
- 기본규격: 가로 210mm, 세로 297mm(4용지 기준)
- 용지의 여백
- 위로부터 3cm
- 왼쪽으로부터 2cm
- 오른쪽으로부터 1.5cm
- 아래로부터 1.5cm
- 목적에 맞게
- 과거: 대부분 문서수발, 보조적 업무

■ 정보화 지식사회: 조직 내 정보를 관리하는 지식노동자에 대한 개념으로 바뀜
■ 과거 보조업무 많은 부분 computer, 통신기술 등 정보기술이 대체
■ 얼마나 영리하게 합리적으로 일하는가가 관건이 됨

11. 문서의 용어 사용법

- 글자: 한글로 작성하되, 올바른 뜻의 전달을 위해 필요한 경우에는 괄호 안에 한자 기타, 외국어를 쓸 수 있으며, 한글 맞춤법에 따라 가로로 쓴다.
- 숫자: 아라비아 숫자로 쓰기
- 연호: 서기연호를 쓰되 "서기"는 표기하지 않는다.
- 날짜: 숫자로 표기하되 년, 월, 일의 글자는 생략하고 그 자리에 온점을 찍어 표시 (예시) 2006. 8. 15
- 시·분: 24시각제에 따라 숫자로 표기하되, 시, 분의 글자는 생략하고 그 사이에 쌍점(:)을 찍어 구분함
- (예시) 오후 3시 20분=15:20

12. 항목의 구분

- 기안문 작성 시에 하나의 항목만 있을 경우에는 항목 구분을 생략함
- 첫째 항목: 1., 2., 3., 4 ··············
- 둘째 항목: 가., 나., 다., 라., ·········
- 셋째 항목 (1), (2), (3), (4), ············
- 넷째 항목(가), (나), (다), (라), ······
- 다섯째 항목 1), 2), 3), 4), ···········
- 여섯째 항목 가), 나), 다), 라), ·········

- 일곱째 항목 ㉮, ㉯, ㉰, ㉱, ꥱꥱꥱ.
- 여덟째 항목 ①, ②, ③, ④, ················

2004. 1. 1.시행{셋째 - 여섯째 항목순서 바뀌었다.

- 셋째 항목 1), 2), 3), 4) ······
- 넷째 항목 가), 나), 다), 라), ······
- 다섯째 항목 (1), (2), (3), (4), ······
- 여섯째 항목 (가), (나), (다), (라), ······
- 괄호가 있을 경우 옆에 점을 찍지 않는다.

각 항목의 표시위치 및 띄우기

- (가) 첫째 항목 부호는 제목의 첫 글자와 같은 위치에서 시작한다.
- (나) 첫째 항목 다음 항목부터는 바로 앞 항목의 위치부터 1자(2타)씩 오른쪽에서
시작
- (다) 항목부호와 그 항목의 내용 사이에는 1타를 띄움

표시위치 띄우기 예시

- 수신×000 장관   ×는 한글 1자(2타)
- 참조×000 국장 $는 숫자 1자(1타)
- 제목×문서작성요령
- 1. $첫째 항목 00000000000
- ×가. $둘째 항목 0000000000

- ××(1) $셋째 항목 000000000
- ×××(가) $넷째 항목 0000000
- ××××1) $다섯째 항목 000000
- ×××××가) $여섯째 항목 0000

하나의 본문 아래항목 구분

- 수신×000 장관　　　　　×는 한글 1자(2타)
- 참조×000 국장　　　　　$는 숫자 1자(1타)
- 제목×문서관리 교육 실시
- ×××문서관리교육을 다음과 같이 실시하오니 참석하여 주시기 바랍니다.
  ×××1. $일시: 00000
  ×××2. $장소: 00000
  ×××3. $참석재상: 00000.×끝.

문서의 "끝"표시

- (1) 본문이 끝났을 경우: 1자(2타) 띄우고 "끝"자를 씀(예시) – 주시기 바랍니다. ×끝.
- (2) 첨부물이 있는 경우: 첨부의 표시를 한 다음에 1자(2타) 띄우고 "끝"자를 씀.
- (예시) – 첨부 1. 서식승인 목록 1부.
- 2. 승인서식 2부×끝.
- (3) 본문 또는 첨부의 표시문이 오른쪽 한계선에서 끝났을 경우
- – 다음 줄의 왼쪽 기본선에서 1자 띄우고 "끝"자를 표시.
- (예시)……………………………………1부.
- ×끝.

금액의 표시

- 유가증권 및 문서에 금액의 표시: 금15,790원(금일만오천칠백구십원)
- 금일만오천칠백구십원(금15,790원)

정보보호의 필요성

- ◆ 지식정보화 사회로의 발전
- − 컴퓨터, 인터넷, 이동통신의 보급 확대
- − 사회 전반적으로 정보통신시스템에 대한 의존도가 증가하고 있음
- ◆ 정보보호의 필요성
- − 전산망 해킹이나 컴퓨터 바이러스 등 사이버테러 위협요인의 증가 추세
- − 유·무선 통신망에서 발생할 수 있는 정보의 누출, 도청, 정보의 변조 등의 제3
  자의 공격과 위협으로부터 보호, 예방 필요
- -> 정보보호 관련 제품, 서비스, 전문 인력의 수요 증가

13. 네트워크에 존재하는 위협

- ◆ 해커, 도청, 변조, 위장
- ◆ 부인(denial), 파괴
- ◆ 바이러스, 웜, 트로이목마
- ◆ 서비스거부 공격
- ◆ 사용자의 부주의

- ◆ 정보보호 시스템의 필수요소 세 가지(CIA)
- - 기밀성(Confidentility) : 정당한 사용자에게만 접근이 허용되며 비정상적인 사용자는 사용하지 못함
- - 무결성(Integrity) : 정확하고 틀림없는 왜곡되지 않은 정보라는 것을 보증
- - 가용성(vilbility) : 정당한 사용자가 사용하고 싶을 때는 언제라도 사용 가능함

정보보호의 필요성

- ◆ 빌게이츠(2002. 1.)
- - 향후 MS의 제품개발에서 성능(performnce)보다 보안(security)에 더 중점을 둘 것임
- - "우리가 만일 제품에 특성을 더하거나 혹은 보안문제를 해결하는 것 중 어느 한 가지를 선택해야 한다면 우리는 보안을 선택해야 한다."
- - 안전하지 않은 제품은 아무리 성능이 좋아도 사용이 어려워짐
- ◆ 정보보호 기술은 다가오는 전자상거래 시대를 뒷받침하는 핵심기술

정보통신 환경변화와 정보보호기술의 역할

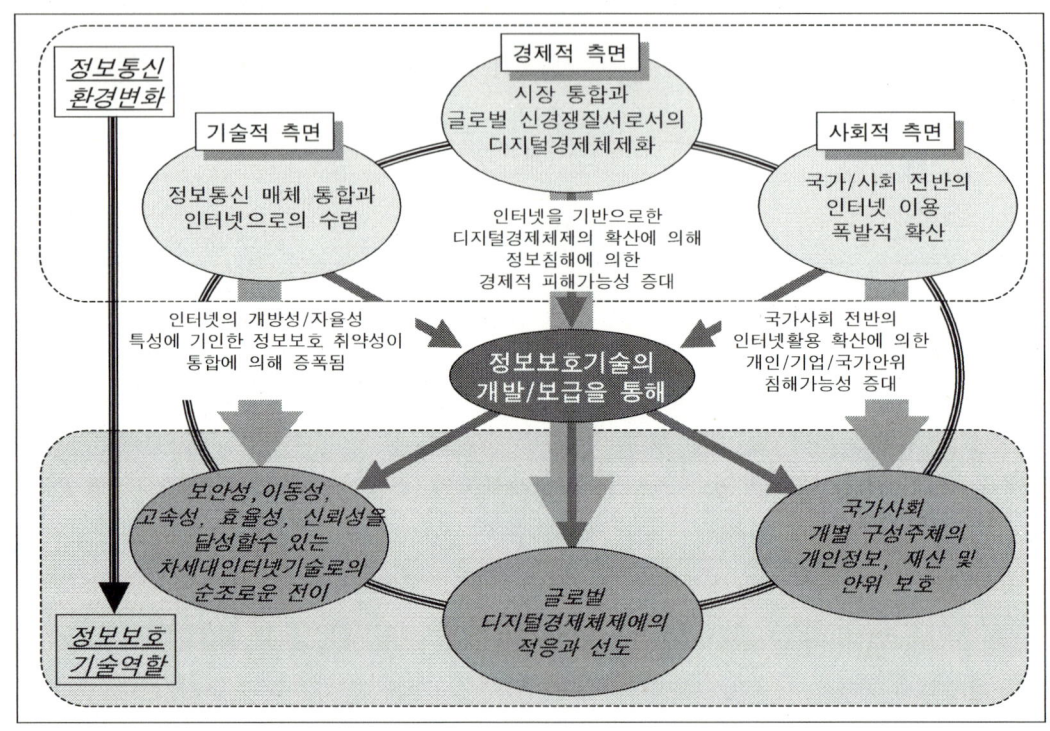

정보보호기술의 발전전망

◆ 방어적, 수동적 관점에서 공격적, 능동적으로
- 현재는 시스템, 네트워크에 대한 침입차단 형태의 단순, 수동적인 방어개념이나 앞으로는 시스템, 네트워크 자체의 안전성을 능동적으로 감지, 대응하는 형태의 제품이 대두될 것임
◆ 폐쇄적 범위에서 개방적으로
- 외교, 국방, 금융망 등 주로 특수 공공 분야에 한정된 전통적인 정보보호기술이 민간부문의 범용기술로 확대 발전
◆ 개별적 운용에서 상호운용으로

- 개별적으로 운용되던 정보보호제품이 유무선간 경계가 모호해진 네트워크 환경 변화의 영향으로 개별 제품 간의 통합성 및 상호 운용성이 강조됨
- ◆ 정보통신 인프라의 보조기능에서 핵심기능으로 부각
- 정보보호제품이 기존의 정보통신 인프라의 단순 보조기능으로 포함되는 것이 아니라 필수적인 주 기능으로 장착될 전망

암호 알고리즘과 전자서명

- ◆ 비밀키 암호 알고리즘
- ◆ 해시 함수
- ◆ 공개키 암호 알고리즘
- ◆ 전자 서명

비밀키 암호 알고리즘

- ◆ 특징
- 암호키＝복호키
- 암복호 속도가 빠름
- 128 bit 이상의 키 필요
- ◆ 종류
- DES, 3DES, SEED, ES 등

174

해쉬 함수

- ◆ 특징
- – Message Digest
- – One-way Function
- – 임의의 길이의 입력에 대해 일정 길이를 갖는 해쉬 값을 출력
- ◆ 종류
- – 128 bit: MD5
- – 160 bit: SHA-1, HAS-160

공개키 암호 알고리즘

- ◆ 특징
- – 공개키-개인키 쌍(비대칭키 암호)
- – 속도가 느림
- ◆ 종류
- – RSA, DH, ECC 등

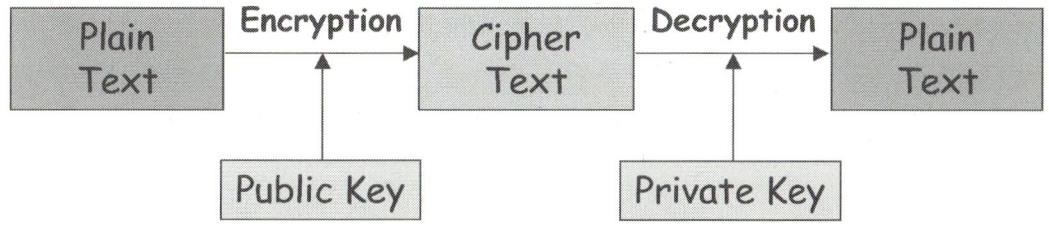

전자서명

- ◆ 전자서명의 요구사항
- – 서명자 인식
- – 문서내용 변경 여부 확인
- – 동일한 전자서명 재사용 불가
- – 문서작성 사실 부인 방지
- ◆ 전자서명을 통해 제공되는 주요 서비스
- – 사용자 인증(User uthentiction)
- – 데이터 무결성(Data Integrity)
- – 부인 방지(Non repudiation)

서명 생성

서명 검증

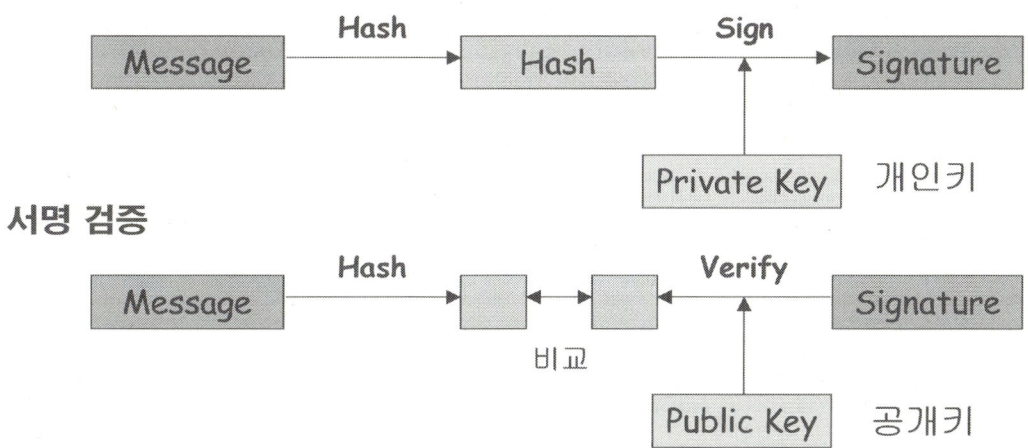

전자서명법

- ◆ [제3조(전자서명의 효력)]
- - 1) 공인인증기관이 제15조의 규정에 의하여 발급한 인증서에 포함된 전자서명 검증키에 합치하는 전자서명 생성키로 생성한 전자서명은 법령이 정한 서명 또는 기명날인으로 본다.
- - 2) 제1항의 규정에 의한 전자 서명이 있는 경우에는 당해 전자 서명이 당해 전자 문서의 명의자의 서명 또는 기명날인이고, 당해 전자문서가 전자서명 된 후 그 내용이 변경되지 아니하였다고 추정한다.

전자거래 기본법

- ◆ [제5조(전자문서의 효력)]
- - 전자문서는 다른 법률에 특별한 규정이 있는 경우를 제외하고는 전자적 형태로 되어 있다는 이유로 문서로서의 효력이 부인되지 아니한다.
- ◆ [제7조(전자문서의 증거 능력)]
- - 전자문서는 재판 기타의 법적 절차에서 전자적 형태로 되어 있다는 이유로 증거 능력이 부인되지 아니한다.
- ◆ [제18조(암호제품의 사용 등)]
- - 1) 전자거래 당사자 등은 전자거래의 안전성 및 신뢰성을 확보하기 위하여 암호 제품을 사용할 수 있다.

전자서명의 응용 분야

- ◆ 공공 분야
- − 민원사무, 인허가 신청, 조세행정, 정부조달 EDI, 수출입통관, 공문서 유통, 전자출원 등
- ◆ 금융 분야
- − 전자공시, 사이버 증권, 보험계약, 증권예탁, 인터넷 뱅킹, 전자자금이체, 전자지불, 전자쿠폰 등
- ◆ 전자상거래
- − 기업 간 정보유통, 인터넷쇼핑, 각종 예약, 우체국전자상거래, 화물 운송 등
- ◆ 기타
- − 의료차트, 법원경매, 성적조회, 의료보험금 청구, 단말기 사용 등

공개키 인증서와 PKI

- ◆ 공개키 인증서
- − 개인의 인적 정보와 공개키를 결합하여 인증기관이 서명한 문서 공개키의 인증성을 제공
- − 정보화 사회에서 개인의 신분증 역할
- − 다양한 정보보안 서비스 제공 가능: 전자우편, 전자상거래, 전자화폐, 전자투표, 이동통신서비스, 소프트웨어 보호

×.509 인증서

◆ ×.509, The Directory: Authentication framework

version (v3)	
serial number	
signature algorithm ID	
issuer name	v1(1988)
validity period	
subject name	
subject public key info	
issuer unique identifier	v2(1992)
subject unique identifier	
extensions	v3(1996)
signed by issuer (CA)	

공개키인증서 발급 현황

◆ 전자서명 인증서 이용자수 100만 명 돌파(2001. 8. 8)

- 총 104만 2천 697명 인증서 발급
◆ 한국정보인증 15만 6천 90명, 한국증권전산 20만 3천 633명
◆ 금융결제원 68만 2천 596명, 한국전산원 378명
- 이용 형태별 분류
◆ 인터넷뱅킹 64만 명(61.5%)
◆ 전자조달 및 입찰 34만 명(32.6%)
◆ 기타 분야 6만 명(5.9%) - 사이버트레이딩. 쇼핑몰, 보험, 보안 전자우편
◆ 현재의 주요 인터넷 서비스 이용 인구(향후 전자서명 인증서 활용 예상)
- 인터넷 뱅킹 750만 명, 사이버 증권거래 420만 명
◆ 2002년 말 1000만 명 사용자 확보 목표(정보통신부)
◆ 공개키 기반구조(PKI)
- 공개키 인증서의 인증성을 제공하는 기반구조
- 다수의 인증기관들을 포함하는 복잡한 구조에서의 상호 인증을 위한 계층적 인증 체계 - 인증서 발행, 배달, 관리, 인증네트워크
- 표준안:
◆ ×.509, The Directory: Authentication Framework, 1993.
◆ PKI×: Internet ×.509 Public Key Certificate Infrastructure.

PKI의 보안 서비스

◆ 네트워크상에서의 위협
- 도청(Eavesdropping)

- 권한위조(Authorization Violation)
- 변조(Tampering)
- 서비스 거부(Denial of Service, DoS)
- 위장(Masquerade)
- 행위거부(Repudiation)
- 스푸핑(Spoofing)
- ◆ PKI가 제공하는 보안 서비스
- 인증(Authentication)
- 무결성(Integrity)
- 기밀성(Confidentiality)
- 부인방지(Non-repudiation)

PKI 서비스 흐름도

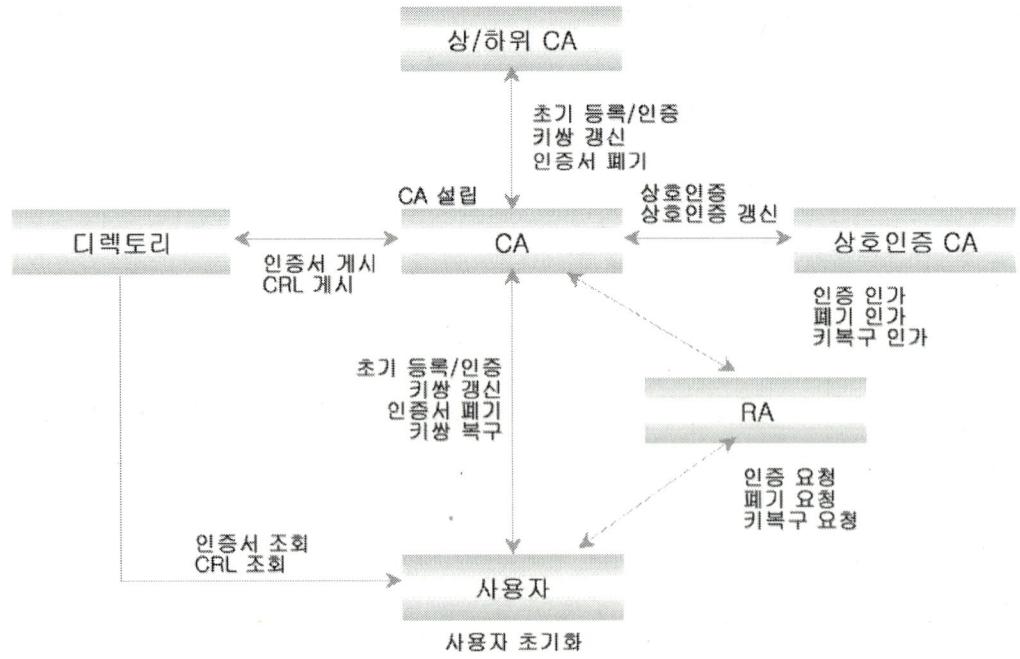

14. 국내 전자서명인증 관리체계

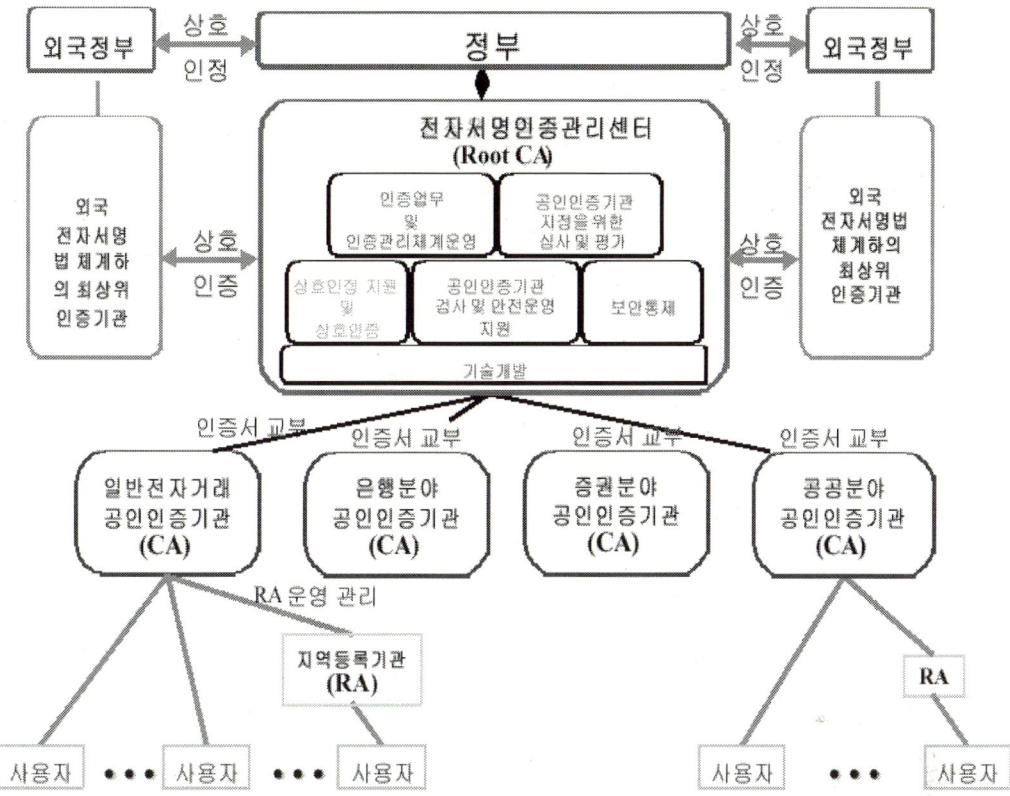

182

PKI기반 전자서명 인증체계 공인인증서

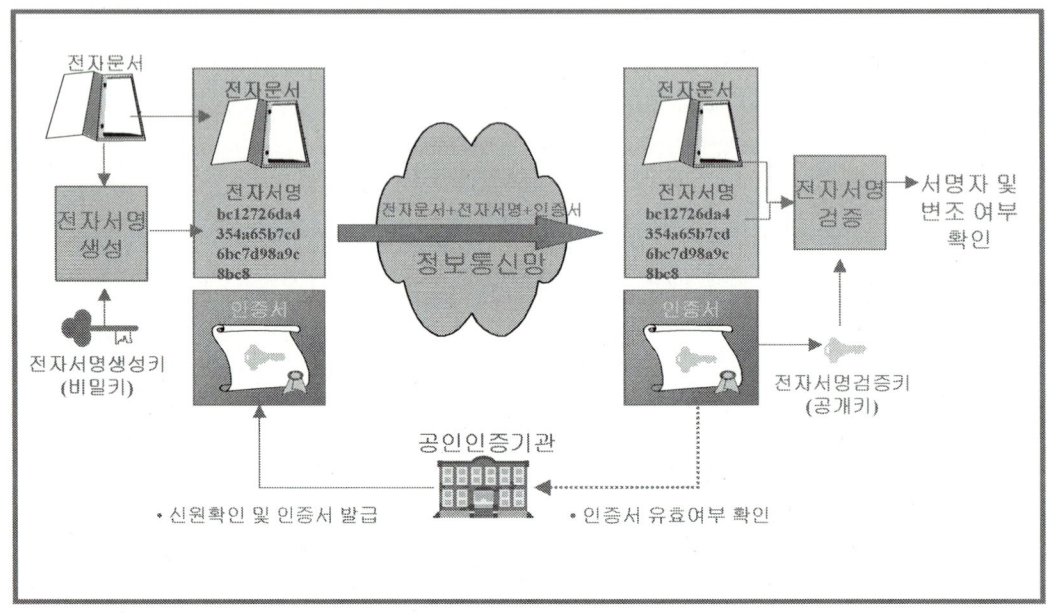

- ◆ 공인인증기관이 발행하는 공개키 인증서
- ◆ 공인인증기관 지정기준
- − 자본금 80억 원 이상
- − 요건을 갖춘 전문운영인력 12인 이상 확보
- ◆ 국가기술자격증 소지 또는 이와 동등 이상의 자격
- ◆ 정보보호 또는 정보통신 분야의 2년 이상 실무경력
- ◆ KISA에서 실시하는 인증관리체계 교육이수
- − 인증업무에 관한 시설 및 장비(정통부장관이 고시)
- ◆ 인증업무의 원활한 수행을 위한 설비
- ◆ 인증업무의 안전성 및 신뢰성을 보장하기 위한 설비
- − 시설 및 장비에 대한 관리·운영 내규
- ◆ 공인인증기관의 준수사항
- − 전자서명 인증업무지침의 준수
- − 공인인증업무의 안전성 및 신뢰성 유지

－   손해배상 책임, 상호연동 의무화

공개키인증서의 활용사례

◆   현재 이용 중인 분야
－   인터넷뱅킹, 사이버 증권거래, 사이버 보험계약
－   인터넷 주택청약, 전자세금계산서, 전자처방전
－   인터넷 국세신고, 전자조달 · 입찰 등
◆   향후 이용가능 분야
－   사이버 투표, 사이버 주주총회, 전자공증, 전자화폐
－   전자민원행정서비스, 전자무역자동화서비스 등

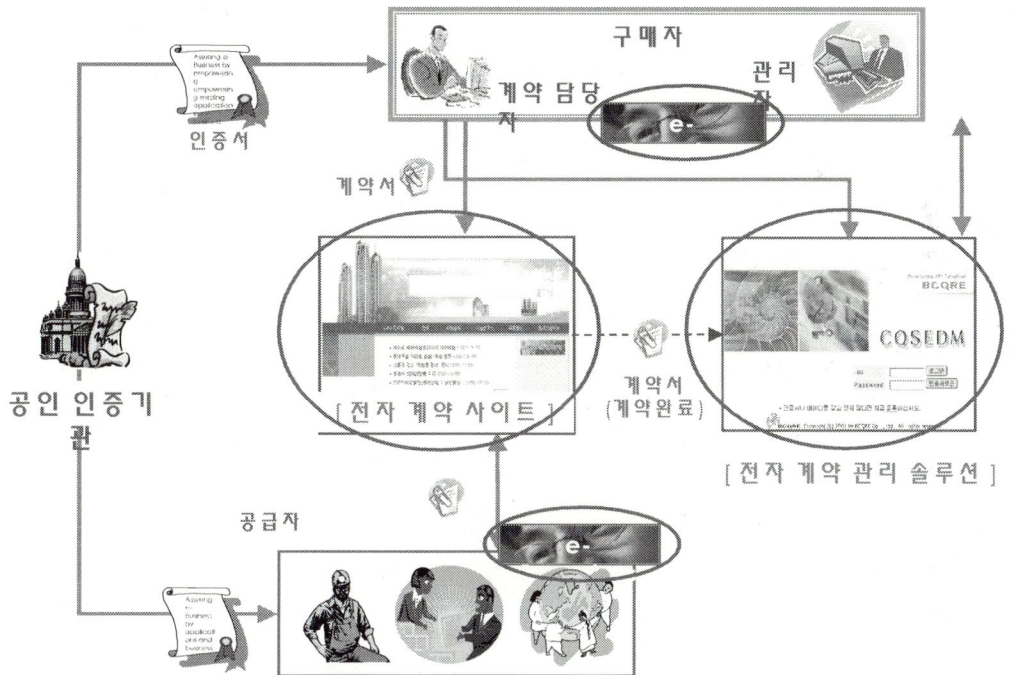

시점확인 및 내용증명 시스템

필요성

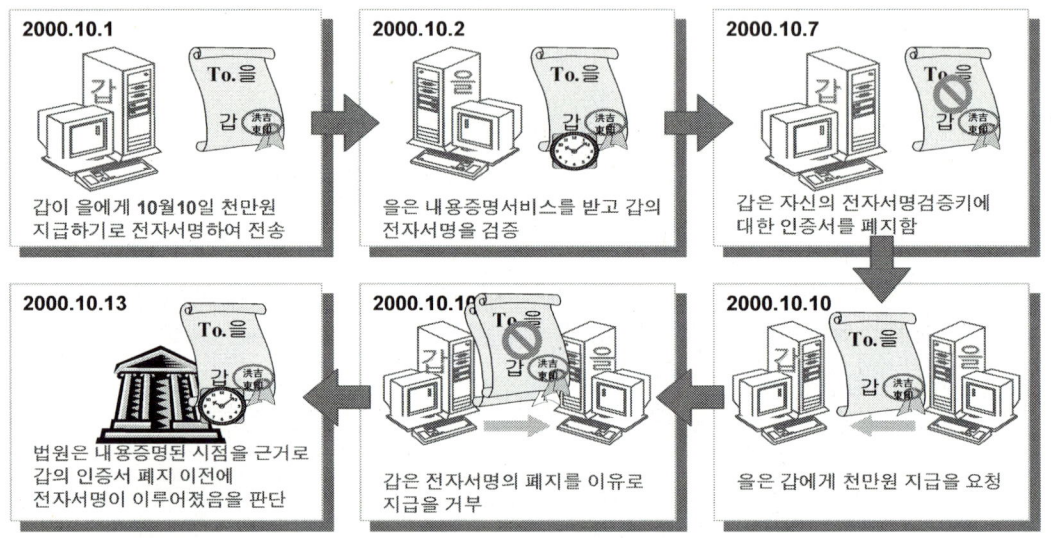

2000.10.1
갑이 을에게 10월10일 천만원 지급하기로 전자서명하여 전송

2000.10.2
을은 내용증명서비스를 받고 갑의 전자서명을 검증

2000.10.7
갑은 자신의 전자서명검증키에 대한 인증서를 폐지함

2000.10.13
법원은 내용증명된 시점을 근거로 갑의 인증서 폐지 이전에 전자서명이 이루어졌음을 판단

2000.10.1?
갑은 전자서명의 폐지를 이유로 지급을 거부

2000.10.10
을은 갑에게 천만원 지급을 요청

안전신뢰성이 보장되는 전자상거래 환경 구축

● **전자상거래 분야**
  ❖ 전자영수증, 전자세금계산서 내용증명
  ❖ 전자거래 계약서 내용증명
  ❖ 전자거래 신용장 내용증명

● **의 료 분 야**
  ❖ 전자진료기록 내용증명
  ❖ 전자처방전 내용증명

● **공공행정 분야**
  ❖ 온라인 민원 접수증 발급
  ❖ 전자신청 및 전자신고 내용증명
  ❖ 온라인 입시원서 접수 내용증명
  ❖ 법률상 보존의무 부과 문서 전자보존

연계 활용

공인 인증기관 인증서비스

전자우편 보안

서비스 개요

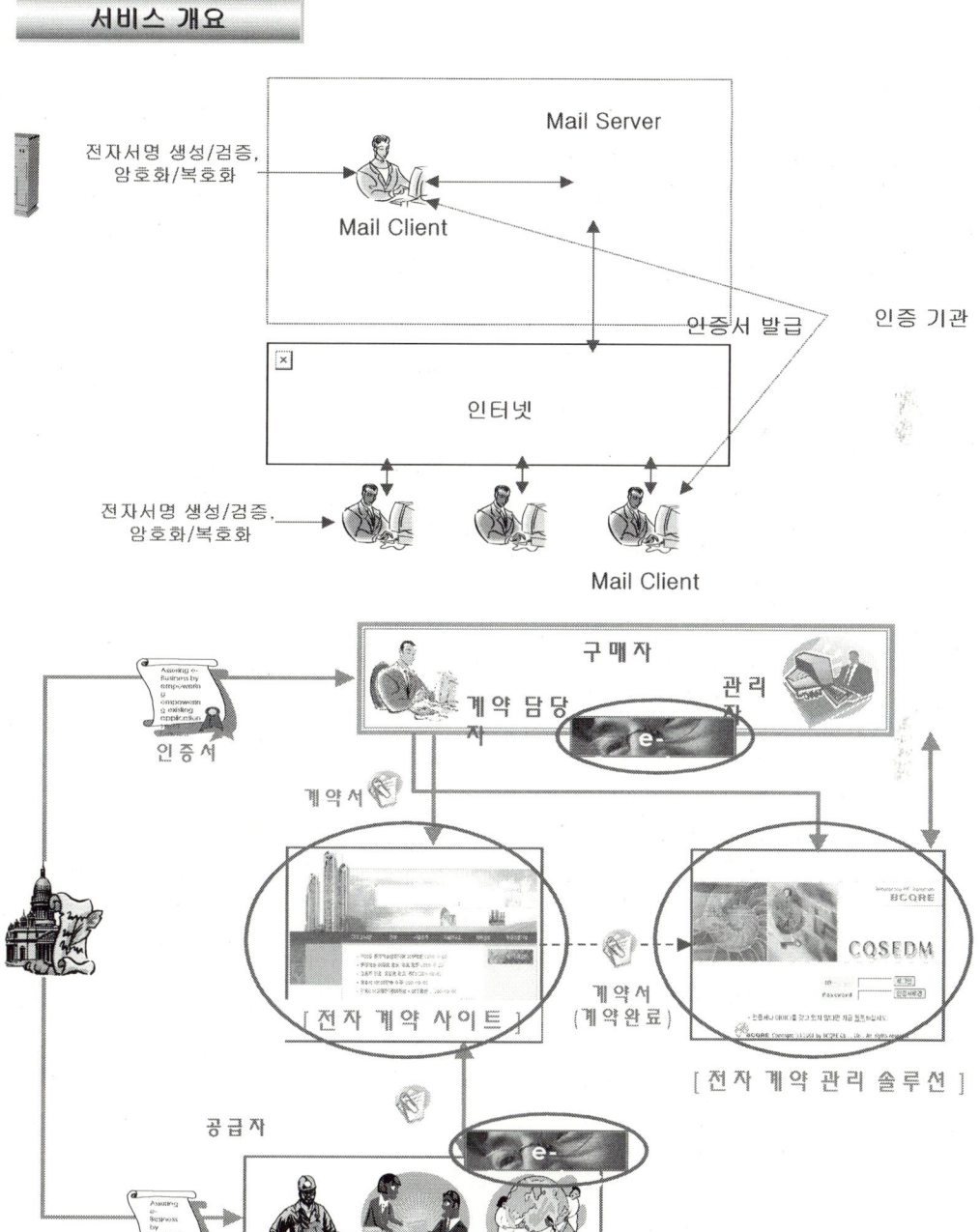

행정사무관리에 있어서 조직적 측면의 부정적 요소도 존재한다. 이를 모형적으로 살펴보면 다음과 같다.

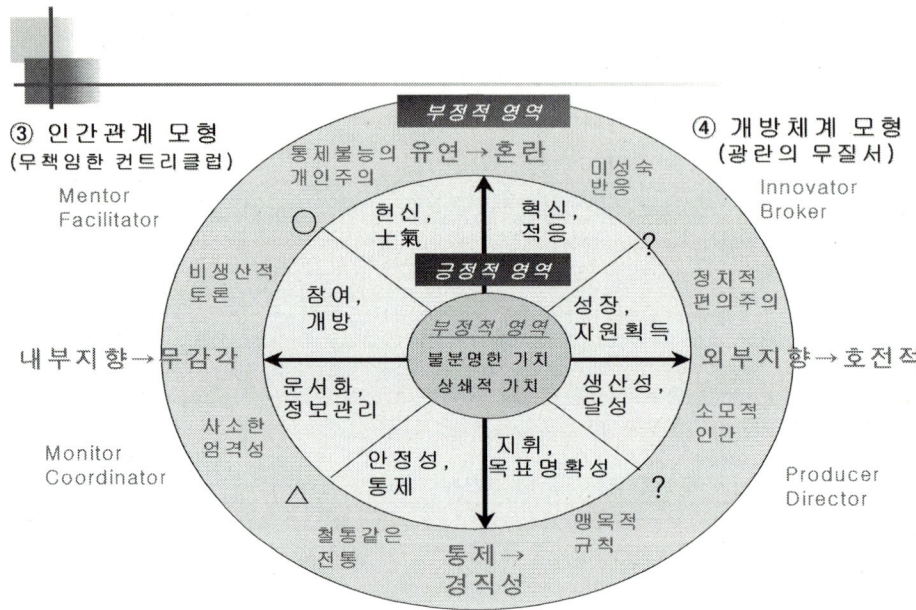

리더십 또한 행정사무관리의 필요한 부분이다. 리더십이 없이 단순히 사무를 대필하거나 작업하는 수준에서 끝나면 인간은 기계화, 로봇화하는 문제가 있다.

사무관리 리더십 역할과 필요역량

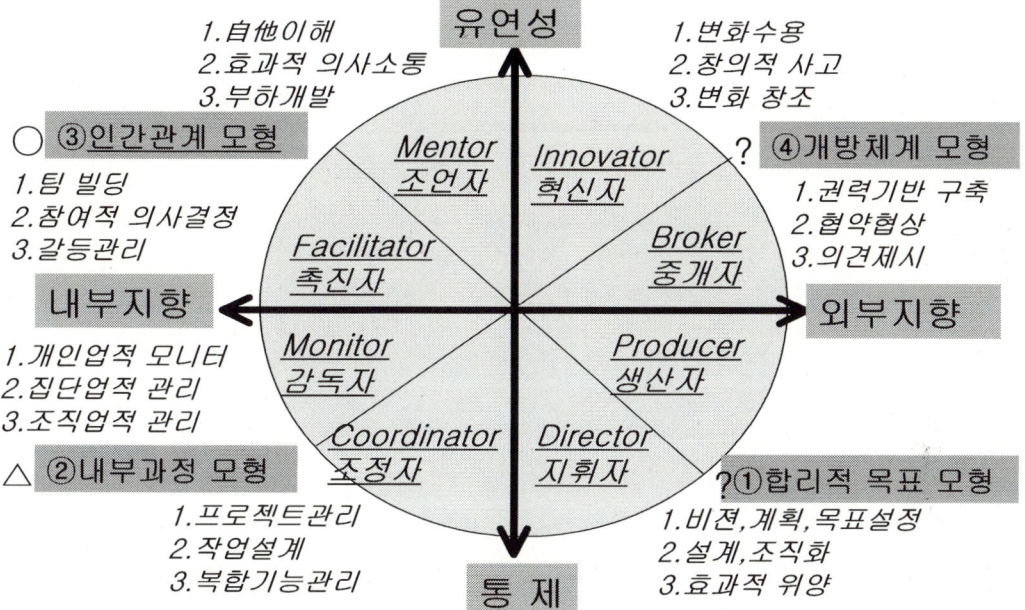

행정사무관리에 있어서 조직관리와 함께 누구에 의하여 주장되어지고, 어떠한 과정을 거치며, 문제 해결은 어떠하여야 하는가 등을 이해 하여야 한다.

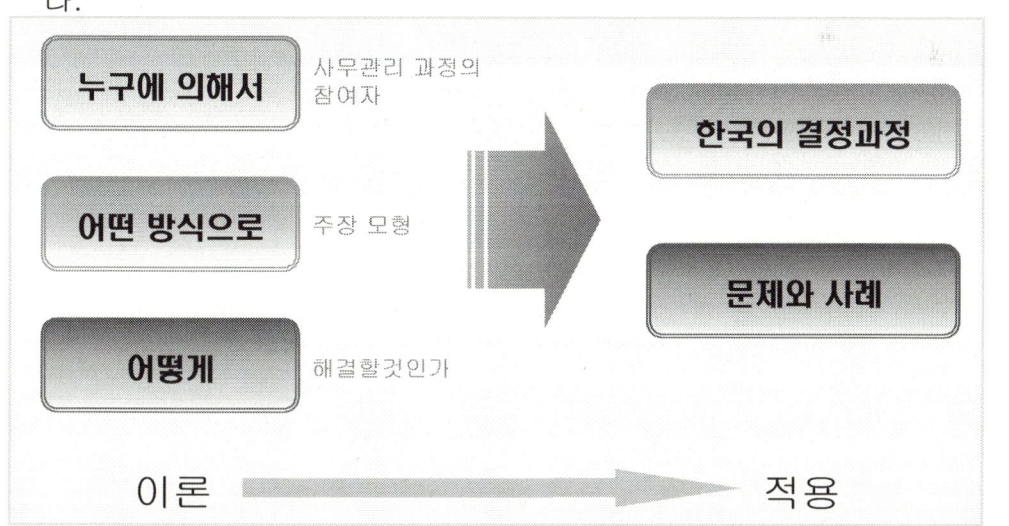

국가적 측면에서 본 행정사무관리는 다음과 같다. 중요한 사무 문제들은 최종적으로 국가 수장에게 영향을 미치기도 한다. 이것을 하나의 거대한 행정사무라고 볼 수 있다.

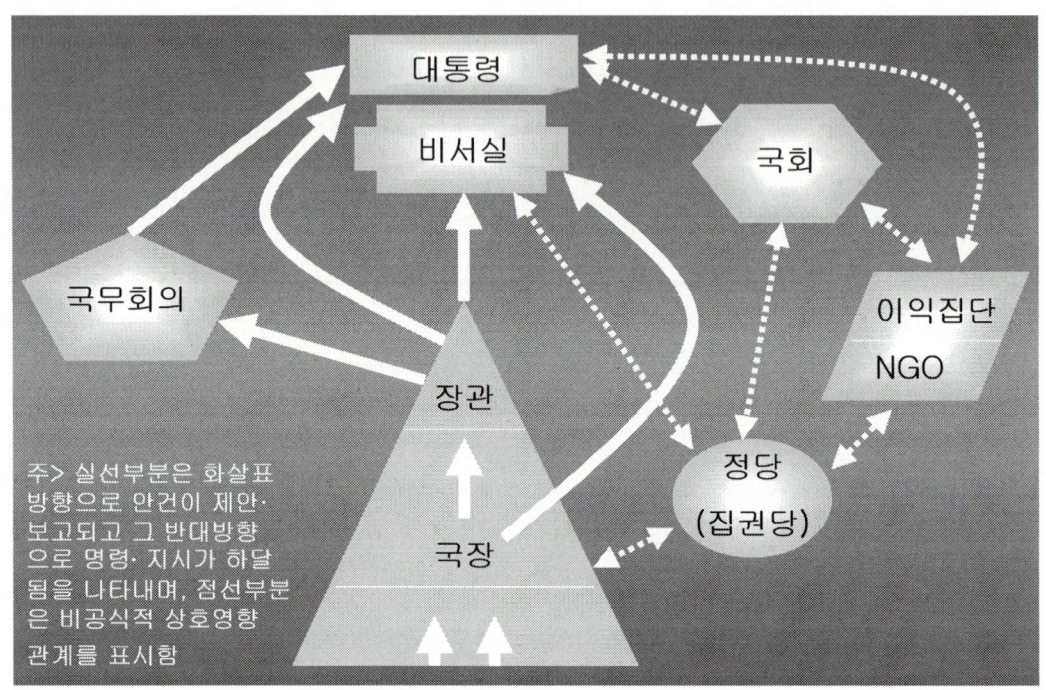

주> 실선부분은 화살표 방향으로 안건이 제안·보고되고 그 반대방향으로 명령·지시가 하달됨을 나타내며, 점선부분은 비공식적 상호영향 관계를 표시함

예전에는 이러한 행정사무 계도로 단순하게 결재 선으로만 이해하였으나, 현재는 이 모든 것이 전자 결재 과정으로 움직인다.

살펴보면 옆의 그림과 같다.

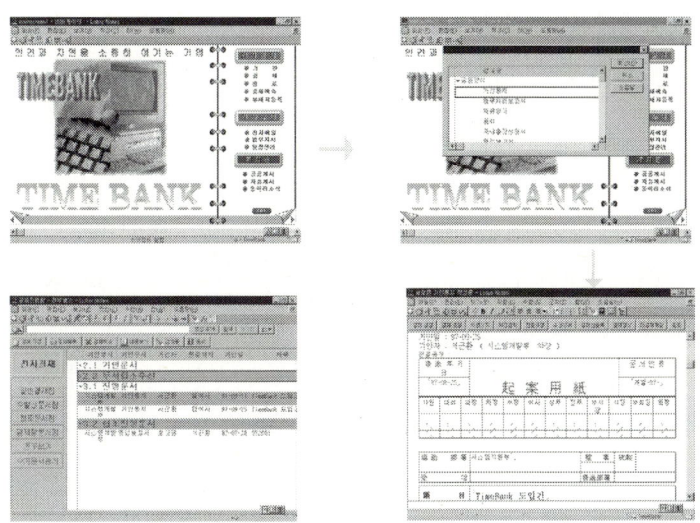

그리고 문서를 이미지로 만들어 보존하는 문서 이미지 시스템으로 변화하였다.

15. 행정사무 개선

🖫 문서 이미징 시스템

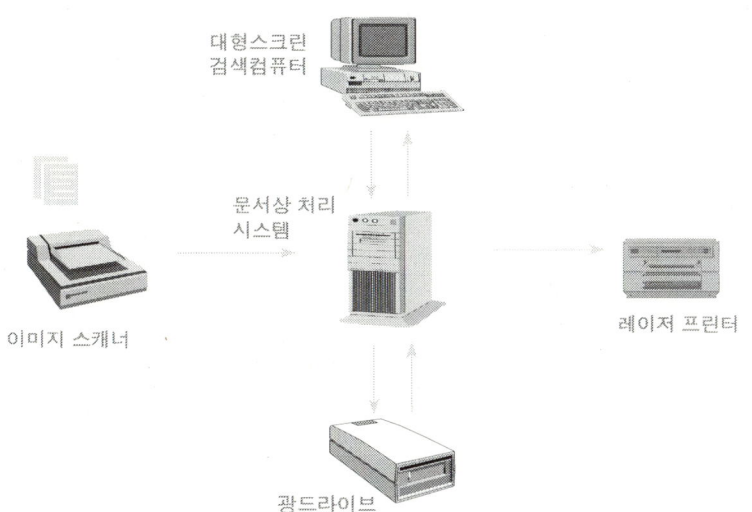

　사무 개선이란, 현행사무가 합리적으로 이루어지고 있는지의 여부를 조사 분석해서 필요에 따라 개선하는 것이다. 좀더 신속, 좀더 쉽게, 좀더 정확하게, 좀더 안전하게 만들고자 하는 것이다. 또한 수익을 대폭적으로 향상시키고자(사무 개선의 목적)하는 것이다.

　사무 개선이란 한마디로 사무 능률의 향상을 위하여 사무처리 절차, 방법, 기술 및 사무기기, 시설 및 환경을 개선하는 지속적인 과정을 의미한다. 현대사회에 맞는 효율적인 조직목적달성을 위해서는 필요하다. 사무 개선을 통하여 운영상의 통일성을 이루고 책임소재를 명확히 할 수 있다. 관리 기술의 능률화와 효과성을 높이고자 하는 것이 사무 개선이다. 다시 말해 전문성을 띤 것으로 평범한 상식만으로는 적극적이고 효율적인 개선이 곤란하며 또한 조직 활동 전반에 걸친 폭넓은 시야를 이루고자 하는 것이 행정사무관리 개선이다.

　용이성, 정확성, 신속성, 경제성을 추구하는 것이다.

　현상파악 - 개선대상이 되는 사무에 대한 자세한 자료 조사를 하여 - 문제의 복잡성, 해결난이도에 따라 조사시간, 조사방법을 다양하게 적용시키는 것이다.(면접법, 질문지법, 관찰법, 자료법)

　문제점 파악 - 사무작업, 분담, 처리과정, 환경 분석 후 문제점 도출한다.

　개선안 작성 - 브레인스토밍, 고든법등 방법을 활용한다.

　개선안 실시 - 지속적 Feedback을 사용한다.

　행정사무 혁신 기법에는 고객만족관리(CSM: customer satisfaction management, CRM: customer relationship management), 벤치마킹(Benchmarking)

　총체적품질관리(TQM: Total Quality management), 업무프로세스재설계(BPR: Business process re-engineering) 등이 있다.

　브레인스토밍: 1941년 오스번(Osborn)이 개발한 브레인스토밍은 누구라도 어디서든지 간단히 응용할 수 있다는 장점 때문에 전파 속도가 빨랐다. 브레인스토밍은 혹자에 따르면 발상기법이라기보다는 발상을 하기 쉽게 만드는 사고방법, 다시 말해 '발상법의 발상법'이라고도 불린다. 브레인스토밍의 사고방법, 특히 그 네 가지 법칙은 어떤 발상을 할 때 항상 전체로 머리 속에 넣어두면 좋은 것으로, 즉 일종의 아이디어 생산의 법칙이라고

도 할 수 있다. 이 법칙은 개인 및 집단 양쪽에 모두 응용할 수 있는 것이다.

발상의 연금술이라고 부르는 브레인스토밍의 네 가지 법칙은 다음과 같다.

1. 제1법칙 – 자유자재로 사고한다.

'자유롭게 방만하게 생각하고'라고 다짐해도 실제로는 어떻게 해야 할지 몰라 헤매게 마련이지만 발상방법으로 귀중한 자세이다.

2. 제2법칙–비판을 엄금한다.

마음을 비운다면 누구나 할 수 있는 실천적 법칙이며, 네 가지 법칙 가운데 가장 중요한 요소이다. 아이디어의 질과 타당성을 냉정하게 검토하는 것도 필요하지만 그것은 맨 마지막에 하는 방법이다.

3. 제3법칙 – 질보다는 양

한 번에 만루 홈런을 치겠다는 것은 무리이다. 긴장을 풀고 아이디어를 낳는 리듬을 탈 것, 사고하는 양이 많아지면 당연히 질은 높아진다.

4. 제4법칙 – 결합 개선

기존의 정보 및 아이디어를 조합시킨다는 법칙이다.
몇 가지 제안된 아이디어를 크로스로 연결해 그 맛을 잘 음미해본다.
발상이 필요한 모든 경우에 요긴하게 쓰이는 보편적 지침이다.

고든법: (Gordon Method): 브레인스토밍에서는 가능한 한 문제를 구체적으로 좁히면

서 아이디어를 발상하지만, 고든법은 그 반대로 문제를 구상화시켜서 무엇이 진정한 문제인가를 모른다는 상태에서 출발, 참가자들에게 그것에 관련된 정보를 탐색하게 하는 것이다. 그렇게 하는 이유는 문제가 지나치게 구체적이다 보면 발상하는 참가자가 자칫 현실적인 문제에만 사고를 국한시키게 되어 기본적으로 아이디어를 발상하기가 어렵기 때문이다. 즉 고든법은 주제와 전혀 관계없는 사실로부터 발상을 시작해서 문제해결로 몰입하게 만드는 것이다. 하지만 이런 것에서 아주 기발한 아이디어가 떠오르게 되는 것을 가끔 경함하고 있다. 예를 들면 토스터의 신제품을 생각할 경우, 토스터를 눈앞에 놓으면 확실히 아이디어는 나오지만, 근본적인 아이디어는 나오기 어렵다. 그래서 주제로서 추상적인 것 즉, 「굽다」라는 방법으로 낸다. 이런 주제를 내면, 토스터에 구애되지 않고 전혀 각도가 다른 아이디어가 나올 수 있다. 방법은 브레인스토밍과 비슷한 점이 많으나 주제를 내는 방법에 큰 특색이 있다. 추상의 폭을 넓혀 주제를 내면 생각하는 사람의 사고는 폭넓게 퍼져 구체적인 문제를 생각할 경우에는 도저히 상상도 못했던 아이디어가 나온다.

물론 주제가 추상적이기 때문에 나오는 아이디어도 예측과 빗나간 것도 있지만 리더는 그것들을 실제주제와 결합시켜, 회의 중이라도 항상 검토하고 있어야 한다. 시기를 보아 리더는 주제를 좁히고, 회의가 끝나기 조금 전에 진짜 주제를 말한다. 단점으로는 리더의 유도가 어렵다는 것, 최저 3시간 정도의 시간이 걸린다는 것이다.

시네틱스(Synetics): 먼저 시네틱스의 어원을 찾아보면, 관련이 없는 요소들 간의 결합력을 의미하는 희랍어의 것이다. 이 개념이 고든의 연구노력에 의해 창안된 것을 일본의 나까야마(中山正和)가 보완하여 산업계에서 널리 활용하게 되었다.

고든은 천재나 대발명가들을 대상으로 심리적 연구를 실시해보았더니 이들은 발명과정에서 대부분 analogy(유비, 유추, 추상)사고를 한다는 공통적인 현상을 발견했다. analogy 사고라는 것은 어떤 사물과 현상을 관찰하여 다른 사상을 추측하거나 연상하는 심리현상으로, 이것을 Imagination(상상, 공상, 구상)의 힘으로 하는 일종의 것 이미지 사고이다. 이 시네틱스 기법은 두 가지로 설명될 수 있다. 그 하나는 친숙한 것을 이용해 새로운 것을 창안하는 것이고, 다른 하나는 친숙치 않은 것을 친숙한 것으로 보도록 하는 것이다. 우리가 주변의 사물로부터 무엇인가를 추출하려면 먼저 너무나 친숙해서 달리 보이는 것이 하나도 없는 것처럼 보이는 상황을 벗어나야 한다. 우리는 친숙하지 않은 것을 보면 기존의 인지 구조 내에서 이들을 탐색한 후에 무관심의 영역으로 내던져버리는 때가 많다. 그러나 창의적인 사고를 하기 위해서는 주변에서 접하게 되는 친숙하지 않은 상황도

수용할 수 있어야 한다. 이 기법은 다음의 네 가지 유형의 것들이 있다.

직접적 유추(direct analogy): 실제로는 닮지 않은 두 개의 이념을 객관적으로 비교하는 유추방법이다. 문제해결에서의 직접적인 유추의 좋은 예는 전화기를 만들 때 사람의 귀와 입을 비교한 데서 찾을 수 있다. 오늘날의 전화기를 송수화기가 하나로 붙어 있지만 옛날의 전화기는 사람의 입과 귀가 서로 떨어져 있듯이 송화기와 수화기가 따로 떨어져 있었다. 또 하나의 예를 들면 치약의 튜브 뚜껑을 사용할 때마다 여는 것이 귀찮으니까 뚜껑이 없는 치약을 만들 수는 없을까라는 아이디어를 생각하게 되었다. 그러나 아무도 좋은 아이디어를 떠올리지 못했다. 그러던 중 어느 미국인이 우연히 말이 똥을 누고 있는 광경을 보게 되었다. 발은 엉덩이의 주위가 더러워지지 않게 깨끗이 탈분하고 있었다. 이 현상에서 힌트를 얻어 말 엉덩이의 근육상태를 본떠서 밸브를 3개 사용해, 튜브를 누르면 치약이 잘 나오고 누른 손을 늦추면 밸브가 닫히며 튜브의 입구 주위에는 치약이 묻지 않는 치약을 발명하여 크게 히트한 상품이 되었다.

또 하나의 예를 들어보면 지금 새 호스를 만들려고 하는데 여러분은 먼저 자기 자신이 완전히 호스가 되어 주십시오. 자, 고압 액체가 당신의 몸 안에 들어왔어요. 어때요? 하고 암시를 걸었다. 그랬더니 수강생 한사람이 엉겁결에 아야! 하고 두 손을 포개 배를 눌렀다. 이것이 힌트가 되어 호스 바깥쪽에 ×형의 선을 붙인 강력 호스를 개발하여 히트시켰다고 한다.

의인 유추(person analogy): 자신이 진짜로 문제의 일부라는 생각을 가지고 문제 자체가 요구하는 통찰을 하는 유추이다. 기계가 고장 났을 때 이 기계를 고치기 위해 사람들이 기계의 부품이 되어 가상적으로 작용해보는 유추이다.

직접적인 유비란 무엇인가의 새로운 메커니즘과 신제품 등을 개발하려고 할 때 경험을 통해 몇 번 행했던 형태나 성능·기능 등의 관점에서 유사한 것이 없었나를 찾아내어 그것에서 힌트를 얻어 아이디어 발상을 전개하는 방법이다.

상징적 유추(symbolic analogy): 두 대상물 간의 관계를 기술하는 과정에서 상징을 활용하는 유추이다. 언어나 사인 속에 숨겨진 의미를 중시하고 이와 같은 심벌상의 비슷한 것으로부터 토론을 해나가려는 것으로 참가자가 발언한 말, 한 구절 가운데에서 예측 못한 아이디어의 힌트를 찾아내어 보려는 방법이다. 지금까지 아무렇지 않게 쓰이던 언어나 사인이 새로운 아이디어로 전개될 수 있기 때문에 그룹 참가자들에게 나오는 말(언어) 하나하나를 잘 생각하고 민감하게 대처해야 한다. 이러한 모든 것이 하나의 행정사무 혁신 기법에 응용될 수 있는 사안들이 된다는 점을 기억하여야 한다.

1) 사무 개선 추진 방법

	장점	단점
단일부서방법	담당업무지식多 -효과, 추진력 ↑	종합적관점 부족 - 소극적개선이기 쉬움
위원회방법	종합적관점 -부서간 조율 쉬움	전문지식부족,책임분산 - 깊이 없을 수 있음
전문부서방법	전문적지식,경험多 - 전념가능	관련부서 협력얻기 어려움 - 필요한 인재 충원 난이
전사적추진방법 (외부컨설팅)	전문적지식,경험多 - 객관적 시각확보 - 개선의식 사내확산	시간,비용이 많이 듦 - 사내전문가가 아닌 경우 경비폭증

사무 혁신 중의하나로서 벤치마킹을 다루었는데 이의 사례는 다음과 같다.

사례 1

1벤치마킹사례-항공사의 Fun마케팅! 사우스웨스트 항공-아시아나 항공의 벤치마킹을 볼 수 있다.

　- 일반적으로 항공사 하면 제복차림에 경직되고 딱딱한 느낌을 주기가 쉽다. 고객들은 비록 편하고 빠르기는 하지만, 안전문제로 늘 긴장을 하기 마련이다.

　- 그런데 사우스웨스트 항공사는 튀는 행위로 고객에게 즐거움과 긴장의 완화를 가져

다준다. 딱딱한 제복보다는 청바지 차림의 캐주얼한 옷차림으로 분위기를 부드럽게 한다든지, 비행기 안에서 재미있는 분장으로 깜짝 쇼를 펼친다든지 하면서 여러 가지로 유희, 재미, 즐거움을 제공한다.

 - 아시아나 항공은 회사에 대해 부드럽고 여성스러운 이미지를 느낄 수 있도록 유도하고 있다. 또한 기내에서는 색동이 캐릭터를 활용한 팬시용품을 만들어 판매하고 있으며, 어린이들에게 색동이 선물을 하면서 자사의 친근하고 부드러운 이미지를 전달하기 위해 노력하고 있다

사례 2

 - 경남 마산에 실제로 있는 도로이다.
 - 유럽에서 이미 시행 중인 도로교통 법규에 따른 차선을 벤치마킹 한 사례로 이렇게 해놓으며 도로 폭이 좁아 보여 과속을 하지 않는다고 해서 전국 곳곳에 어린이 보호구역 횡단보도 전방에 저렇게 차선을 긋기도 한다.

이러한 사무관리 과정을 살펴보면 다음과 같다.

196

(1) <u>사 무 계 획</u>

실 행 되 어 야 할 사 무 의 목 표 , 활 동 방 향 , 순 서 를 규 정

목 적 규 정 → 사 실 파 악 → 계 획 안 작 성 → 평 가 , 최 적 대 안 결 정

(2) <u>조 직 화</u>

사 무 계 획 을 효 과 적 으 로 실 현 하 기 위 해 수 행 해 야 할
인 적 자 원 (직 무 내 용 , 직 무 권 한 , 직 위 , 책 임 을 설 정) ,
물 적 자 원 할 당

(3) <u>사 무 통 제</u>

사 무 처 리 과 정 및 결 과 가 계 획 대 로 실 시 되 고 있 는 지
확 인

제5장 정보사회와 정보기술 사무

1. 정보기술(ICT 혹은 IT)과 행정사무의 개념

정보를 전자적으로 수집, 가공, 처리, 저장, 전달하는 기술, 정보를 관리해주는 기술을 현대는 필요로 한다. 여기에 행정사무관리 또한 정보와 밀접한 연관을 맺고 있다. 사무기기의 발전이 곧 정보의 발전에 기하기 때문이다.

정보: 문자, 숫자, 소리, 이미지, 동화상, 인간의 지적활동의 결과로 얻어지는 무형의 생산물이라고 할 수 있다.

정보: 자료를 인간에게 의미가 있도록 가공한 것을 말한다.

* 정보의 특성
- 비소진성
- 가공의 용이성: 쉽게 정보를 변형시킬 수 있다.
- 생산의 용이성: 규모의 경제가 필요하지 않다.

2. 정보기술의 핵심구성 요소

컴퓨터 기술: 정보처리기술을 말한다.
통신기술: 정보 전달기술을 말한다.

3. 컴퓨터

1) 개념

① 사용자가 내리는 일련의 지시에 따라 전자적으로 정보를 처리하는 기계
② mind tool
사람들의 정신노동을 지원, 정보수집, 분석, 예측, 모형설정, 디자인, 게임, 시뮬레이션, 프로그램 작성을 한다.
　농업사회: 동물, 도구, 육체노동을 지원
　산업사회: 기계, 정보사회: 컴퓨터

③ 만능기계로써의 컴퓨터 활용 분야가 무한하다.
연예, 오락, 게임, 디자인, 교육, 스포츠, 의료, 행정, 노동, 직업훈련, 전쟁 등
정보사회에 있어서 컴퓨터는 기본적인 사항이고 여기에 유비쿼터스 개념까지 포함된다. 즉 정보사회에서의 행정인 것이다.

정보사회의 정부: 전자정부

Ⅰ. 전자정부의 개념과 등장

1. 개념

- 단순한 정의: 정부업무의 대부분을 정보기술을 활용하여 전자적으로 처리하는 정부를 말한다.
초고속 정보통신 기반기술 등 정보기술을 활용하여 행정업무를 재설계하고, 대국민 서비스를 증가시킴으로써 삶의 질을 향상시키고, 민주주의 이념을 실현하는 미래의 혁신적 행정모형인 것이다.

정보통신기반에 기초하여 국민편의의 행정서비스를 능률적이고 효과적으로 창출, 제공하는 혁신적인 미래 정부를 말한다.

ICT를 적용해서 정부의 제반 작업, 해정서비스와 정보공개, 지역주민의 참여와 거버넌스 과정을 향상시키려는 노력도 포함한다.

전자정부구축과 더불어 수반되어야 할 변화

기존의 정부	전자정부
관 중심, 관 편의 위주의 행정 국민을 관리, 통제의 대상으로 보는 행정	시민 중심, 시민 편의 위주의 행정 국민이 정부의 주인으로서 정책에 직접 참여할 수 있고, 국민을 봉사 및 서비스의 대상으로 보는 행정
시간과 공간의 제약이 있는 행정 행정기관을 찾아다녀야만 서비스를 받을 수 있는 행정	시간과 공간의 제약이 없는 행정 행정기관을 찾아가지 않고도 대부분의 서비스를 받을 수 있는 행정
책임소재가 불분명한 행정 - 불투명한 행정 - 예측이 어려운 행정 - 상호불신 하는 행정 - 면대면 접촉이 있어야 하는 행정	책임소재가 분명한 행정 - 투명한 행정 - 예측이 가능한 행정 - 상호신뢰 하는 행정 - 면대면 접촉이 없어도 되는 행정
신체부자유자나 외국인에게는 거의 가능한 행정	신체부자유자나 외국인에게도 열려 있는 불 있는 행정

2. 전자정부가 추구하는 가치/목적

* 대국민서비스 향상: 보다 편리하고, 신속하고, 질 높은 서비스를 추구한다.
  시간과 비용을 절약하고, 과거에 불가능했던 것을 가능토록 한다.

* 행정 내부의 생산성 향상: 업무의 효율화
  자료를 찾고, 보고서를 작성하는 시간을 줄인다. 업무의 자동화. 의사결정시간 단축한다.

* 정부의 투명성 신장
  정부에서 어떤 일을 왜, 누가, 어느 정도의 비용을 들여서 수행하고 있는가?

* 민주적 가치의 신장: 디지털 데모크라시(digital democracy)의 구현
  직접 민주주의 신장: 참여, 의견수렴, 정책결정의 대응성 신장

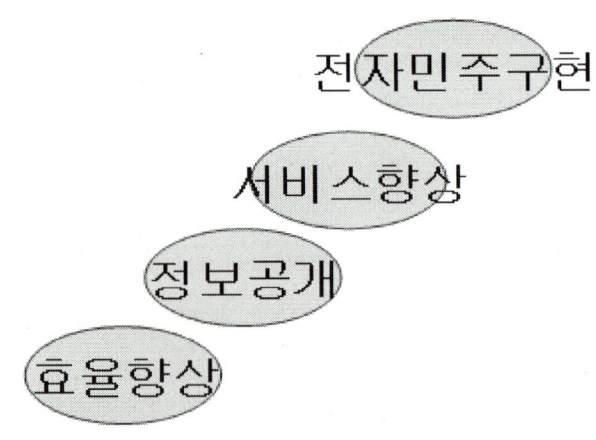

3. 전자정부의 전제 조건

* 정보처리 매체(컴퓨터, 휴대폰, PD 등), 통신 네트워크(초고속 통신망), 정보리터러쉬(information literacy), 관련되는 소프트웨어

* 정부 자료의 디지털화
* 전자정부에 적합한 제도
* 전자정부에 적합한 문화

전자정부를 뒷받침할 수 있는 문화 인프라, 수직적인 인간관계보다는 수평적인 인간관계를 중시하는 풍토 절차나 격식을 중요시하지 않는 풍토
프라이버시를 중시하는 문화

* 전자정부에 적합한 정부업무 구조 및 인력, 관리 방식

4. 전자정부의 등장배경

1) 정보혁명

정보통신 기술의 비약적 발전에 따라, 이를 전략적으로 활용하는 국가나 단체는 경쟁의 우위를 점할 수 있게 되었음. 이와 같은 맥락하에서, 정부부문에도 정보화의 필요성이 강력히 제기된다.

이에 따라, 각국 정부는 정보화를 촉진하고, 선도하기 위해 전자정부를 추진한다. 이는 미국을 선두로, 영국, 스웨덴, 호주 등의 국가로 번져나간다.

2) 작은 정부 이념

1980년대 이후, 주요 선진국들은 심각한 경제 불황에 시달리고 있었음. 대표적인 나라가 미국, 영국, 뉴질랜드이다.

경기침체는 세원(tax base)의 축소를 의미하고, 이는 정부예산의 감축을 요구하게 되었다. 이와 더불어, 과거 "positive state"와 "복지국가" 이념하에서 비대해진 정부기능이 시장기능의 위축과 국가 전반의 효율저하를 초래하였다는 비판이 강력히 제기 된다.

이에 따라 정부의 역할과 기능을 재점검하고, 조정해야 한다는 의견이 대등하다. 이러한 반성은 궁극적으로 작고, 효율적인 정부로 이어지게 되었음. 이는 다른 말로 하면, 정부기구와 인력을 줄여야 함을 의미한다.

문제는 현실적으로 행정수요는 계속 증가하고 있어, 작은 정부를 구현하는 것이 매우 어려운 과제였다. 그 이유는 정부에 대한 국민의 요구는 끊임없이 늘어나는 데 반해, 정부의 인력과 기구를 줄이는 것은 현실적으로 이율배반적이기 때문이었다. 결국 이러한 딜레마를 해결하기 위해서는 적은 자원을 가지고, 더 많은 일을 (doing more with less)하는 방법만이 없었다. 정부의 정보화는 이러한 맥락에서 관심의 대상이 되었다.

3) 대의제에 대한 회의

산업사회 대의민주주의가 근간을 이루었다. 즉 선거에서 국민의 대표자를 뽑고, 이들이 국민의 의사를 대변하는 방식이었다. 그러나 이러한 대의제는 선거구조의 왜곡과, 일반국민의 참여의식을 저하시켜, 정치 소외, 무관심을 초래하게 되었다. 선진국의 경우, 고도정보기술을 활용해, 대의 민주제가 갖는 한계점을 극복하고, 대응성이 높고, 일반시민의 정치참여를 높여, 좀더 민주주의적인 정부를 구현하려고 노력한다.

세계 각국의 전자정부 추진 실태

1. 싱가포르

1) 전자정부 추진시의 전략적 목표
- 정부 재창조
시대의 요구와 여건에 맞게 기존의 규제, 방침, 행정과정을 재점검하였다.

- 통합된 전자 행정서비스(seamless service)
편리하고 신속한 행정서비스

- 좀더 적극적이고 반응적인 정부 만들기
국민의 요구를 미리 예측해서 제공, 국민의 요구에 적극적으로 반응하는 시스템을 만들고, 서비스를 신속히 제공하는 시스템 만들기를 한다.

2) 공공 서비스의 단계(e-service)
- publish: one way: user receives information online but can not initiate any transaction.
- interact: two way: user initiates transaction online but transaction can only be complicated offline.
- integrate: two way: user complete more than one transaction online with one entry and through a single interface.

3) 전자행정서비스의 확산을 촉진하는 역할.
정부가 제공하는 전자행정서비스를 좀더 많이 이용하도록 조장하는 노력을 하고 있다. 포커스 그룹을 이용, 데모그래픽 서베이(연령별, 성별, 직업별 등에 따른 고객의 의견)

4) 전자행정 서비스에 누구나 접근할 수 있도록 하는 노력하는 것이다.
정보문맹자나 사회적 약자들도 전자서비스에 접근할 수 있도록 조치한다.

"요람에서 무덤까지"의 행정서비스를 인터넷 등의 네트워크를 통해서 원스톱 서비스한다는 목표를 설정하고 있다.

5) 향후 과제

전자행정 서비스를 좀더 질 높은 차원으로 승화시키는 것이다.(e-service maturity의 수준을 높이는 것을 말한다.) 즉 cross-agency related services. 경계 없는 이음새 없는 행정 서비스를 만들어 나가는 것이다.

e-governance를 통해서 시민이 정부의 과정에 좀더 참여할 수 있도록 시스템을 구축 (building capacity for mass engagement of the citizenry through e-governance) 정부의 정책 결정, 정책 이슈에 대해 민이 좀더 참여할 수 있도록 한다.

2. 미국: 장기적 국가전략으로서 전자정부 구축을 추진하는 미국

1) 클린턴 정권의 행정개혁 개요
재정적자의 삭감, 정부에 대한 국민의 신뢰 회복하는 것을 우선순위로 두었었다.
4대 행정개혁 방침

정부규모 축소

고객제일, 관료주의 폐지, 직원에 대한 권한과 책임 부여하였다.

2) 행정개혁과 전자정부
정보기술을 통해서 행정개혁을 구현하자고 제안하고 전자정부의 필요성과 구체적인 실천항목을 펼쳤다.

3) 법률과 제도 면에서 종합적인 환경정비
Government Performance and Report Act Paperwork Reduction Act

4) 서비스 향상

고객과 기업으로부터 이들의 요구를 반영해서 서비스에 반영하고 고객 서비스 기준 설정 및 평가 피드백 반영하였다.

5) 지식 노하우 공유: 지식에 대한 정보를 상호 공유하는 행정사무로 변화해 갔다.

6) 전자정부의 목표

효율 향상 - 정보공개 - 국민에 대한 서비스 향상

7) 향후 과제

정보보안의 확보 - 정보격차의 해소 - 민관협력의 추진

3. 유 럽

1) 유럽 전자정부의 공통 목표

(1) 법률, 행정, 문화, 환경, 실시 간 교통 정보 등 네 분야에서 접속이 용이하게

(2) 국민의 의견을 들을 것. 정보제공의 수준을 넘을 것.

(3) 쌍방향 통신을 가능하게 할 것.

세금의 신고서 다운로드, 그리고 또한 신청서를 제출할 수 있게 할 것.

(4) 평등성 강조

2) 영국

정부 근대화 작업의 일환으로 전자정부 추진

정부기능의 철저한 개혁을 단행하겠다고 선언함. 이러한 목표를 달성하는 데 전자정부를 활용하였다.

목표

국민: 거주하는 장소, 연령 등에 따라 차별화된 품위 있는 행정서비스 제공

기업: 정부 조달, 납세, 신청, 인허가를 신속히 그리고 편리하게 처리

정부 내 일반 행정사무 및 정책입안의 효율화, 신속화. 부문 간 부처 간의 벽을 제거. 정보 공유.

3) 특징
강력한 리더십, 명확한 목표 설정
정보격차의 방지, 민관의 협력

4) 향후과제
전자투표를 중심으로 한 디지털 데모크라시 구현

5) 완스와스 구청의 전자정부

1. 전자정부 시대의 행정의 패러다임

1) 문제해결 능력의 제고
정보사회의 정부의 주된 임무
정형적이고, 단순. 반복적인 업무는 가능한 기계화, 자동화하고, 집행적이고, 상업적 성격의 기능은 민영화, 민간 위탁한다.
결국 정부기능은 주로 정책적 기능, 즉 포괄적인 의미에서 문제해결에 주력하게 된다. 즉 포괄적의미의 문제 해결로 간다.
포괄적 의미의 문제해결 기능이란? 갈등해결, 조정
공적문제 해결: 교통사고. 교통체증, 사교육비, 청년실업, 환경오염, 주택가격 폭등 등. 국가가 나가야 할 방향과 비전을 제시한다.

2) 고객지향성의 확보
국민위주의 행정체계를 확보하는 것이다. 수요와 중심경제구조와 민주적 시민의식의 성숙으로 인도한다. 이것은 지방자치제의 정착으로 연결된다.

3) 효율성 증대

주어진 자원으로 최대의 성과를 거두는 것 Value for money이고 국가 경쟁력을 높이는 것이 된다.

2. 전자정부가 행정에 미치는 영향

1) 정책에 미치는 영향

정책이란 일종의 문제해결을 위한 정부의 신 이론을 적용하자는 것이다.

전자 정부화는 정부의 정책결정의 질은 높이고, 좀더 신속한 의사결정을 가능하게 한다. 특히 전자 정부하에서는 관리시스템이 정교하게 구축되어, 정보의 습득, 분류, 저장, 공유, 창출이 매우 원활하게 이루어진다. 이는 문제해결, 즉 정책결정에 매우 필수적인 요건이 되게 한다.

2) 대민 행정서비스에 미치는 영향

대민 행정서비스가 시간과 공간의 관계를 극복하고, 제공될 수 있다.

그동안 과거 관청 업무하면, 늘 많은 서류와 장시간 기다리는 것을 떠올리게 만들었다. 또한 관청에 자주 가야 하고, 많은 관청을 여기저기 찾아다녀야 하고, 특정 관청 내에서도 이 부서, 저 부서를 찾아다녀야 했다. 전자정부가 구축되면 이러한 현상은 상당 부분 사라지게 된다. 이는 요즈음 인터넷을 통한 은행업무처리(e-banking) 현상을 보면, 쉽게 이해될 수 있을 것이다.

정부부문에서도, 이러한 전자적 대민 행정서비스가 가능하다. 각종 민원서류를 발급 받는 것, 각종 인, 허가를 획득하는 것. 각종 공공 정보를 획득하는 것, 각종 정부에 내는 세금과 공과금의 납부, 정부로부터 받고 싶은 상담이나 자문을 획득하는 것, 각종 사회복지 및 공공 서비스 혜택이 인터넷을 기반으로 해서 구현이 가능하다. 물론 그 전제 조건이 필요함은 물론이다. 이는 이게 앞에서 논의된 바 있다.

전자행정서비스

현대 전자정부를 이끄는 선도적 역할을 수행하고 있으며, 연중무휴의 고객지향적 정부 서비스 제공을 지향하고 있다. 즉 시간과 장소에 제약을 받지 않고 모든 국민들이 동일한 수준의 정부서비스를 제공받을 수 있도록 하며, 과거에 비해 높은 대응성을 지닌 정부의 모습을 갖추도록 한다.

3. 전자정부와 행정의 관리적 측면.

1) 전자 정부화는 행정의 절대다수를 차지하는 일상적, 반복적, 정형적 업무를 상당 부분 감소시켰다.
- 각종 보고 업무
- 자료수집, 검색, 분류, 정리 업무
- 계산, 간단한 분석 업무
- 각종 도서 작업, 문서보관, 보존, 검색업무
- 회의, 결재 업무
- 주요 관리적 업무
- 물자구매, 조달 등
- 인사관리
- 예산 관리 등의 효율성을 가져왔다.

2) 반구조적 업무 지원
업무처리가 정형화 되어 있지 않은 과업의 경우도, 상당 부분 자동화 할 수 있다. Expert system(E. S)는 그 대표적인 tool이다.

E. S는 전문가의 지식이나 경험을 전산화하여 이들을 특정 문제 해결에 적용하는 것이다. 이는 조직 내에서 발생하는 반구조적인 의사결정의 일부나 전부를 자동화 하려는 시도이다.

예) 장학금 지급

    If   학생의 고향＝강원도 &

        전공＝농업 &

        GP>3.0 or 수능성적>170

    Then 장학금＝500,000

    병역의무 부과

        지원자의 신체조건－키, 몸무게, 눈, 수술, 평발

            가족배경－사상, 전력－학력

3) 지식경영

4) 전자정부와 조직관리

(1) 전자정부하에서 조직관리가 지향해야 할 목표

- 문제해결 능력

조직기반의 집합적인 문제해결 능력이 매우 중요한 과제로 등장함. 21C 행정이 다루어야 할 과제가 매우 복잡하고, 기타 일상적인 업무는 상당 부분 기계화, 자동화, 민간화시킬 수 있기 때문이다.

- 빠른 대응력

사회의 변화속도가 빨라, 이에 정부가 효과적으로 대응해야 하기 때문이다.

- 높은 생산성

글로벌 경쟁체제하에서, 국가경쟁력이 매우 중요한 과제로 등장. 국가 경쟁력의 한 축이 정부부문이다. 정부부문의 생산성이 중요한 이유이다. 적은 자원으로 더 많은 일을 할 수 있어야 한다.

(2) 전자정부 시대의 조직모형
- 고지능형 조직
  조직의 집합적 사고력, 학습능력, 지식창출 능력을 높이는 조직.
- 지식 노동자 지배적 인력구성
- 권한 및 정보 공유 구조
- 짧은 계층구조와 낮은 관리인력
- 조직의 유연화
- 의미 있는 결과 중심의 평가체제
- 자율과 책임을 기반으로 한 통제
- 리더십의 근본적 변화
- 동기부여의 중요성 부상

2. 정보기술과 문서관리

Ⅰ. 문서정보관리

기업 내에서 문서의 흐름은 바로 정보의 흐름을 뜻한다. 따라서 조직 내 정보 중 특히 문서정보 관리의 필요성은 급속히 확대되고 있으며 새로운 관리방법과 활용의 다양성이 요구되고 있다.

과거 컴퓨터가 발달하지 못하였을 때에는 비교적 문서관리의 수작업 방식이 효과적으로 운용될 수 있었다. 캐비닛, 서랍장, 파일폴더나 개개 문서들이 담당자의 관리하에 비교적 체계적으로 정리 및 활용이 가능하였다. 그러나 1980년대 후반부터 퍼스널컴퓨터와 워드프로세서, 복사기 등이 사무 업무에 활용되기 시작하면서 서서히 이러한 관리 체계의 문제점들이 나타나기 시작했으며 최근에는 그룹웨어, 전자우편 및 최종사용자 컴퓨팅 환경 등의 시스템 적용에 따라 오히려 조직 내 정보관리의 문제점이 급속히 표출되고 있다. 과거 정보 관리를 위하여 문서에 직인을 찍고, 태그(Tag)를 붙이고, 접수번호 등을 기재하며 이를 보관하기 위해 캐비닛, 서랍, 파일폴더나 문서보관 규정이 시행되었다면 현재와 같이 다양한 디지털 정보시대에는 그에 상응한 전자적 문서관리 규정과 새로운 체계가 존재하여야 한다. 여기에 급증하는 워크스테이션의 역할 증대 및 워드프로세서, 사무자동화 기기의 발달로 불필요한 정보까지 종이문서화하려는 경향이 생겼는데 이것은 문서관리를 더욱 어렵게 만드는 원인이 되고 있다. 결과적으로 이러한 문서관리 현황은 새로운 업무 환경에 따른 규정과 관습이 새로운 기술에 올바르게 대응하지 못하고 있는 데 그 원인이 있다 하겠다. 새로운 문서관리 체계의 필요성을 그림으로 표현하면 〈그림 1-114〉과 같다.

〈그림 1-114〉 새로운 문서관리 체계의 필요성

이러한 필요성의 인식과 조직 내외부의 지식을 정보자산으로 이용하고자 하는 지식관리의 경영환경변화가 심화되면서 문서관리의 조직 내 표준화를 이루고자 하는 시도가 급속도로 확산되고 있으며 이는 전자문서관리시스템, 지식관리시스템의 확산과 보급을 낳기에 이르렀다. 비서직의 문서관리도 예외는 아니다. 따라서 이러한 어려움을 해결하고 체계적인 문서관리를 통해 조직 내 중요한 정보자원을 효과적으로 관리하기 위한 새로운 문서관리시스템의 구축과 관리체계가 필요하게 되었다. 새로운 문서관리시스템의 구축을 위한 방법으로는 행정인이 그 조직에 맞는 문서관리시스템을 직접 구축하는 방법과 조직수준의 전자문서관리시스템을 도입하는 방법이 있다.

Ⅱ. 문서관리시스템 역사과정

1. 전통적인 파일링시스템

전통적인 파일링이란 주로 종이인 문서가 필요할 때 즉시 이용될 수 있도록 정리해 두는 것을 말한다. 일반적으로 문서가 작성되어서 내용의 처리가 완결되면 차후 그 자료를 필요할 때 언제든지 즉각적으로 활용하기 위해서 체계적으로 문서를 분류, 정리, 보관하게 된다. 이러한 문서의 정리, 보관, 그리고 폐기에 이르는 일련의 기술적인 제도를 파일링시스템(filing systems)이라고 한다(도윤경, 1998). 관리대상이 대부분이 종이문서인 전통적인 파일링시스템에서는 파일 캐비닛(file cabinet), 파일 서랍 라벨(file drawer label), 가이드(file drawer guides), 폴더(file folders), 폴더 라벨(folder labels) 같은 파일링 도구들이 사용되어진다. 위의 도구들을 사용하여 파일링 담당자에게 문서가 회부되어 왔을 때 검사(inspecting), 주제결정(indexing), 주제표시(coding), 분류 및 정리(sorting & storing) 순서로 정리하게 된다. 이러한 일련의 과정을 거친 문서는 보존 연한이 지났을 때 폐기하게 된다. 문서를 어떻게 하면 쉽게 찾아서 이용할 수 있겠는가에 초점을 맞춘 여러 가지의 분류 정리 방법이 전통적인 파일링시스템에서 적용되고 있다. 보관대상 문서는 크게, 거래자나 거래 회사명에 따라 이름의 첫머리 글자를 기준으로 해서 가나다순 혹은 알파벳순으로 분류하는 명칭별 분류법(Alphabetic Filing System), 문서의 내용으로 주제를 결정하고 이 주제를 토대로 문서를 분류, 정리하는 주제별 분류법(Subject Filing System), 거래처의 지역이나 범위에 따라 분류한 다음 다시 가나다순으로 배열하는 지역별 분류법(Geographic Filing System) 등으로 분류, 정리된다.

2. 마이크로필름 및 광파일 시스템

우리나라의 경우 70년대 중반 워드프로세서가 도입되면서 문서관리에 전산처리 방식이 도입되기 시작하였다. 그 후 80년대 초 마이크로필름에 이어 80년대 중반부터 광파일 시스템이 도입되면서 본격적인 전자적 문서관리의 장이 열리기 시작했다. 이는 주로 수치정보를 받아 다음 의사결정을 요하는 업무, 유통정보에 있어 정확성을 유지해야 하는 업무,

민원신청에 따른 즉시처리가 요구되는 업무 등에 주로 적용되기 시작하였다.

마이크로필름은 문서를 특수 사진기로 촬영하여 그 결과를 필름 형태로 보관하는 방식이다. 이는 재현의 정확성, 고축소율, 보존성, 대량정보수록 등의 면에서 장점을 가지나 취급자의 잘못이나 화학기술의 잘못사용으로 인한 데이터 훼손 위험이 매우 크다는 단점을 가지고 있다. 광파일 시스템은 기록물을 스캐너를 통해 전자신호로 저장매체(Laser Disk)에 담아 관리하는 시스템으로 공간절약성, 보존성이 뛰어나며 색인목록관리체계와 연계하여 운용하면 원본형태로 문서를 자동검색 및 출력이 가능하다는 큰 장점을 가지고 있는 시스템이다. 그러나 광파일 시스템은 원본을 스캐닝하는 데 장시간 소요되며 이미지 형태의 저장형식을 취하고 있어 파일사이즈가 크다는 단점을 가지고 있다(정국환, 1998). 마이크로필름은 80년대 중반까지는 적지 않게 각광을 받았으나 90년대 초반 이후 각 조직에서 광파일 시스템의 도입을 적극 추진함에 따라 사실상 마이크로필름은 더 이상 사용되지 않게 되었다. 주로 저장에만 초점을 맞춘 시스템으로 스캐너를 통해 종이문서나 도면을 파일 형태로 재입력하고 색인을 첨부해 저장 관리하는 광파일 시스템은 기존의 마이크로필름보다는 기록물 보존성, 정보관리 및 검색 용이성, 대용량 저장성, 경제성, 안전성 등에서 우세하며 주로 다량의 외부 문서를 재저장하기에 적합하다. 그 사용의 대표적인 예는 정부 기록물보존소의 데이터 저장, 등기문서관리, 도서관의 오래된 신문자료 관리 등을 들 수 있다. 광파일 시스템은 90년대 이후 완만한 성장세를 유지해 오며 전자문서관리시스템(EDMS)의 발전과 함께 EDMS의 한 요소인 Imaging 시스템으로 계속해서 활용되고 있다. 이는 각 조직에서 새롭게 생성되는 데이터뿐만 아니라 그간 보관하고 있는 각종 종이문서들과 단순 저장만을 요하는 오래된 데이터들의 저장에 광파일 시스템이 매우 유용하기 때문이다.

3. 전자문서관리시스템(EDMS)

기술발전이 가속화되면서 문서관리시스템에 대한 요구는 단순 저장이나 검색 그 자체보다는 문서의 전주기에 걸친 효과적 관리 측면이 강조되게 되었다. 또한 전자문서의 관리 대상 범주도 일반워드프로세서 파일뿐 아니라 비디오, 오디오를 포괄하는 멀티미디어 문서, 하이퍼미디어 문서에 이르기까지 다양해졌다. 또한 기존에 오가던 공식화된 문서뿐만 아니라 전자우편이나 게시판을 통한 공지사항 등 모든 사용 가능한 정보를 그 관리대상 범주에 넣게 되었다. 이러한 EDMS의 발전 배경은 인터넷의 등장과 하드웨어기술의 발달이다. 이는 관리대상이 되는 디지털정보의 엄청난 증대를 의미하기도 한다. 또한, 중앙 집중적인 문서관리 체계의 필요성이 EDMS의 수요를 확산시키고 있다. 전자문서관리 시스템(Electronic Document Management System)은 기업 네트워크에 분산되어 있는 텍스트, 그래픽, 이미지, 영상 등의 자원을 발생에서부터 소멸에 이르기까지 통합 관리해주는 문서관리 소프트웨어이다(이은용, 2002). 이는 정보관리의 새로운 패러다임으로 등장하여 기존의 Imaging, COLD, Workflow, Groupware 및 인터넷 등의 관련기술을 이용하여 최종사용자의 정보 및 지식 요구를 수용할 수 있고 과거의 비효율적인 정보관리 체계를 표준화, 시스템화할 수 있는 새로운 개념의 정보기반구조이다(백성목, 1998). 과거 전통적인 파일링 시스템 체계나 규정에서 벗어나 새롭게 디지털화된 문서관리체계 (Electronic Document Engineering)중심으로 문서를 관리하고 여기에 정보발생의 근원인 핵심업무 시스템(Mission Critical Application)과의 연계를 통해 얻게 되는 대량의 컴퓨터 출력물들과 외부 유입정보들을 정보저장관리체계인 EDMS의 일원화된 관리체계 내에서 저장하게 된다. 〈그림 2-1〉는 EDMS의 구조도를 보여주고 있다. 문서의 수명주기를 따라 각 단계에 위치한 문서들에 대해서 EDMS는 문서의 등록, 수정, 삭제, 검색, 재사용의 기능들을 수행할 수 있게 해주며, 그 외에 문서의 보안관리, 버전 컨트롤, 복합문서관리 등의 기능을 수행할 수 있게 한다.

〈그림 2-1〉 EDMS 구조도

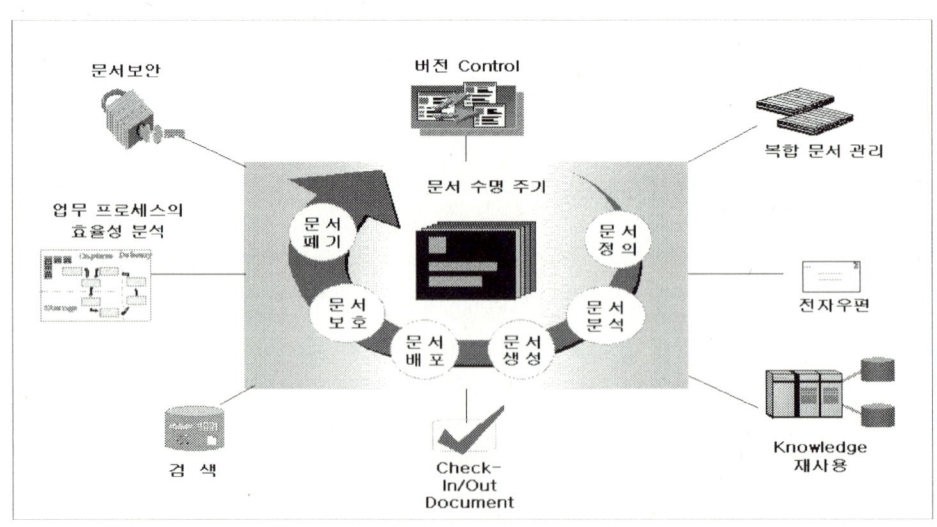

EDMS의 핵심기술은 다음과 같다. ·EDM(Electronic Document Management)

EDM은 워드프로세서, 스프레드시트 등 일반사용자에 의해 흔히 사용되는 문서생성 프로그램에 의해서 생성된 문서와 전자메일, 인터넷에서 획득한 문서와 같이 기본적으로 텍스트 기반 문서를 관리하는 시스템이다(김이숙, 1998). 그러나 전자화된 이미지, 도면, 오디오, 비디오 등의 멀티미디어 자료 등도 관리대상에 포함시키기도 한다. EDM이 제공하는 서비스는 Check-in/check-out, 문서버전관리(version control), 보안관리(security control), 문서관리(분류체계관리, 생명주기관리), 복제(replication), 전문검색(full-text retrieval), 저장매체관리 등이다.

Imaging(이미지 정보처리시스템)

Imaging(이미지 정보처리시스템)은 비정형의 자료(서류, 카탈로그, 사진)를 스캐너 또는 카메라로 입력하여 저장 및 검색을 가능하게 하고 이미지에 대한 수정, 편집, 검색 및 출력기능을 지원하며 통신망을 이용, 이를 전송, 배포가 가능하게 하는 정보처리시스템이다(김수진, 1998). 넓은 의미의 Imaging은 문서처리, 멀티미디어 이외에도 전문 분야별로 CAD, 탁상출판, 수표, 전표 등의 처리와 지문인식 등을 모두 포함한다. 광파일 시스템이 이러한 Imaging의 시발점 역할을 하였다. Imaging의 근본 취지는 기업에서 업무가 이루어지는 형태를 그대로 포착하여 전산화하는 작업이다. 즉, 업무 중 외부에서 종이문서(ex. 신용카드신청서, 보험청약서, 대출신청서)가 유입되어 내부 결재과정을 따라 유통되고 차후 참조를 위해 보존되는 일련의 업무흐름을 문서관리시스템에 적용, 종이 없는 사무실을 만들 수 있다는 착안이다. 그러나 Imaging의 적용 분야는 반드시 업무흐름이 적용되는 경우만이 아니라 등기문서관리나 정부기록보관소 업무처럼 대용량의 이미지 처리업무에 매우 필요한 시스템이다.

·COLD(Computer Output to Laser Disk) COLD 시스템이란 정형화(formatted)된 컴퓨터 출력물들을 대용량의 광디스크를 이용하여 저장, 관리하고 이를 활용하기 위해 각종 색인작업, 조회, 검색 기능들을 제공하는 시스템이다(김수진, 1998). 정형화된 정보란 컴퓨터가 해석할 수 있는 자료 즉 텍스트 자료를 의미한다. 따라서 COLD시스템은 비정형의 정보를 스캐너를 통해 입력하고 관리하게 되는 광파일 시스템 또는 화상정보처리 시스템과는 구별된다. 예를 들면 예금 거래 내역, 요금 청구 내역, 투자 거래 정보 등 문자

나 수치 형태로 컴퓨터에 전달되고 가공 처리된 정보를 말한다. COLD 시스템의 대상업무는 대용량의 정보가 발생되는 업무, 빈번한 조회나 출력요구가 발생되는 업무, 법적으로 혹은 업무상 이유로 정보를 장기간 보존해야 하는 업무, 장기간에 걸쳐 연속적인 정보가 발생하는 업무 등에 적합하다고 하겠다.

· 워크플로우 시스템(Workflow System)

워크플로우 시스템을 적용한 업무 절차를 보면, 담당자들이 업무를 시작하면서 워크플로우 시스템의 대기업무리스트에 올라온 자신이 할 업무들을 파악하고, 지시 받은 업무나 꼭 처리해야 할 업무가 있는지 중요도에 따라 우선순위를 설정한 후 우선순위에 따라 업무를 수행한다. 이때 우선순위를 결정하는 규칙도 워크플로우 시스템에 의해 정해진다. 업무수행을 위해 어떤 절차에 따라 업무를 진행하는 것이 효율적인가를 미리 정의된 업무처리 절차를 참조하여 업무의 순서로서 계획하게 되며, 업무계획 수립이 완료되면 이에 맞추어 업무를 수행하게 된다. 〈그림 2-2〉는 Workflow를 이용한 전자결재 화면의 예이다.

〈그림 2-2〉 Workflow를 이용한 전자결재

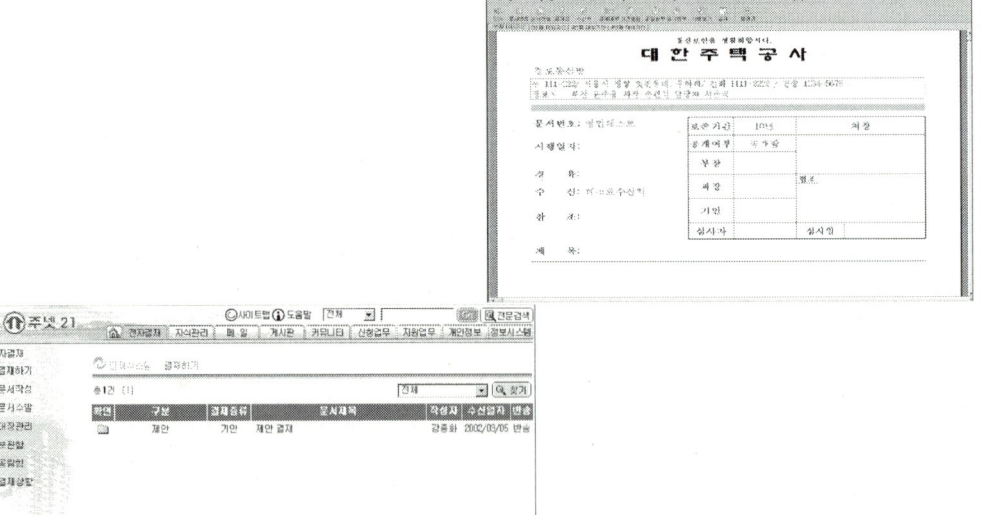

업무의 수행 중에 발생하는 문서나 정보는 시스템에서 제공되는 표준 양식에 맞추어 데이터베이스에 등록되게 되며 업무의 현재 수행 상태와 문서 처리의 진행 위치 및 문제점 등을 한눈에 파악할 수 있도록 다양한 업무 흐름관리 및 통제 등의 기능들을 제공한다. 워크플로우 시스템은 자동 업무분기기능(Work Routing), 업무분배기능, 정보관리기능(Information Management), 정보취합기능(Information Assembly), 기존 응용프로그램과의 연동기능, 통합적 작업관리기능 등의 주요 기능들을 가지고 있다. 〈표 2-1〉은 전자문서관리시스템 시장의 업체현황을 보여주고 있다.

〈표 2-1〉 전자문서관리시스템 업체 현황

제품명	개발사	공급사	공급시기
오픈이미지	이스트먼 소프트웨어	한국코닥	1997
다큐멘텀	다큐멘텀	칼텍시스템	1996
뷰스타	모자익	성환인텍	1996
닥스오픈	PC닥스	한국아이시스, 유아이에스	1997
워터마크	워터마크	비전플러스	1995
S파일시리즈	삼성전자	삼성전자	1991
오픈DMS	한국아이시스	한국아이시스	1996
닥서클	이에스씨	이에스씨	1997
메타데스크	트라이튼테크	트라이튼테크	1995
매직캐비닛	한국정보시스템	한국정보시스템	1997
인트라케비닛	다존기술	다존기술	1997
O 마스터	쌍용정보통신	쌍용정보통신	1994
서치빌더	플크럼테크놀러지	티디에스	1997
큘뷰	맵시소프트	맵시소프트	1997

출처: 전자문서관리시스템 제품일각, 월간 오픈컴퓨팅(1997년 6월)

4. 지식포털 및 컨텐츠 관리시스템

EDM, Imaging, COLD, Workflow를 기반으로 하는 전자문서관리시스템(Electronic

Document Management System)은 기업 네트워크에 분산되어 있는 텍스트, 그래픽, 이미지, 영상 등의 자원을 발생에서부터 소멸에 이르기까지 통합 관리해주며 기업의 지식관리시스템을 뒷받침하고 있다. 이는 기업의 정보관리의 새로운 패러다임으로 등장하였으며 최근에는 조직적인 기업차원의 문서관리에서 시작하여 조직 전체의 컨텐츠 관리, 지식포털시스템의 차원으로까지 발전하고 있다. 지식포털시스템이란 EIP(Enterprise Information Portal)라고도 하며 조직 내, 외부에 산재되어 있는 지식 정보를 단일접점을 통해 통합관리, 활용해 기업 경쟁력을 강화하기 위한 시스템이다. 또한 기업 내, 기업 간 전자협력체계의 구축을 목표로 구성원들 간의 정보, 지식, 문서, 프로세서 등의 유통 및 관리 기능을 지식포털로 통합시켜 기업의 지적자산 및 기업활동정보의 실시 간 공유, 교환을 지원하는 통합 포탈 시스템을 말한다(남홍우, 2002). 기업은 지식공유의 문화형성을 위한 커뮤니티 활성화, 지식공유의 지원 및 보상의 근거 제공, 공유된 지식의 적극적인 활용의 장 마련, 포탈사이트를 통한 고객지식 자산 확보라는 목표를 가지고 지식포털시스템을 개발하고 있다(KM ADU, 2002). 지식포털시스템의 이용자는 〈그림 2-3〉처럼 지식포털사이트를 단일접점으로 하여 조직의 모든 하위시스템을 이용할 수 있게 된다. 지식포털시스템을 이용하여 개인의 일정관리부터 시작하여, 메일관리, 개인지식공간 확보 등의 개인적인 업무를 수행할 수 있으며 게시판 기능, 토론그룹등록, 전자결재 등의 협업업무를 수행할 수도 있다. 또한 지식관리시스템으로의 역할도 수행하게 되어 문서 및 지식의 등록 및 통합검색, 전문검색, 통계자료 생성 등의 작업과 조직 내, 외 전문가 검색, 전문가 조언 등도 받을 수 있다.

〈그림 2-3〉 지식포털시스템 구조도

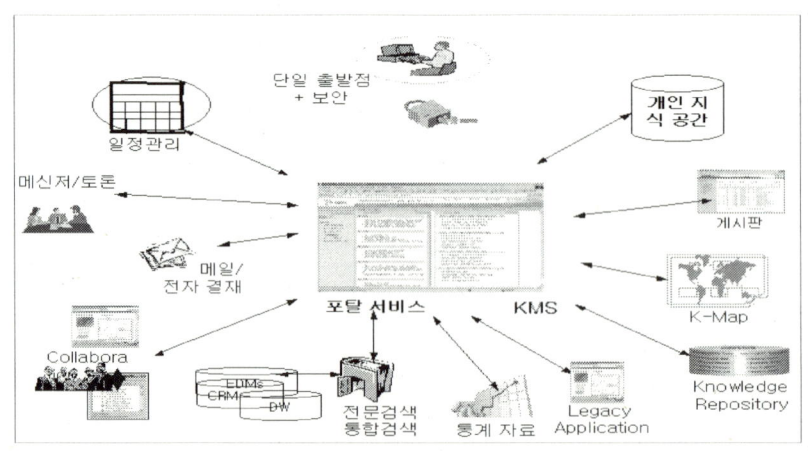

또한 인터넷 기술의 활성화와 기업의 경영 환경의 변화는 정보의 지적 자산화에 대한 관심을 지속적으로 증대시켰으며 기업 내의 컨텐츠의 중요성을 크게 부각시켰다. 컨텐츠관리시스템(CMS: Contents Management System)은 컨텐츠의 생성에서 최종보관까지의 컨텐츠 라이프를 통합적으로 관리하는 작업과 프로세스의 총체라 할 수 있다(전용표, 2002). 따라서 EDMS를 포함하여 기업 내의 지식에 관해 크게 컨텐츠관리의 일환으로 보기 시작하였으며 CMS를 포함한 지식포털시스템에도 관심이 크게 집중되고 있다. 지식포털시스템은 직원들이나 협력업체, 고객 및 공급업체들에게 정보검색 및 분류, 컨텐츠 수집, 케이스 등의 기능을 개인화하여 제공하는 서비스이자 기업, 고객, 비즈니스 파트너와의 접점을 제공하는 기업 사용자 통합 인터페이스시스템이다. 따라서 문서관리시스템, 지식관리시스템은 지식포털시스템에서 지식관리를 담당하는 하위컴포넌트시스템이라고 할 수 있다((KM ADU, 2002)(표 2-2). 결국, 차세대 EDMS는 CMS(Contents Management System)와 지식포털시스템의 통합의 개념이 될 것이다(전용표, 2002). 〈표 2-3〉은 현재 지식포털 및 컨텐츠관리시스템 시장의 업체현황을 보여주고 있다.

〈표 2-2〉 문서관리, 컨텐츠관리, 지식포털의 개념비교

분야	개 념
EDMS	주로 데스크탑 문서에 초점을 맞춰 문서의 편집, 버전관리, 분배, 권한관리, 보안, 워크플로우 등을 복합적으로 관리하는 개념
CMS	인터넷 인트라넷 및 엑스트라넷을 포함하여 존재하는 다양한 정보의 수집, 제어, 축적, 배포, 보안 등을 관리하는 총괄적 개념
지식포털시스템	정형화 및 비정형화된 정보들 외에 각종 어플리케이션들을 포함한 back-end 비즈니스시스템으로부터 개인화를 지원하는 front-end의 내용까지를 연결하는 시스템

<표 2-3> 지식포털 및 컨텐츠관리시스템 업체현황

제품명	개발사 및 공급사
K-Tower PKP	TG인포넷
PDF	PDF컨설팅, 한빛소프트 외
K-sigma	SK C & C
BizFlow	핸디소프트
DocsCMS	FileNET, 키스톤테크놀러지
Sonora	eiStream, 이지솔루션
Invisible Eye	아르파
enRise EKP	쌍용정보통신
K*Cube KMS R/2	날리지큐브
ACUBE	삼성 SDS
e-Workplace	IBM, 한국IBM

(출처: KM-EDMS KOREA Conference 2002 발표자료)

Ⅲ. 행정 문서관리시스템

조직 내외부의 지식을 정보자산으로 이용하고자 하는 지식관리의 경영환경변화가 심화되면서 문서관리의 조직 내 표준화를 이루고자 하는 시도가 급속도로 확산되고 있으며 이는 전자문서관리시스템, 지식관리시스템의 확산과 보급을 낳기에 이르렀다. 행정의 문서관리도 예외는 아니다. 복사기며, 워드 프로세서, 컴퓨터 등 문서를 대량 생산하는 기술이나 시스템의 발전에 비해 문서를 정리, 보관하는 문서관리의 기술이나 시스템이 크게 뒤쳐져 있는 것이 현실이다. 즉 보관 문서의 종류나 양의 급격한 증가에 대한 관리의 미비가 문서 범람의 가장 큰 요인이 되고 있다. 이와 같은 상황 속에서 Paperless화의 새로운 시스템으로 주목되고 커다란 기대를 모았던 것이 전자문서파일이었지만 그러나 전자문서파일만으로는 문서의 범람이나 문서관리의 문제를 해결할 수 없었다. 오히려 전자문서파일과 종이문서의 이중관리를 필요로 하게 되었고 비서직 종사자들은 이중의 어려움에 봉착하게 되었다.

1. 연구 현황

지금까지 행정학 분야에서 행하여진 문서관리시스템에 대한 연구는 메타데이터를 이용한 문서관리, 색인데이터베이스를 이용한 문서관리, 시소러스를 이용한 문서관리가 있다.

메타데이터란 데이터에 관한 정보를 뜻한다. 즉 수록된 데이터의 내용, 품질, 조건 및 그 데이터가 갖고 있는 특징을 알려주는 데이터로서 "데이터에 관한 데이터(data about data)"로 정의할 수 있다(Shelley, 1995). 메타데이터 사용의 대표적인 예는 도서 검색시스템이라 할 수 있다. 메타데이터는 사용자에게 찾고자 하는 자료의 위치를 정확히 추적하는 데 필요한 정보를 제공해주며, 아울러 그 자료가 정말 양질의 데이터인지를 파악하는 것을 가능하게 해준다. 여러 종류의 메타데이터 모델이 존재하나 공통된 속성으로 제목, 주제, 요약, 관계, 보안, 날짜, 작성자 같은 것들이 있다(Shelley, 1995).

널리 응용되고 있는 표준모델로는 OCLC/NCSA(Online Computer Library Center/ National Center for Supercomputing Applications)메타데이터 워크숍에서 문헌정보학, 인문학, 지리학, 컴퓨터과학 등 관련 분야의 전문가와 전문사서, 연구자들이 모여 인터넷과 같은 네트워크 환경에서 전자문서를 처리하는 데 필요한 최소한의 메타데이터를 13개의 요소로 제안하여 만든 더블린 코어(Dublin Metadata Core Element Set)메타데이터 모델이 있다. 문주영(1998)은 더블린 코어 모델을 포함한 여러 표준모델들을 참조하여 사무문서관리를 위한 메타데이터 모델(EwhaBiz Core)을 제안하였다. 또한 방대하고 다양한 자원 중에서 사용자가 원하는 데이터를 정확하게 검색하고, 체계적으로 관리하며 여러 사용자들이 데이터를 공유 및 재활용하기 위해 사무 문서관리에 메타데이터의 개념을 도입하였는데 그 사용 모형은 〈그림 3-1〉과 같다.

〈그림 3-1〉 메타데이터 이용 문서관리시스템 모형도

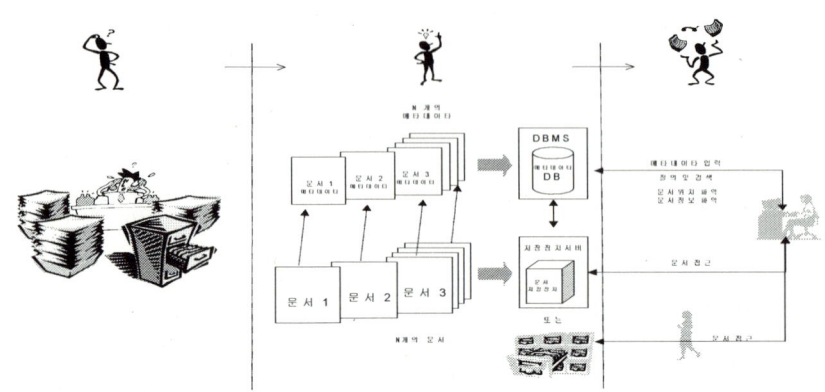

　문서관리자인 비서는 문서 1건당 1세트의 메타데이터를 작성하여 N개의 문서에 대하여 N개의 메타데이터를 구축하게 된다. 작성된 메타데이터가 데이터베이스로 구축되며 실제의 문서는 종이 파일일 경우는 파일 캐비닛에 보관되고, 디지털 문서일 경우에는 저장매체에 저장된다. 본 시스템에서 문서의 검색을 원하는 사용자는 메타데이터 데이터베이스를 검색하게 되며 검색 결과로 나타난 메타데이터 세트에 의해 자신이 찾는 문서 여부를 판단하게 된다. 저장된 문서에 접근하기 위해서는 검색 결과에 나타난 문서의 위치정보 메타데이터를 이용한다.

　장미경(1998)은 문서에서 사용된 용어를 중심으로 문서를 검색하는 내용기반 문서관리시스템을 제안하였으며 이를 위하여 색인데이터베이스의 개념을 도입하였다. 문서정보가 점차 멀티미디 정보화 될수록 내용기반 검색은 매우 중요하게 된다(Schatz, 1997). 멀티미디어 정보 중에서 전문(full text)에 관한 내용 기반 검색은 정보검색 분야에서 계속 연구되어 왔으며, 그림, 음성, 동화상 등 다른 형식의 멀티미디어 정보의 내용 기반 검색에 기초가 된다.

　색인이란 정보사용자가 쉽게 접근할 수 있도록 정보원에 포함된 정보내용을 쉽게 탐지할 수 있는 소재지시기호를 달아 일정한 순서로 배열하는 것을 말하며 이렇게 색인된 파일을 데이터베이스로 구축한 것이 색인데이터베이스이다(김명옥, 2001). 또한 검색시스템에서 원하는 정보에 대한 색인어를 입력해 정보를 검색하는 것이 색인데이터베이스 검색 방법이다. 사용자가 원하는 정보의 특성을 잘 알거나 정확한 키워드를 입력하는 경우는 드물며, 자신이 원하는 정보에 관한 의미적, 개념적 정보만을 가지고 있는 경우가 대부분이다. 이때 사용할 수 있는 검색 방법이 색인데이터베이스이다.

색인데이터베이스를 이용한 문서관리시스템의 저장시스템은 크게 문서 자체를 저장하고 있는 문서데이터베이스와 문서에서 색인어를 추출한 색인데이터베이스로 나눌 수 있다. 색인데이터베이스는 생성된 문서의 색인어를 담은 파일이다. 이 데이터베이스에 대해 사용자는 시소러스를 통해 검색어를 구체화시키고 검색어를 입력하면 시스템은 이에 적합한 정보를 검색하여 이용자에게 제공한다. 색인어 저장시스템으로는 역색인 방식이 있는데 순차 저장된 원문들로부터 추출된 색인어를 키로 사용하여 해당 색인어들을 갖고 있는 문서정보를 빠르게 검색하는 방식이다. 또한 데이터에 대한 색인 정보를 미리 구축해 놓고 원하는 색인어에 대한 질의가 입력되었을 때 미리 구축된 색인 정보를 이용해 신속히 정보를 찾아줄 수 있다(그림 3-2).

〈그림 3-2〉색인데이터베이스 이용 문서관리시스템 모형도

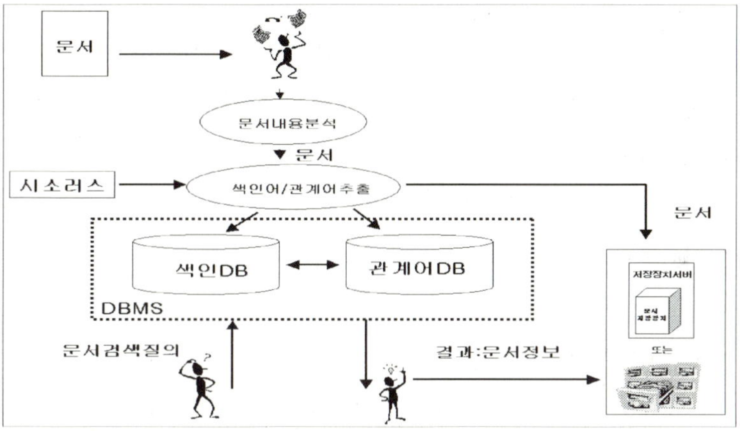

색인데이터베이스를 이용하는 문서관리자는 문서에서 사용된 용어를 추출하여 먼저 색인데이터베이스에 저장하게 된다. 또한 검색의 정확도를 높이기 위해서 그 용어의 등가, 상하위계층, 연관관계의 용어를 추가로 추출하여 따로 관계어 데이터베이스를 만들 수도 있다. 이렇게 저장된 색인데이터베이스와 관계어 데이터베이스를 통해 문서의 내용을 기반으로 한 문서검색이 가능해지게 된다. 문서관리의 효율화를 위해서는 문서의 색인과 검색이 체계적으로 이루어져야 한다. 또한 한두 개의 색인어를 중심으로 문서를 검색하는 기존의 방법에는 검색의 한계가 있을 수밖에 없다. 또한 문서를 검색할 때, 색인자가 색

인 시에 선택했던 용어를 검색자도 검색어로 이용해야 문서를 검색할 수 있다는 당연한 문제점이 도출되게 된다. 따라서 색인과 검색의 측면에서 문서관리의 효율화 문제를 해결하기 위해서는 문서에서 사용된 다양한 용어로 문서를 색인하고 색인이 된 용어를 중심으로 문서를 검색할 수 있어야 한다(장미경, 1998). 또한 문서에서 사용된 용어와 관계가 있는 용어로도 문서를 검색할 수 있어야 할 것이다.

일반적으로 사용하고 있는 내용기반의 검색기법은 사용자의 질의어와 일치하는 표현을 포함한 문서를 찾게 되므로 적절한 정보를 찾기 위해서는 사용자의 질의표현과 문헌의 내용표현이 일치해야 한다. 그러나 우리가 사용하는 언어는 하나의 개념을 다양한 용어로 표현할 수 있기 때문에 검색 시 사용자의 요구와 일치하지 않는 부적합한 정보를 검색하거나 실제 찾고자 하는 문서를 누락시킬 수 있다. 이를 위해서는 사용자의 요구표현과 문서상의 표현을 일치시키고, 의미상 관련 있는 용어를 한자리에 모으는 언어통제가 필요하다. 몇몇 전문 분야에서는 이를 위해 시소러스를 구축, 이용하여 검색의 효율을 높이고 있다. 시소러스를 이용하면 색인자와 사용자의 언어표현을 일치시키는 것뿐만 아니라 사용자의 목적에 맞는 다양하고 특정한 정보를 필요로 하는 관점에서 접근할 수 있다(최수진, 2001).

최수진(2001)는 시소러스를 이용, 문서를 포함한 비서지식을 대상으로 하는 지식관리시스템을 제안하였다. 또한, 비서지식의 효율적 검색을 위해 비서직 분야를 대상으로 시소러스를 이용하는 검색기법을 도입하였으며 이를 위해 비서실무지식을 주 범위로 하는 비서지식 시소러스를 작성하였다. 지식제공자에 의해 지식이 웹문서로 저장이 되면 웹문서에 문서번호가 할당되고 문서의 위치정보를 남기고 문서파일에 저장된다. 지식관리자가 시소러스의 단어사전들을 참조하여 웹문서를 대표하는 주요어를 선정한다. 주요어를 시소러스에 대입하여 통제어로 대치한다. 웹문서에 해당하는 통제어가 색인파일에 저장된다. 색인파일의 문서번호와 색인어셑(set)은 역색인파일에서 색인어를 주키로 하여 해당 문서 리스트를 만든다. 한편, 사용자가 검색창에 검색어를 입력하면 시소러스를 이용하여 사용자의 검색어를 대응되는 시소러스 통제어로 대치한다.

Ⅳ. 시뮬레이션 – 인물정보관리시스템

 문서관리에 대한 연구는 메타데이터를 이용한 문서관리시스템, 색인데이터베이스를 이용한 문서관리시스템, 시소러스를 이용한 문서관리시스템에까지 그 흐름이 이어지고 있으며 문서관리를 포함한 지식관리 차원에서 앞으로의 연구가 계속 진행되어질 전망이다. 현장에서의 행정인들은 이러한 문서관리 방법론들을 자신이 속한 조직의 현실에 맞게 적용하여 새로운 문서관리시스템을 구축할 수 있다. 앞으로 행정인들이 새로운 문서관리시스템을 구축함에 있어 반드시 염두에 두어야 할 부분은 데이터베이스의 사용이다. 데이터베이스는 정보의 통합, 공유, 일관성유지를 위해 반드시 필요한 것으로 데이터베이스를 활용해 한 번 구축된 문서관리시스템은 문서정보의 저장, 검색, 삭제, 수정, 보안 등의 모든 작업에 있어 보다 효과적일 수 있다. 따라서 현재 또는 미래의 직종사자들은 데이터베이스에 대한 보다 실무중심의 능력을 쌓아야 할 것이다. 특히 누구나 손쉽게 접근할 수 있는 윈도우즈용 Access데이터베이스를 활용한 사무 데이터베이스 운용 능력을 향상시킬 필요가 있겠다.

 행정인 들은 Access데이터베이스를 문서관리, 회계정보관리, 선물기부금관리, 이벤트관리, 프로젝트관리, 회의정보관리, 자료관리, 인물정보관리(명함관리) 등의 업무에 활용할 수 있으며 일단 구축된 업무데이터베이스는 정보검색 및 지식활용에 적극적으로 이용될 수 있게 된다(그림 4-1).

〈그림 4-1〉 데이터베이스를 활용한 업무개선 모형도

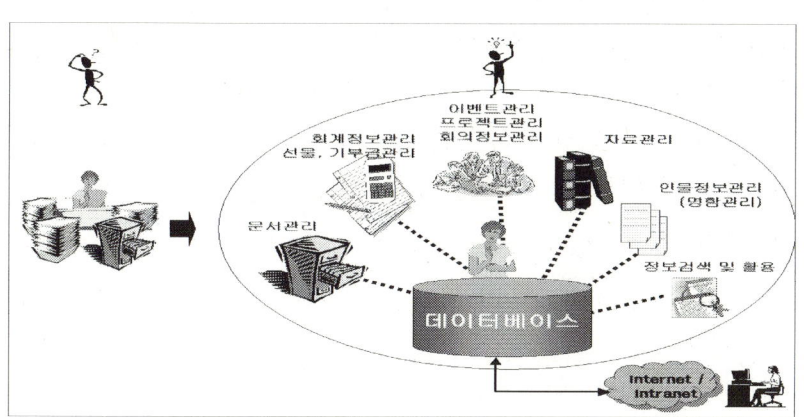

인물정보관리 데이터베이스는 행정가가 관리하고 있는 상사의 지인 명함을 토대로 해서 구축되어질 수도 있으며 상사의 부하직원들에 대한 인사기록 파일들을 대상으로 구축될 수도 있다. 상사가 관리하는 인물들에 대한 데이터베이스를 구축함으로 인사기록파일이나 명함 등 기존에 종이문서로 관리되던 인물정보에 대한 총괄적인 관리가 가능하게 된다. 〈그림 4-2〉는 임의의 48장의 명함을 토대로 인물정보 문서관리시스템을 구축하기 위한 테이블설계를 보여주고 있다. 상사의 지인관리를 목적으로 하여 테이블이 설계되었으며 상사의 지인은 졸업학교별, 직종별, 관계별로 관리되고 있다. 또한 상사가 주관하고 있는 특정 목적의 모임을 위한 회비가 함께 관리되고 있는 것으로 가정되었다.

〈그림 4-2〉 Access데이터베이스를 이용한
인물정보관리시스템 테이블관계

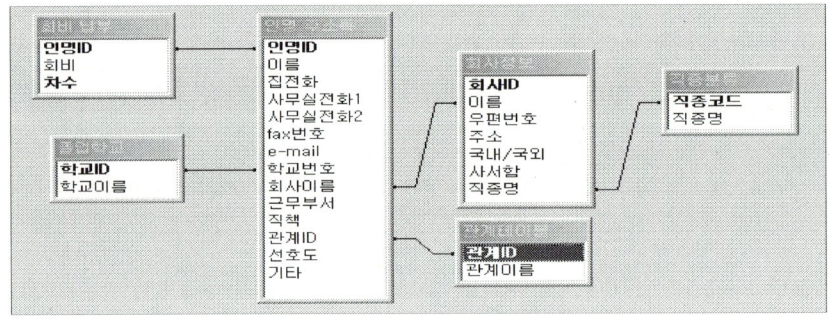

테이블 설계
· 인명주소록(인명 ID, 이름, 집전화, 사무실전화 1, 사무실전화 2, fax번호, e-mail, 학교번호, 회사이름, 근무부서, 직책, 관계 ID, 선호도, 기타)
· 회사정보(회사 ID, 이름, 우편번호, 주소, 국내/국외, 사서함, 직종명)
· 회비납부(인명 ID, 회비, 차수)
· 졸업학교(학교 ID, 학교이름)
· 관계(관계 ID, 관계이름)
· 직종분류(직종코드, 직종명)

〈그림 4-3〉은 Access데이터베이스를 이용해서 구축한 인물정보관리시스템의 폼 보기 화면이다. 명함을 기초로 구축된 개인신상정보가 폼에 보여지고 있으며 하위폼으로 회비

납부 내역, 회사정보, 졸업학교정보 등을 함께 볼 수 있도록 탭컨트롤을 이용하여 복수의 하위폼을 작성하였다. 또한 데이터의 추가, 삭제, 저장 등의 명령버튼을 추가하여 데이터를 쉽게 검색, 수정, 삭제, 입력할 수 있도록 만들 수 있다.

〈그림 4-3〉 Access데이터베이스를 이용한 인물정보관리시스템의 폼

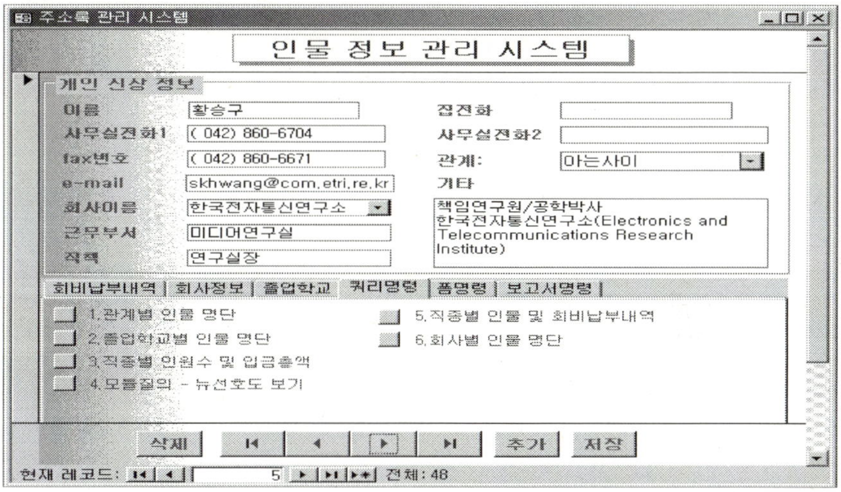

〈그림 4-4〉 인물정보관리시스템의 보고서

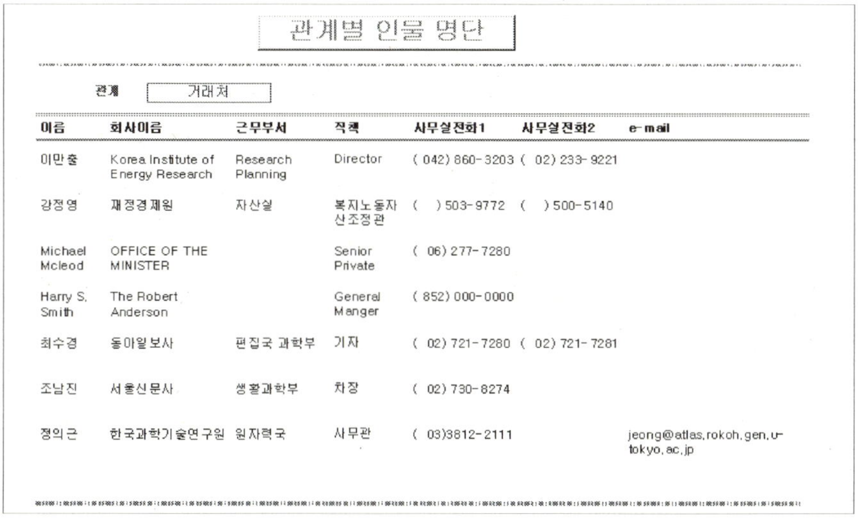

관계별 인물 명단

관계 거래처

이름	회사이름	근무부서	직책	사무실전화1	사무실전화2	e-mail
이만출	Korea Institute of Energy Research	Research Planning	Director	(042) 860-3203	(02) 233-9221	
강정영	재정경제원	자산실	복지노동자 산조정관	( ) 503-9772	( ) 500-5140	
Michael Mcleod	OFFICE OF THE MINISTER		Senior Private	(06) 277-7280		
Harry S. Smith	The Robert Anderson		General Manger	(852) 000-0000		
최수경	동아일보사	편집국 과학부	기자	(02) 721-7280	(02) 721-7281	
조남진	서울신문사	생활과학부	차장	(02) 730-8274		
정의근	한국과학기술연구원	원자력국	사무관	(03)3812-2111		jeong@atlas.rokoh.gen.u-tokyo.ac.jp

데이터베이스를 비서업무에 활용하면 첫째, 다양하게 수행되는 여러 업무에 대한 종합적인 관리가 가능하게 된다. 둘째, 업무수행자가 이직 등의 이유로 바뀌더라도 변함없는 업무 기본체계를 유지함으로써 일관성 있는 업무수행 및 보좌업무를 이행할 수 있게 된다. 셋째, 정보의 공유와 활용의 측면에서 인터넷이나 인트라넷으로 연결되면 상사 간에 유기적인 커뮤니케이션 통로로 활용될 수 있으며 재택근무나 원격지근무 등을 가능케도 할 것이다. 따라서 업무에 데이터베이스를 활용하면 시간과 비용의 낭비를 피하고 업무의 효율성을 제고시킴은 물론 나아가 조직의 목표달성에 도움을 줄 것이다.

V. 결 론

조직 내 정보 중 특히 문서정보 관리의 필요성은 급속히 확대되고 있으며 새로운 관리방법과 활용의 다양성이 요구되고 있다. 이러한 문서관리 현황은 새로운 업무 환경에 따른 규정과 관습이 새로운 기술에 올바르게 대응하지 못하고 있는 데 그 원인이 있다 하겠다.

문서관리도 예외는 아니어서 새로운 문서관리시스템의 구축과 관리체계가 필요하게 되었다. 새로운 문서관리시스템의 구축을 위한 방법으로는 문서관리에 있어 행정인 자신이 그 조직에 맞는 문서관리시스템을 직접 구축하는 방법이 있으며 또 다른 하나는 조직수준에서 전사적으로 전자문서관리시스템을 도입하는 경우가 있다.

전자문서관리시스템(Electronic Document Management System)은 기업의 정보관리의 새로운 패러다임으로 등장하였으며 최근에는 조직적인 기업차원의 문서관리에서 시작하여 조직 전체의 컨텐츠 관리, 지식포털시스템의 차원으로까지 발전하고 있다. 그러나 이러한 전사적 문서관리는 종사자들에게 다음과 같은 한계를 가지고 있다.

첫째, 모든 정보를 다 공유하고 유통할 수 있는 것은 아니다. 특히 조직의 최고관리자를 보좌하는 비서가 관리해야 하는 문서는 그 성격과 중요 도상 조직 전체의 차원에서 공유할 수 없는 문서들이 대부분이다. 둘째, 자신이 보좌하고 있는 상사가 자신의 고유한 정보, 경험, 지식을 외부에 노출시키는 것을 꺼려할 수도 있다. 셋째, 조직의 규모가 작을 경우 전사적인 차원에서 막대한 비용이 들어가는 전사적 전자문서관리시스템을 도입하기는 어렵다. 따라서 이러한 전사적 전자문서관리의 한계로 인해 종사자들에게는 문서관리시스템을 스스로 구축하고 운용하는 임무가 여전히 존재하고 있다. 현장에서의 전술한 문서관리 방법론들을 자신이 속한 조직의 현실에 맞게 적용하고 데이터베이스를 활용하여 새로운 문서관리시스템을 구축하여야 할 것이다.[1]

참고 문헌

김명옥(2001), eDocument 관리 모델 제안, 한국비서학회 논총, 제10권 1호, 101-116.

김수진(1998), EDMS 구조모형과 성공적인 구현방법론, EDMS 기술백서, 서울: 한국경제신문사.

김이숙(1998), EDMS 핵심기술, EDMS 기술백서, 서울: 한국경제신문사.

김형식(1982), 우리나라 문서관리제도에 관한 일반적 고찰, 비서학연구, 2호, 3-30.

남홍후 외(2002), 통합기업포탈 솔루션 및 구축 성공사례, KM&EDMS 코리아 컨퍼런스 발표자료, (주)핸디소프트.

도윤경(1998), 「문서관리와 실용문서」, 도서출판 두남.

문주영(1998), 메타데이터를 이용한 웹기반 문서관리시스템 개발에 관한 연구, 이화여자대학교 대학원 비서학전공 석사학위논문.

백성목(1998), 전자문서관리시스템, EDMS 기술백서, 서울: 한국경제신문사.

송용팔(1999), 한국적 정보공유체제 구축, CIO매거진, 서울: CIO Korea.

이은용(2002), 21세기형 브레인스토밍·집단아이디어 창출기법을 찾아라, 2002. 03. 22, 전자신문.

장미경(1998), 비서직을 위한 시소러스와 색인데이터베이스를 활용한 웹기반 문서관리시스템의 설계 및 구현, 이화여자대학교 대학원 비서학전공 석사학위논문.

전용표(2002), CMS 기술을 적용한 차세대 EDMS구축방안, KM&EDMS 코리아컨퍼런스 발표자료, (주)키스톤테크놀로지.

정국환 외(1998), 행정문서관리 효율화방안, 한국전산원.

조계숙, 최애경(1996), 「비서실무론」, 대영문화사.

---

1) 김명옥, 문주현의 논문을 강의를 위해 재편집 및 수정하여 올린 것입니다.

최수진(2001), 시소러스를 이용한 비서지식의 검색모형에 관한 연구, 이화여자대학교 교육대학원 비서교육전공 석사학위논문.

KM ADU(2002), 기업 경쟁력 강화를 위한 최적의 E-Knowledge Portal Solution, M&EDMS 코리아 컨퍼런스 발표자료, SK C&C Crouth, C. (1990), An approach to the automatic construction of global thesauri, Information Processing and Management.

Davis, J. R. (1996), The Networked Computer Science Technical Report Library, *IEEE Computer Special Issue on Building Large-scale Digital Libraries.*

Gurda, B., D. Danielsen, and B. Hemstead(1995). *What Metadata Is and why It is Important.*(http://badger.state.wi.us/agencies/wlib/sco/pages/qu-meta.htm).

Kent, A. (1980), Thesaurus, Encyclopedia of library and Information Science, 30: 416-463, New York, Marcel Dekker, Inc.

Shelley, E. P. and B. D. Johnson(1995). Metadata: Concepts and Models. *Proceedings of the third National Conference on the Management of Geoscience Information and Data* Schatz, B. (1997), Building Large-Scale Digital Libraries, *IEEE Computer,* Vol.29, No.5, 1997 Toshio, Y. (1995), The EDR Electronic Dictionary, *Communications of the ACM,* 38(11): 42-44.

3. 이력서 쓰는 법

이력서 작성법

◎ 간단명료하면서 상세하게 쓴다.
◎ 과장됨 없이 솔직하게 표현한다.
◎ 응시기업에 관련되는 실무위주로 작성한다.
◎ 연대순으로 기록한다.
◎ 깨끗하게 작성한다.
◎ 사진은 최근 것으로, 규격에 맞게 준비한다.
◎ 연락처를 확실하게 쓴다(긴급연락처포함).

자기소개서 작성법

◎ 자신의 자질을 알리는 데 효과적인 내용을 개성 있는 필체로 작성
◎ 보는 이로 하여금 개성 있는 인상과 인간적인 공감을 줄 수 있도록 하는 것이 중요

자기소개서 작성시 유의사항

◎ 개인의 성장 과정을 언급하라.
어릴 때부터의 성장과정을 기술해 나가는 것이 좋다. 소년기나 중·고교시절 그리고 대학시절(남자의 경우라면 군대생활까지)을 통해 있었던 독특한 체험이나 에피소드를 개성 있게 나타내기도 한다. 이때 가급적 일반적이거나 평범한 이야기보다는 자신의 뚜렷한 개성이나 장점 또는 강한 의지를 내보일 수 있는 내용들을 언급하는 것이 좋다.
이를테면, 남들이 관심을 기울이지 않던 새로운 학문 분야에 대한 흥미나 관심, 그리고 그것을 선택한 결단이라든가, 가정형편이 어려워 부모나 형제들을 돌보면서 어렵게 공부해 온 경험이라든가, 여하튼 설득력 있는 이야기로 읽는 사람의 공감을 불러일으킬 수 있는 내용들이면 좋다.

◎ 자신의 장점을 최대한 내보여라.
자신의 성격을 장단점으로 구분해서 분명하게 얘기하기는 어렵다. 그러기 위해서는 무엇보다 자기 자신을 잘 알고 있어야 하기 때문이다. 가능하다면 자신의 단점까지도 이야기할 수 있고, 또 그것의 개선을 위한 노력의 의지도 보여줄 수 있어야 한다. 자신의 좋은 점이나 특기사항은 자신 있게 밝혀주고, 아울러 단점에 대한 언급과 함께 그것을 고쳐나가기 위한 노력 등도 이야기하는 것이 좋다. 이러한 태도는 자신의 개성과 함께 강렬한 인상을 심어줄 수 있기 때문이다. 자신의 장점이나 특기를 언급할 때는 외국어능력이나 리더십 또는 업무수행상 도움이 될 수 있는 능력 등을 자신의 체험과 함께 언급하는 것이 좋다. 이것은 면접 시에도 질문 빈도수가 높으므로, 평소에 나름대로 이에 대한 분석을 철저히 해 두는 것이 좋다.

◎ 입사 지원동기를 구체적으로 밝혀라.

입사 지원동기를 씀에 있어서 일반론을 펴는 것보다는 해당 기업과 직접 연관이 있는 내용을 함께 언급하는 것이 좋다. 즉 해당 기업의 업종이나 특성 등과 자기의 전공 또는 희망 등을 연관시켜 입사 지원동기를 언급하도록 한다. 이를 위해서는 평소에 신문이나 해당 기업에 대해 어느 정도 연구를 해 두는 것이 바람직하다. 흔히 동기가 확실치 않으면 성취의욕도 적어 결국 좋은 결과를 기대할 수 없다고 한다. 때문에 뚜렷한 지원동기를 밝혀, 입사 후에도 매사에 의욕적으로 일에 임하게 될 것이라는 인상을 심어줄 필요가 있다.

◎ 장래의 희망 또는 포부를 언급하라.

자신의 장래희망을 막연하게 '열심히' 또는 '꾸준히' 등의 표현보다는 가급적이면 지원한 회사에 입사를 했다는 가정하에서 기술하면 보다 더 회사와의 유대감이 형성될 것이다. 이럴 경우 장래희망은 대학의 전공과 입사 지원동기 등과 함께 일관성을 유지하여야 하며, 입사 후의 목표와 자기 개발을 위해 어떠한 계획이나 각오로 일에 임할 것인지를 구체적으로 적는 것이 좋다.

◎ 가급적 한자(漢子)를 섞어 쓴다.

아직까지 우리 사회에서는 모든 공사문서에 적당한 한자를 섞어 쓰는 것을 좋아한다. 별로 바람직하지 못한 현상이지만 현실이 그러하기 때문에 일단은 따르는 게 무난하다. 이때에도 오자나 탈자가 없도록 각별히 유의할 것이며 자신이 없는 경우에는 사전 등을 통해 꼭 확인해야 한다.

◎ 구체적인 기술이 필요하다.

평상적인 어투로 시작하지 말아야 하며 자신만이 느끼는 감정이 들어 있어야 한다. 가령 "음악에 소질이 있어 부모님의 만류에도 계속 음악을 해서."라든가, "공부를 계속하고 싶었는데 집안형편이 어려워 집안을 돕기 위해 직업전선에" 등등 성장과정에서 느꼈던, 즉 상대방에게 공감을 줄 수 있는 자신만의 의견, 감정이 구체적으로 제시되어야 한다.

◎ 시간적인 여유를 두고 쓴다.

입사지원 서류제출 마감시간에 임박해서야 허겁지겁 자기소개서를 작성하는 사람들이 많다. 심지어는 접수창구에서 즉각적으로 쓰는 사람들도 있다. 결코 바람직한 현상이 못되므로 시간적인 여유를 충분히 가지고 침착하게 작성해야 문장력이나 글씨 면에서도 좋은 인상을 주게 된다. 때문에 시간이 나는 대로 필요한 만큼의 충분한 양을 여유 있게 작성해 두었다가 필요할 때마다 즉각적으로 사용할 수 있는 준비태세를 갖춰 두는 것이 바람직하다. 자기소개서는 곧 자신의 얼굴이다. 자기 자신을 최대한으로 내보일 수 있는 그러한 자기소개서라야 어디서든 설득력을 줄 수 있을 것이다.

◎ 개성 있는 문체와 깨끗한 필체로 작성하라.

대부분의 수험생들이 범하기 쉬운 오류 중의 하나가 자기소개서를 판에 박힌 문장으로 대충 서술하면 된다고 생각하는 것이다. 그러나 조직생활에서 기본적으로 필요한 문장력과 깨끗한 필체를 지니고 있는지를 판단하게 되므로 정돈된 글과 글씨는 세심한 주의가 요구된다. 따라서 평소에 연습과 훈련을 해두는 것이 좋다.

영문 이력서 쓰는법

⊛ **영문이력서** | English language resume

◎ 첫 줄 상단에 이름을 밝히고, 그 밑에 현주소나 연락처·전화번호·기타 인적사항을 기술.

◎ 나이(Date of Birth)는 월, 일, 연도순으로 적고 본적과 현주소를 쓸 땐 '번지, 통·반, 구(면), 시(도)'순으로 한다. 그런 뒤 마지막으로 우편번호를 표시한다.

◎ 가족관계를 명시하고자 할 때는 'The second son of Gil-Dong Hong' 식으로 적는다.

Educational **Background**

◎ 미국식 기재방식은 최종 졸업학교부터 적는 게 원칙이나 한국식으로 과거부터 최근순으로 해도 된다.

◎ 졸업 년도와 학교·학위명을 적고 부전공사항은 졸업 또는 졸업 예정란 뒤에 괄호를 사용, 'Minor is Business Adminis tration'이라고 쓰면 된다.

Professional **Objective**

◎ 직업목표를 밝히는 부문으로 희망 직종, 분야 혹은 부서를 나열하는 방법을 쓰기도 한다. ◎ 해당 기업의 Organizational Chart(부서 기구)를 알아보고 희망하는 해당 부서가 있는지의 여부를 확인한다.

◎ 지원자가 찾는 부서 또는 position의 이름을 확인할 수 없을 땐 적성과 전공지식 분야에서의 근무를 원한다고 쓰면 된다.

Special **Achievement**

◎ 특기사항란으로 국문이력서와 마찬가지고 국가적으로 공인된 자격증이나 면허증 발급사항을 적는다.

◎ 참고로 영어교사 자격증을 딴(또는 예정인) 사람의 경우라면'(Will be) Awarded teaching Certificate of English teacher given by the Ministry of Education in 1995(in 1996)'라고 쓰면 된다. 한 가지 유의할 점은 resume에서는 "What I did(나는 이런 일을 했었다.)"식의 과거형보다는 "What I can do for you(과거에 쌓은 경력이 귀사에 도움이 된다.)"라는 표현을 쓰는 게 좋다.

✿ 영문이력서 | English language resume

Special
Activities

◎ 학창시절의 특별활동 사항을 적는 란으로 사회 초년생의 경우 경력란이 불충분하므로 재학시절의 동아리 혹은 대내외적 활동사항을 적도록 한다.

Work
Experiences

◎ 학벌이나 자격증보다는 경력, 능력을 중시해서 채용하는 외국인회사에 지원할 경우 가장 중요한 부분이다. 최근의 경력부터 역순으로 쓰되 근무기간, 회사명, 소재지, 직위, 직무 내용 등을 구체적으로 적는다. 여기서 중요한 것은 기업에 필요로 하는 업무내용과 관계없는 경력은 되도록 간소화시키고 관련 있는 경력을 위주로 쓰는 게 좋다.

Military
Service

◎ 병역 필 혹은 면제자를 원하는 경우가 많으므로 반드시 밝혀둔다.
◎ 방위소집 복무자도 현역과 마찬가지로 입대 날짜와 제대 날짜만 쓰면 된다.
◎ 면제자의 경우 'Exempted from Militaty Service'라고 쓰면 된다.

Reward and
Punishments

◎ 교내·외 입상경력을 개재하는 데 상벌 사항이 없으면 'N-one'이라고 적으면 된다.

References

◎ 외국인 기업에서는 취업 때 추천인을 밝히도록 하고 있다. 추천인은 신원보증인이 될 수 있는 교수, 친척, 선배 등을 쓰는데 성명, 직위, 직장, 전화번호 등을 적는다.
◎ 보통 2명의 추천인을 게재하는 게 좋고 적기 전에 추천인의 허락을 얻어야 한다.

Etc

◎ 이러한 모든 것들에 대한 기록이 끝나면 국문이력서의 '위의 내용은 틀림없음'이란 뜻의 'I hereby~' 이하의 내용을 기록한 뒤 3행 정도 띈 다음 작성 년, 월, 일과 이름을 적고 이름 밑에 서명한다. 이때 타이핑으로 이력서를 쓴 경우라도 꼭 자필로 서명을 해야 한다.
◎ 추천서 및 기타 서류는 기업이 요청할 때 따로 주면 됨으로 'References available upon request(추천서 및 기타 서류는 귀사 요청 때 내겠음)'이라고 적으면 된다.

❂ 영문이력서 | English language resume

 유 의사항

◎ Resume를 보낼 때 Cover Letter를 꼭 동봉
 (Cover Letter는 이력서를 간결하게 풀어 쓴 일종의 자기소개서)
◎ over Letter작성의 유의사항
 1. A4규격의 용지에 워드프로세서나 컴퓨터를 사용해 깔끔하게 쓴다.
 2. 간단명료하게 작성(세 단락 정도, 1페이지를 넘지 않도록)
  ☞ 첫째 단락: 응모직종과 이력서를 내게 된 동기
  ☞ 둘째 단락: 경력, 학력, 특기사항 등
  ☞ 셋째 단락: 미래의 계획, 각오, 다짐 등
 3. 직무와 연관된 구체적이고도 명확한 내용
 4. 정확하고 쉬운 영어문장 사용, 지나친 자화자찬은 금물

4. 실제 적용하는 사무관리

문 서 관 리

1. 목적

○ 사무의 간소화, 표준화, 과학화를 기하여 행정의 능률을 높임을 목적

2. 용어의 정의

○ 공문서 - 행정기관 내부 또는 상호간이나 대외적으로 공무상 작성 또는 시행되는 문

서(도면, 사진, 디스크, 테이프, 필름, 슬라이드, 전자문서 등의 특수 매체 기록을 포함한다) 및 행정기관이 접수한 모든 문서

　ㅇ 문서과 - 공문서의 분류·배부·수발업무지원 및 보존 등 문서에 관한 사무를 주관하는 부서·담당관 또는 계

　ㅇ 처리과 - 문서의 수발 및 사무처리를 주관하는 과·담당관 또는 계

　ㅇ 정보통신망 - 전기통신설비를 활용하거나 전기통신설비와 컴퓨터 및 컴퓨터의 이용기술을 활용하여 정보를 수집·저장·가공·검색·송신 또는 수신하는 정보통신체제

　ㅇ 전자문서 - 컴퓨터 등 정보처리능력을 가진 장치에 의하여 전자적인 형태로 송·수신 또는 저장된 문서

　ㅇ 전자이미지 서명 - 전자문서를 기안자·검토자·협조자·결재권자 또는 발신명의 인이 전자문서상에 표시한 서명

　ㅇ 전자서명 - 전자문서의 작성기관 및 변경 여부를 확인할 수 있도록 비대칭 암호화방식을 이용하여 전자서명생성키로 생성한 정보로서 당해 전자문서에 고유한 것

　ㅇ 전자관인 - 컴퓨터 등 정보처리능력을 가진 장치에 의하여 전자적인 이미지 형태로 사용되는 관인

3. 사무처리의 원칙(목표)

　ㅇ 용이성, 정확성, 신속성, 경제성이 확보될 수 있도록 관리

4. 사무의 분장 및 인계인수

　ㅇ 각 처리과의 장은 사무의 능률적 처리와 책임소재의 명확을 기하기 위하여 소관 사무를 단위업무별로 분장하되, 소속공무원 간의 업무량이 균형 잡히게 하여야 하며,

　ㅇ 소속직원이 인사발령 또는 사무분장의 조정 등의 사유로 사무를 인계·인수하는 때에는 관련사무의 인계·인수서 1부를 작성하여 처리과에서 보관

　ㅇ 후임자가 정하여지지 아니한 경우나 기타 특별한 사유로 후임자에게 사무를 인계할 수 없는 경우에는 그 직무를 대리하는 자에게 사무를 인계하고, 그 대리자는 후임자가 사

무를 인수할 수 있게 된 때에 즉시 인계

공 문 서 관 리

1. 공문서의 종류

○ 법규문서 – 헌법·법률·대통령령·총리령·부령·조례 및 규칙 등에 관한 문서
○ 지시문서 – 훈령·지시·예규 및 일일명령 등
○ 공고문서 – 고시·공고 등(연도표시 일련번호 사용)
※ 대구광역시 서부교육청 공고 제'99-5호
○ 비치문서 – 비치대장, 비치카드 등 일정한 사항을 기록하여 행정기관 내부에 비치하면서 업무에 활용하는 문서(인사기록카드, 비품카드 등)
○ 민원문서 – 민원인이 행정기관에 대하여 허가·인가·기타 처분 등 특정한 행위를 요구하는 문서 및 그에 대한 처리문서
○ 일반문서 – 위의 문서에 속하지 아니하는 모든 문서(회보, 보고서)

2. 문서의 성립과 효력 발생

○ 문서의 성립 – 결재(전자이미지서명 또는 전자서명)가 있음으로써 성립
○ 성립요건 – 적당한 권한이 있는 공무원이 직무의 범위 내에서 공무상 작성하고 결재권자가 결재
○ 문서의 효력 발생 – 수신자에게 도달(전자문서는 수신자의 컴퓨터 화일에 기록)됨으로써 효력 발생, 다만 공고문서는 특별한 규정이 있는 경우를 제외하고는 그 고시 또는 공고가 있은 후 5일이 경과한 날부터 효력을 발생

3. 문서 작성

가. 문서작성의 일반사항

문서는 쉽고 간명하게 한글로 작성하되, 올바른 뜻의 전달을 위하여 필요한 경우에는 괄호 안에 한자 기타 외국어를 넣어 쓸 수 있으며, 특별한 사유가 있는 경우를 제외하고는 한글 맞춤법에 따라 가로로 쓴다.

ㅇ 문서에 쓰는 숫자는 특별한 사유가 있는 경우를 제외하고는 아라비아숫자로 한다.

ㅇ 문서에 쓰는 날짜의 표기는 숫자로 하되, 연·월·일의 글자는 생략하고 그 자리에 온점을 찍어 표시하며, 시·분의 표기는 24시각제에 따라 숫자로 하되, 시·분의 글자는 생략하고 그 사이에 쌍점을 찍어 구분한다.

ㅇ 문서의 작성에 쓰이는 용지의 크기는 특별한 사유가 있는 경우를 제외하고는 가로 210밀리미터, 세로 297밀리미터(A4용지) 사용

나. 문서의 수정

ㅇ 문서의 일부분을 삭제하거나 수정할 때에는 원안의 글자를 알 수 있도록 삭제 또는 수정하는 글자의 중앙에 두 선을 그어 삭제 또는 수정하고, 삭제 또는 수정한 자가 그 곳에 서명 또는 날인

ㅇ 수정 전 전자문서의 보존 - 처리과의 장이 보존이 필요하다고 인정하는 경우 수정 전 문서보존

ㅇ 전자문서의 보안 - 정보통신망을 통하여 전자문서를 유통하고자 하는 때에는 위조·변조 및 훼손방지를 위하여 보안대책 강구

다. 문서의 간인

ㅇ 간인을 2장 이상으로 이루어지는 중요 문서의 앞장의 뒷면과 뒷장의 앞면에 걸쳐 찍는 도장 또는 그 행위를 말함.

ㅇ 간인 대상문서 - ·전후관계를 명백히 할 필요가 있는 문서

· 사실 또는 법률관계의 증명에 관계되는 문서

· 허가·인가 및 등록 등에 관계되는 문서

ㅇ 일반문서의 간인 – 관인 관리자가 간인

ㅇ 전자문서의 간인 – 행정자치부령이 정하는 면 표시 또는 발급 번호의 기재 등 방법으로 간인에 갈음.

라. 항목의 구분

ㅇ 내용을 2 이상의 항목으로 구분하여 작성하고자 할 때에는 다음과 같이 나누어 항목구분 번호를 순차적으로 표시

구 분	항 목 부 호
첫 째 항 목	1., 2., 3., 4., ……
둘 째 항 목	가., 나., 다., 라., ……
셋 째 항 목	(1), (2), (3), (4), ……
넷 째 항 목	(가), (나), (다), (라), ……
다 섯 째 항 목	1), 2), 3), 4), ……
여 섯 째 항 목	가), 나), 다), 라), ……
일 곱 째 항 목	①, ②, ③, ④, ……
여 덟 째 항 목	㉮, ㉯, ㉰, ㉱, ……

※ 둘째, 넷째, 여섯째, 여덟째 항목의 경우에 하, (하), 하), ㉵ 이상 더 계속되는 때에는 거, (거), 거), ㉶, 너, (너), 너), ㉷ ……로 이어 표시함.

ㅇ 첫째 항목 부호는 제목의 첫 글자와 같은 위치에서 시작하고 그 다음 항목부터는 바로 앞 항목의 위치로부터 2타(즉, 영문·숫자로 2자, 한글로는 1자)씩 오른쪽에서 시작

하며 항목부호와 그 항목의 내용 사이에는 1타를 띄움.

〈예 시〉

> 수신×○○○ 교육장
> 참조×○○○ 과장
> 제목×문서작성요령
>   1.*첫째 항목 ○○○○○○○○○○
>   가.*둘째 항목 ○○○○○○○○○○
>   (1).*셋째 항목 ○○○○○○○○○○
>   (가).*넷째 항목 ○○○○○○○○○○
>   1).*다섯째 항목 ○○○○○○○○○○
>   가).*여섯째 항목 ○○○○○○○○○○

※ ×표시는 2타(한글 1자), *표시는 1타(숫자 1자)를 띄움

ㅇ 하나의 본문 아래 항목 구분 예시

> 수신×
> 참조×
> 제목×문서관리교육 실시
> ×××문서관리교육을 다음과 같이 실시하오니 참석하여 주시기 바랍니다.
> ×××1.*일시: ○○○○○
> ×××2.*장소: ○○○○○
> ×××3.*참석대상: ○○○○○.×끝.

○ 각종 보고서·검토서·계획서 등 작성 시 항목구분 예시

제_____목

1.*○○○○○○○○○○
×가.*○○○○○○○○○
××(1)*○○○○○○○○○
×××(가)*○○○○○○○○○○○○○○○○○○○○○○○○○○○○
　　　　　○○○○○○○○○○○○○○○○○○○○
×××(나)*○○○○○○○○
××××1)*○○○○○○○○
××××2)*○○○○○○○○
×××××가)*○○○○○○○○
×××××나)*○○○○○○○○
×나.*○○○○○○○○○
××(1)*○○○○○○○○○○

2.*○○○○○○○○○○
×가.*○○○○○○○○○
××(1)*○○○○○○○○○

※ ×표시는 2타, *는 1타를 표시함.
※ 항목에 따라 글자크기를 달리할 수 있다.

마. 문서의 "끝" 표시

○ 본문이 끝났을 경우 1자(2칸) 띄우고 "끝" 자를 쓴다.

○ 붙임물이 있는 때에는 붙임의 표시문 끝에 한 자 띄우고 "끝" 자를 쓴다.

○ 본문(또는 붙임)의 표시문이 오른쪽 한계선에서 끝났을 경우 다음 줄의 왼쪽 기본선에서 한 자 띄우고 "끝" 자를 표시한다.

○ 연명부 등의 서식을 작성하는 경우

- 기재사항이 서식의 중간에서 끝나는 경우는 기재사항 마지막자의 다음 칸에 "이하 빈칸" 표시를 함.

– 기재사항이 서식의 마지막 칸까지 작성되는 경우에는 서식의 칸 밖의 아래 왼쪽 기본선에서 한 자를 띄우고 "끝" 자를 표시함.

바. 붙임의 표시

ㅇ 문서에 서식, 금전, 유가증권, 참고서류, 기타 물품이 붙임될 때에는 본문이 끝난 다음 줄에 붙임을 표시함.

ㅇ 붙임물이 두 가지 이상인 때에는 항목을 구분하여 표시함.

〈예 시〉

```
(본문)··············································································
·······················································································
······························································하시기 바랍니다.
붙임×1.*○○○계획서 1부.
    2.*○○○서류 1부.×끝.
```

사. 금액의 표시

〈예시〉 유가증권 및 문서에 금액을 표시할 때에는 다음과 같이 한다.

　　　금15,790원(금일만오천칠백구십원)

아. 문서의 면 표시

ㅇ 전후관계를 명백히 할 필요가 있는 「중요한 문서」가 2장 이상으로 이루어진 때에는 문서의 아래 중앙하단에 전체 면의 수와 그 면의 일련번호를 붙임표(-)로 이어 표시

※ 「중요한 문서」

– 사실 또는 법률관계의 증명에 관계되는 문서

– 허가·인가·등록 등에 관계되는 문서

– 기타 관리·의무관계 문서

ㅇ 붙임 서류에는 각 붙임별로 면의 표시를 따로 하며, 전체 면의 수를 생략하고 일련

번호만을 기입

〈문서의 면 표시〉

(단면의 경우)   (양면의 경우)

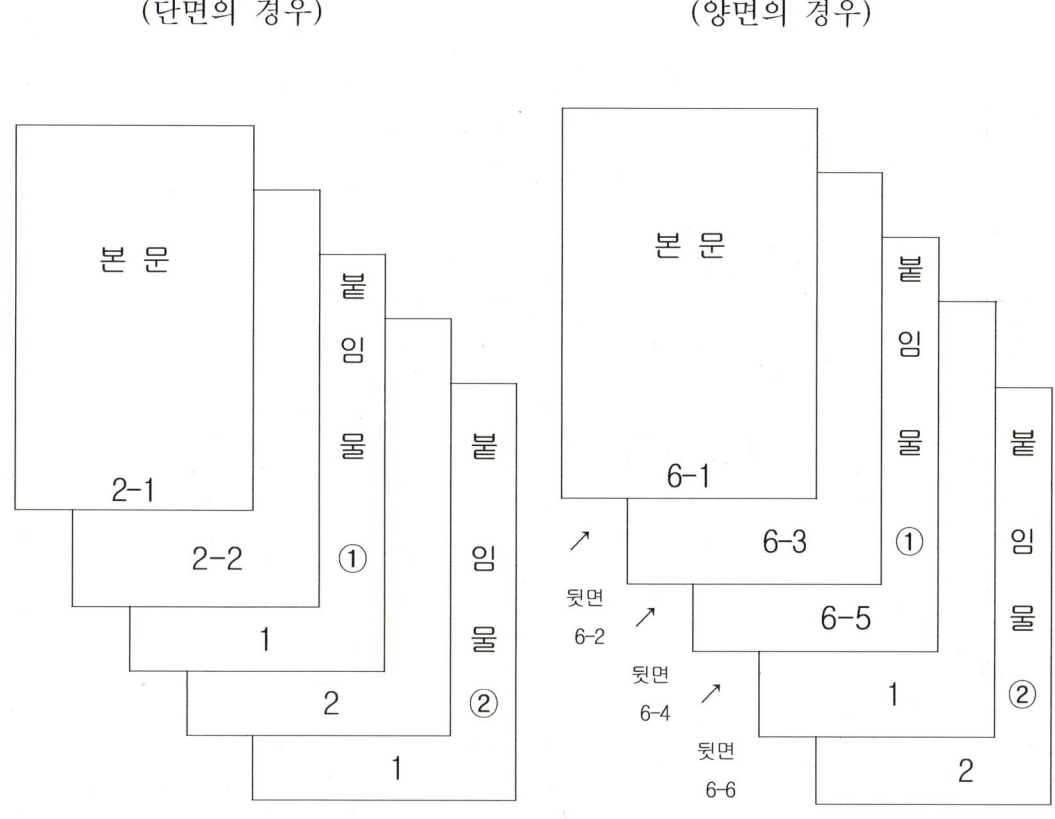

4. 문서의 구성 체제

가. 문서의 구성

ㅇ 일반 문서 중 일반 기안문과 시행문은 두문, 본문, 결문으로 구성한다.

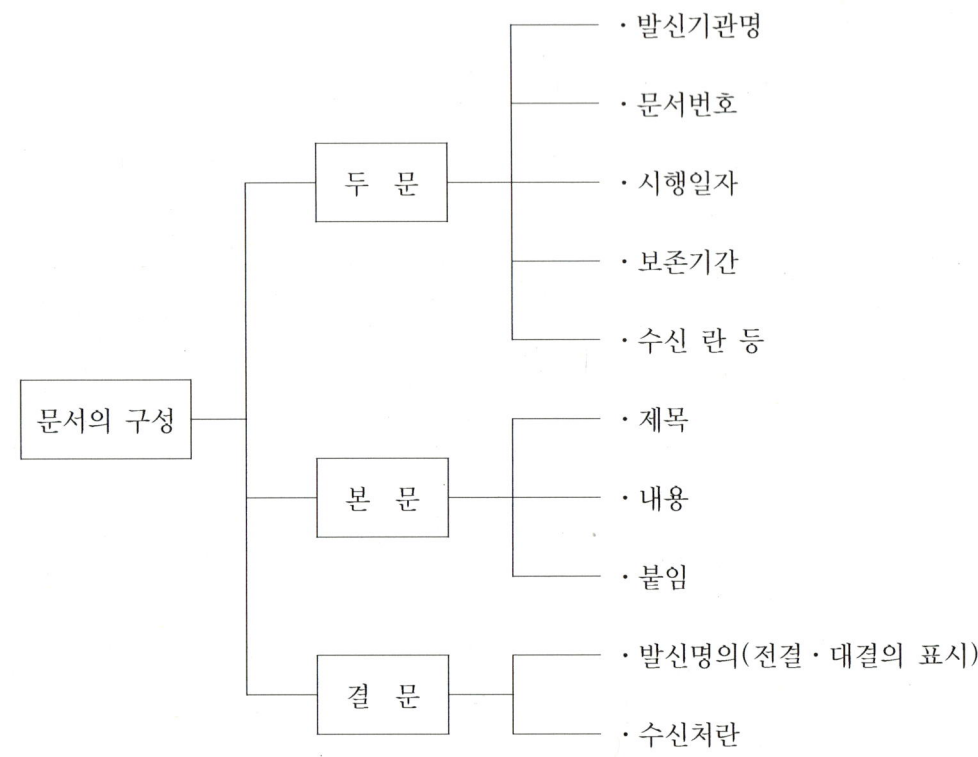

나. 문서번호

○ 문서번호는 기관번호·분류번호 및 문서등록번호로 구성한다.

다. 수신기관의 표시

○ 문서의 두문 중 수신 란의 표시는 경유, 수신 및 참조로 구분한다.

○ 수신기관이 2개 기관 이상일 때는 두문의 수신 란에 "수신처참조"라고 쓰고, 결문의 발신명의란 아래 전결, 대결표시인을 날인할 수 있도록 간격을 띄우고 왼쪽 기본선에 맞추어 "수신처"라고 쓰고, 수신처 기호 또는 수신 기관명을 표시한다.

※ 수신처란에 또는 수신 기관명에는 "대구광역시서부교육청, 대구서부초등학교"등과

같이 표시한다.

라. 제목의 표시

ㅇ 제목은 그 문서의 내용을 함축하여 나타내는 문구로서 문서의 내용을 쉽게 알 수 있도록 쉬운 말로 간단하고 명확하게 표시한다.

5. 문서의 기안

가. 기안 원칙

ㅇ 전자문서의 기안을 원칙으로 하되, 업무의 성격 기타 특별한 사정
ㅇ 발의자 및 보고자 표시 - 기안문의 결재란에는 발의자(기안하도록 지시한 자, 스스로 입안한 경우에는 기안자)는 ★표시를, 보고자(결재권자에게 보고한 자)는 ◉표시를 해당 직위 또는 직급 앞 표시
※ 표시 생략 가능 문서
- 검토 및 결정을 요하지 않는 문서
- 제 증명 발급, 회의록 기타 단순사실을 기록한 문서
- 일상 반복적인 업무로서 경미한 문서

나. 기안문 작성 시 유의사항

ㅇ 정확성(바른 글), 신속성(이해가 빠른 글), 용이성(쉬운 글), 경제성을 감안하여 작성

다. 기안종류 및 방법

(1). 일반기안

(가) 의의: 어떤 하나의 안건을 처리하기 위하여 정해진 기안용지에 문안을 작성하는 것을 말한다. 기안문의 내용은 간단명료하게 1면만으로 처리할 수 있도록 작성한다. 다만 내용이 길어 1면만으로 처리가 불가능한 경우에는 뒷면을 이용하거나, 그 기안용지와 같은 규격 및 지질의 백지를 사용하여 작성한다.

(2) 일괄기안

(가) 의의: 서로 관련성이 있는 2개 이상의 안건을 일괄하여 한 기안용지에 기안하는 것을 말한다.

(나) 작성 및 시행 방법

1) 기안용지의 수신 란 위에 "(제1안)"이라 쓴 다음 제1안의 수신 란과 본문 및 결문을 작성하고, 다음 칸에 "(제2안)"이라 쓰고 제2안의 수신 란과 본문 및 결문을 작성한다. 다만, (제1안)이 경유 문서일 경우에는 경유 기관명 위에 "(제1안)"이라고 쓴다.

2) 제목은 각 안의 내용 및 성격에 따라 다르게 설정할 수 있다.

3) 시행문은 각 안별로 따로 작성하고 특별한 경우를 제외하고는 동일한 문서번호를 부여하여 같은 일시에 시행하여야 한다.

4) 외부에 발송할 것을 전제로 하는 기안문이 제1안 내부결재의 내용과 경우에는 내부 결재 안건을 별도로 작성하지 아니한다. 외부에 발송하는 문서의 경우는 결재하는 과정에서 내부적인 의사의 결정 외부적으로 표시하는 의사의 결정이 동시에 이루어지므로 별도의 내부 결재안은 불필요하다.

5) 각 안의 발신명의 표기에 있어 발신명의가 다를 경우에는 각 안별로 발신명의를 기재하되, 각 안의 발신명의가 동일하면 최종안에만 발신명의를 표기할 수 있다.

(3) 공동기안

공동기안은 사무에 있어서 일반기안의 번거로움을 줄일 수 있는 기안 방법이다. 보통 상급행정기관의 일상업무에 관한 경미한 내용의 문서에 대하여 그 문서의 일부분을 수정하여 하급기관에 다시 통보할 경우에 활용한다. 그러나 행정조직의 계통에 따라 하급기관에 지시하는 간단한 문서는 전화·모사전송 등을 이용하여 통보하는 것이 바람직하다.

(나) 작성 및 시행방법

1) 수정기안을 위하여 문서를 수정한 때에는 수신한 문서의 내용을 알아볼 수 있도록 수정하는 글자의 중앙에 가로로 선을 긋고 그 위의 여백에 수신한 문서와 다른 색깔의 글자로 수정 또는 기입한다.

2) 문서내용이 경미하여 선람을 받지 않고 바로 수정 기안하는 경우 전에 모두 수정 또는 기입한 후에 문서처리인의 결재란에 계통적으로 결재를 받고, 문서를 시행할 때에는 수정기안문대로 시행문을 작성한 후 수정기안문에 문서심사를 받아 시행한다. 다만, 문서내용이 중요하여 이미 선결을 받은 문서를 수정 기안하여 시행 하고자 하는 때에는 다시 결재권자의 결재를 받아야 한다. ㅇ 문서의 내용이 행정기관 내의 다른 보조기관 또는 보좌기관이나 다른 행정기관의 업무와 관련이 있는 때에는 그 기관의 협조를 받아야 함.

ㅇ 기안문을 검토 또는 협조함에 있어서 그 내용과 다른 의견이 있는 때에는 당해 문서 또는 별지에 그 의견을 표시하여야 함.

ㅇ 검토사항 - 형식면과 내용면(법률적·행정적·경제적)

7. 결 재

ㅇ 결재란 - 넓은 의미로 당해 사안에 대하여 기관의 의사를 결정할 권한이 있는 자가 그 의사를 결정하는 행위

ㅇ 결재의 종류 - 좁은 의미의 결재, 전결, 대결

※ 후열을 폐지하고 사후 보고로 함.

※ 행정기관 외의 자에게 시행하는 문서는 전결 또는 대결표시 생략

ㅇ 결재의 효과 - 다른 법령에 특별한 규정이 있는 경우를 제외하고는 당해 문서에 대한 결재(전자서명에 의한 결재 포함)가 있음으로써 성립

※ 문서가 성립하기 위한 최종적이며 절대적인 요건

8. 문서 심사

○ 문서심사관 – 처리과에 문서심사관을 두되, 처리과의 장이 되며 소속직원으로 하여금 심사에 관한 사무를 처리하게 할 수 있음.

○ 문서심사 – 행정기관의 장 또는 합의제 기관의 명의로 발신하는 문서는 문서심사관 의 심사를 받아야 함.(문서심사인 날인 폐지, 기안문에 심사일 및 심사자 표시, 수정기안 시행문도 동일하게 표시)

○ 문서심사의 시기 – 당해 문서를 시행하는 날 기안문과 시행문을 함께 문서심사관에 게 제시, 따라서 시행일자와 문서심사일자는 일치하여야 함.

○ 대상 – 시행문 작성부터 관계없이 행정기관의 장 또는 합의제 기관의 명의로 발신하 는 문서

○ 문서심사관의 심사 시 검토사항

– 결재권자의 결재 여부

– 다른 문서와의 내용상 중복 또는 상충 여부

– 기안문과 시행문의 일치 여부(시행일자와 문서심사 일자는 일치하여야 함)

– 분류번호·보존기간, 시행문상의 처리담당자 기재 여부

– 전결·대결 구분의 표시 및 착오 여부

– 붙임물의 첨부 여부

– 발신방법의 지정 여부

– 보고심사 대상문서의 심사 여부 및 업무협조문서의 심사 여부

9. 문서의 시행

가. 의의

○ 문서의 시행이란 문서로 기관의 의사를 외부에 표시하는 단계로서 문서의 효력을 발생케 하는 절차를 말한다.

그 시행방법으로는 일반적인 문서발송 이외에 관보게재·공고 등의 방법이 있다. 관보

로 게재할 때에는 본문의 마지막에 "이 내용에 관한 시행문은 따로 보내지 아니함"이라고 쓴다.

나. 시행문 작성 대상 문서

ㅇ 인편·우편 또는 모사전송 및 정보통신망에 의한 방법으로 발송하는 문서

- 전신·전신타자·전화로 발신하는 문서는 시행문을 작성하지 아니하고 시행문 작성 형식으로 발신한다.

10. 문서의 정리

가. 문서정리의 의의

ㅇ 문서의 정리라 함은 문서를 일정한 기준에 따라 분류·편철하고 보관·보존하며, 불필요한 문서를 적시에 폐기하는 것 등을 말한다.

나. 문서정리의 목적

ㅇ 문서를 체계적으로 관리함으로써 필요한 문서의 색출을 신속·용이하게 한다.

다. 문서정리의 내용

(1) 문서철은 처리가 끝난 날이 속하는 연도의 말일까지 처리과의 서류보관함에 보관한다.(문서의 보관)

(2) 보관 중인 문서철에서 참고자료 등 보존이 불필요한 문서는 폐기한 다음 보존·활용할 문서를 묶어 문서철을 만든다.(문서의 정리 및 편철)

(3) 문서의 편철이 끝난 문서는 보존문서기록대장에 등록하고 처리과에서 3년간 보존한다.(문서의 보존)

(4) 처리과의 보존기간(3년)이 끝난 문서는 보존문서 인계·이관서를 작성하여 문서과에 인계한다.(문서의 인계)

(5) 문서과는 영구 보존문서를 10년간 보존한 후 보존문서 인계·인관서를 작성하여 정부기록보존소에 이관한다.(문서의 이관)

(6) 보존기간이 5년~30년 이하인 문서 중 통일·외교문서는 문서과에서 1년간 보존한 후 통일원 외무부로 각각 이관한다.

※ 통일문서: 각급 행정기관이 생산·취득한 통일 또는 대북한 업무와 직접 관련되는 문서

※ 외교문서: 외무부령이 정한 외교문서

(7) 처리과 및 문서과는 보존기간이 만료된 문서를 폐기한다.(문서의 폐기)

11. 문서의 편철

가. 문서의 편철 요령

(1) 처리가 끝난 문서는 문서철에 완결일자순으로 최근 문서가 위에 오도록 묶는다. 다만 보존기간이 영구인 문서·전자문서는 완결일자순으로 최근 문서가 아래에 오도록 철한다.

(2) 수 개의 문서가 내용적으로 관련이 있는 경우에는 그 내용을 최종적으로 종결하는 문서가 처리·완결된 때에 발생·결과·완결순으로 최근 문서가 위에 오도록 하여 1건 문서로 묶는다.

(3) 문서를 기능별·보존기간별로 분류하여 200매를 기준으로 묶는다. 그러나 다소 기준을 넘거나 모자라도 상관없으며, 동일 기능에 속하는 문서의 발생량이 적어 기능별로 편철하기가 곤란한 경우에는 상위기능에 분류하여 보존기간별로 합철한다.

(4) 같은 기능에 속하는 문서의 양이 많아 그 전부를 1개의 문서철에 편철할 수 없는 경우에는 지역별·인명별·기관별·월별 등으로 구분하여 수 개의 문서철에 나누어 철할 수 있다.

(5) 편철된 문서에 대한 색인목록을 작성한다.

(6) 문서철의 면 표시는 문서의 아래 오른쪽에 일련번호를 기입하되 밑에서부터 위로 기입한다.

(7) 문서철의 제목은 편철된 문서를 대표하는 기능명칭을 기재하고 필요시에는 부제목을 기재한다. 또한 문서철의 색출을 용이하게 하기 위하여 문서철 표지 위 찾아보기와 접는 부분에 관리번호·보존기간 등의 기재사항을 기입한다.

12. 문서의 보존

가. 보존기간의 종류

ㅇ 사무관리규정에서는 공문서의 보존기간을 다음과 같이 7종으로 구분하고 있다.
① 영구   ② 30년   ③ 20년   ④ 10년   ⑤ 5년   ⑥ 3년   ⑦ 1년

나. 문서의 보존기간 변경

(1) 시행문서의 보존기간 부여

(가) 문서를 시행하는 발신행정기관의 장은 시행문서에 대하여 수신처 보존기간을 정하여 발송하되 특별한 사유가 없는 한 기안문서보다 짧게 부여한다.

(나) 접수한 문서에 보존기간이 부여되지 아니한 때에는 처리과의 장이 『공문서분류 및 보존에 관한규칙』 제4조의 규정에 의한 기준을 참고하여 최소한의 보존기간을 부여한다.

13. 문서의 폐기

가. 폐기대상 문서

(1) 보존기간 경과문서

(가) 보존기간이 경과한 문서는 처리과의 장의 의견을 들어 폐기하여야 한다.

(나) 각급 행정기관이 보존하고 있는 보존기간 20 · 30년인 문서는 정부기록보존소장이 정하는 때에 정부기록보존소에 이관하여야 한다.

(2) 연도 말 폐기문서

연도 말에 각 사무실에 보유하고 있는 참고자료 및 잡지 · 책 등은 각 기관의 행정자료실과 협의하여 행정자료실에서 활용할 가치가 있는 것은 행정자료실에 인계하고 그렇지 않은 것은 폐기한다.

(3) 수시폐기문서

(4) 마이크로필름 등에 수록한 문서의 폐기

나. 폐기문서처리

(1) 문서의 폐기절차

보존문서기록대장 또는 특수규격문서관리대장에 폐기사실을 기입하고 폐기자가 서명한 후 당해 문서에는 폐기인을 날인하여 폐기한다.

(2) 폐기 시 주의사항

내용이 중요하다고 인정되는 문서는 문서 세 단기 등으로 절단하거나 원형의 내용을 알 수 없도록 완전 소각시킨다.

(3) 폐기문서 수집 및 매각처분

폐기문서는 재활용을 위하여 수집하여 매각하되, 폐기문서 수집 및 매각처분은 기관단위로 하고, 매각대금은 당해 기관의 세입으로 조치한다. 이때 수집된 폐기문서가 유출되지 않도록 특별히 유의하여야 한다.

4. 사무관리의 특징

(1) **편재성** : 어느 조직에나 보편적으로 존재

(2) **중요성** : 행정 및 경영활동의 중요 수단

(3) **고가성** : 사무비의 60%～70%가 노동비

(4) **간접성** : 그 자체가 목적은 아님, 간접적, 수단적 성격

(5) **불가시성** : 생산과 달리 시각적인 활동이 아님, 사고 판단의 요소 가해지면 더욱 불가시성
(업적평가가 영업, 생산직에 비해 판단 어려움)

(6) **용역성** : 일반 사무처리는 고도의 전문기술은 아님

사무관리의 특징으로서는 앞에서 말한 것처럼 편재성, 중요성, 고가성, 간접성, 불가시성, 용역성 등이 있다. 이러한 편리함이 나오게 된 것은 행정의 과학적 관리법이 적용된 후부터이다.

● 테일러의 과학적 관리법

- 공장에 대한 사무기능의 존재와 그 중요성을 지적
- 능률화 기법으로 작업연구, 시간연구 제창
- 계획과 통제는 관리자, 종업원은 각 기능에 열중

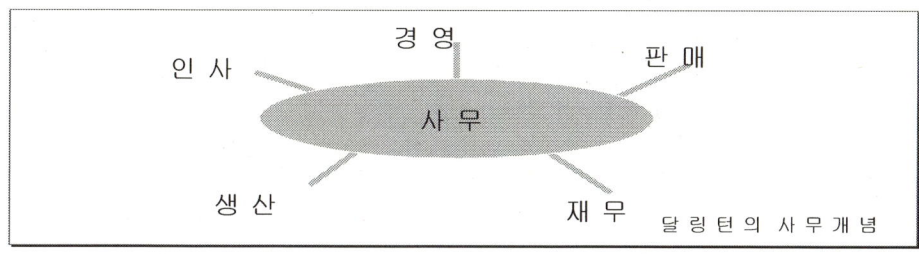
달링턴의 사무개념

테일러는(Frederick W. Taylor, 1856-1915)는 그의 과학적 관리론이 반노동자적인 (anti-worker)것으로서 노동조합들의 비난을 받고 있었던 1911년경에 국민적 관심을 끌었

던 직종인 미국의 기계기사였다. 이러한 비난은 테일러의 행정모형에 있어서 능률성이라는 강박관념을 일으키게 하였다. 그의 이론은 오직 한 가지의 가장 최선의 방법으로 과업을 수행하고 있는 사람을 일류의 종업원으로 인정하는 데에 있다. 기계적 모형 또는 원리로서 불리고 있는 과학적 관리(scientific management)는 최상의 과학적 및 능률성의 탐구에 기초를 두고 있는 행정의 체계이다. 이 이론은 용이하게 표준화시킬 수 있고, 시간을 조절할 수 있고, 그리고 과학적으로 측정할 수 있는 정밀한 과업과 반복적인 운동으로 작업을 분석하는 것이다. 그러므로 이 이론은 예술의 여지가 없는 순수과학과 같은 행정을 의미한다.

즉 모든 효과성과 능률성을 높이기 위하여 기계화된 전문화적 과학적 프로그램으로 접근한다는 것이다. 사무관리에서도 과학적 접근을 중요시하는 이유는 효과성과 능률성에 있다.

사무원 – 사무를 전문적으로 행하는 사람

> **작업원**
> 장표 작성자 등 일반 사무 담당자

> **영업활동원**
> 영업 거래의 담당자

> **스태프**
> 관리자의 보좌역으로 계획, 조사, 통제 등의 관리업무에 종사하는 전문가

> **관리자**
> 부장, 과장 등과 같이 담당부문을 총괄하여 계획과 관리를 행하는 책임자

사무 형태에 따라서 집중관리 조직, 분산관리 조직, 절충식관리 조직으로 분류할 수 있다.

① 집중형: 조직 내에서 사무관리의 업무만을 전담하는 기능을 한 곳에 집중시켜서 국(局)이나 부(部)의 형태로 만든 조직

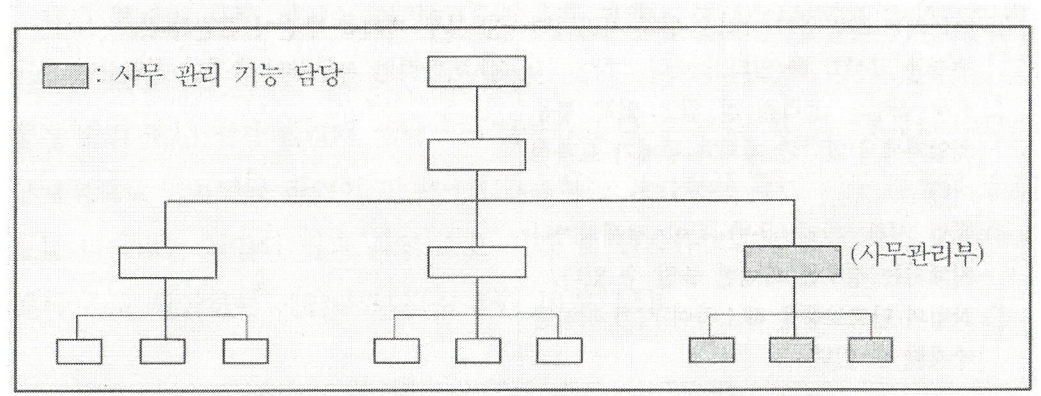

➢ 집중형의 장단점

장 점	단 점
① 사무 작업을 집중하여 처리하면 감독이 쉽고, 신속하고 정확하게 처리할 수 있다.	① 다른 업무와의 유기적 연결이 차단될 수 있다.
② 사무 처리 기능의 전문화와 기능별 인력을 양성할 수 있다.	② 사무 부문의 서비스가 늦어지면 다른 부문의 능률 저하를 초래한다.
③ 사무의 표준화가 달성되고 처리 절차, 방법의 선을 가져다 준다.	③ 부·과의 사내 정보를 사무 부문에서 일괄 처리하는 것이 바람직하지 못할 경우도 있다.
④ 사무 작업의 측정이 쉬워져 사무 관리의 과학화를 추진할 수 있다.	④ 불필요한 각종 사무가 증가할 우려가 있다.
⑤ 사무 작업의 기계화가 쉽고 사무 기기, 설비의 이용도를 높일 수 있다.	
⑥ 사무원 관리(휴가, 결근, 급여 관리, 비상조치)가 쉽다.	

② 분산형: 조직의 여러 부문에 부, 과 또는 팀의 형태로 분산되어 사무관리 조직이 있는 경우

분산형의 장점과 단점은 집중력의 장점이 단점이 되고 단점이 장점이 되는 것이다.

③ 절충형: 집중형의 사무관리 전담조직이 있고 또다시 조직 내의 다른 부서 내에 사무관리를 전담하는 조직이 있는 경우

효과적인 것은 상황에 맞게 적용하는 것이 중요하다. 무조건적인 집중식이나, 분산식이나, 절충식을 하는 것이 아니라 사무실 여건과, 단체, 조직에 따라 다양하게 적용하는 기

교가 있어야 한다.

문서 취급 원칙

- 문서관계규정에 따라 취급한다.
- 문서관계 규정은 행정기관의 사무처리에 대한 기본질서와 사무처리의 일관성, 객관성, 합리성을 확보하기 위함
- 문서는 정중하고 신중하되, 신속하게 취급한다.
- 문서는 간편하고 쉽게 취급한다.
- 문서는 책임 있고, 정확하게 취급한다.
- 개인의 권리와 의무관계에 영향을 미치는 문서는 최대한의 정확성 필요

문서의 흐름도

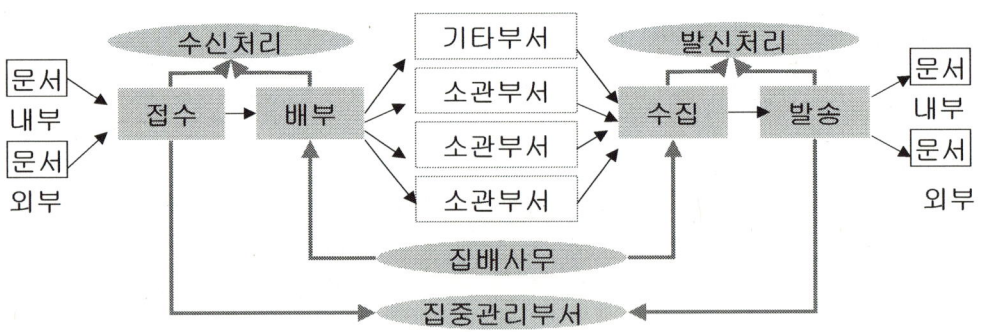

수신처리과정

접수: 외부, 내부에서 온 문서를 받아들이는 절차

배부: 접수가 끝난 문서를 소관부서에 넘겨주는 절차

발신처리과정

수집: 각 부서에서 외부 또는 내부의 다른 부서에 보내게 되는 문서를 모으는 절차

발송: 수집된 발신문서를 각 수신처에 보내는 절차

문서 접수처리 요령

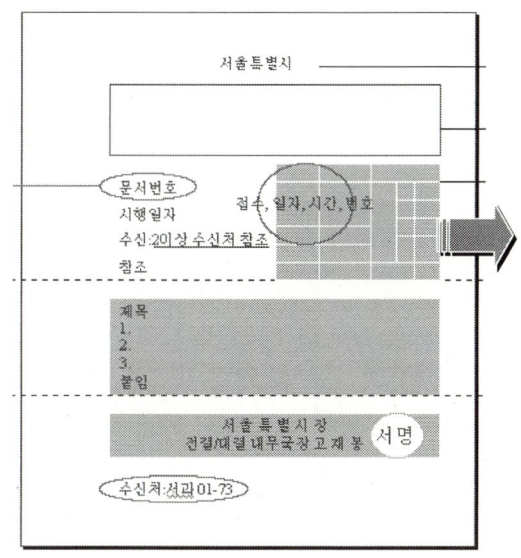
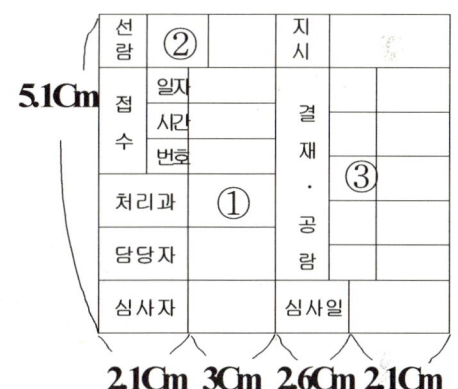

문서의 발송처리

- 처리과에서 발신대장기록 후 발송
- 인편, 우편, 모사전송, 전신, 전화 등 정보통신망을 이용하여 발송가능
- 모사 전송 시 원본 필수 보관
- 내용 중요 문서는 인편, 등기우편, 기타 발송사실을 증명할 수 있는 특수방법으로 발송
- 우편 발송 시 우편봉투 지정봉투에 넣어 발송
- 관인을 찍어 시행하는 문서는 관인관리자가 관인 찍은 후 처리과에서 발송

처리 단계에 의한 구분

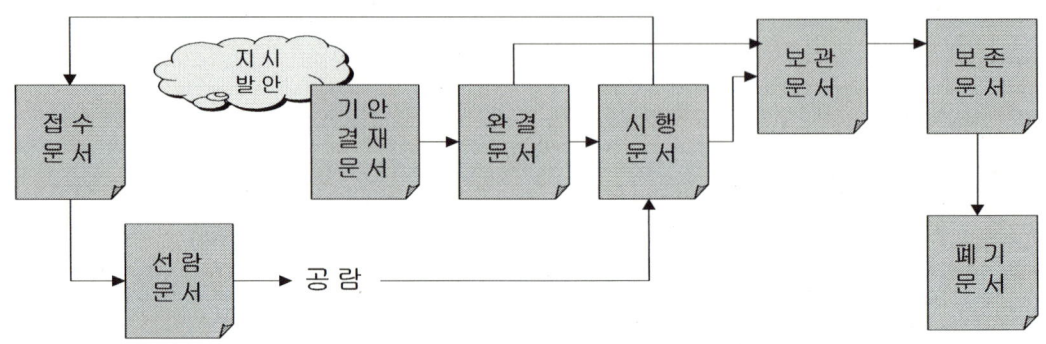

문서 기안의 절차

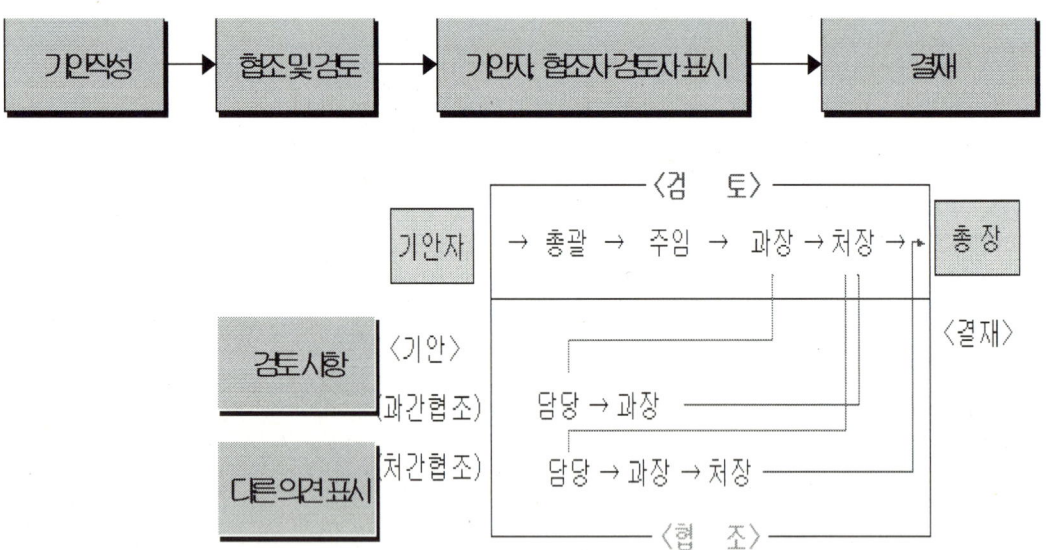

기안문 작성 시 고려되어야 할 사항들

안건에 관련된 문제를 정확히 파악하고 관계규정/과거 행정선례를 숙지하여야 한다.

기안 목적과 필요성을 평가하고 자료를 수집 분석/필요한 경우 회의 등을 통해 의견 청취하여야 한다.

기안방법결정, 복잡한 기안의 경우 초안을 작성 논리 일관성확보, 빠지는 사항 없도록 검토 후 작성하여야 한다.

기안자는 당해 업무에 대한 책임을 가지고 당해 기관과 수신자의 관계 및 입장을 고려하여야 한다.

기안 작성의 원칙

① 정확하게 ;
   육하원칙에 따라 애매한 표현, 과장된 표현 삼가
② 이해가 쉽게 ;
   - 문장은 짧게 끊어서 개조식으로 쓰고, 가급적 결론 먼저
   - 읽기 쉽고 알기 쉬운 말로 한자나 어려운 전문용어는 피함
     (꼭 필요하다면 용어해설같이)
   - 수신자의 이해력 독해력 고려해서 작성
   - 되도록 이면 기안 1건 당 1매로 작성
③ 경제적으로 ;
   - 일상반복적 업무는 표준기안문제도 활용
   - 종이규격 지질 표준화
   - 서식 통일
   - 문자 부호화 활용

문서의 결재

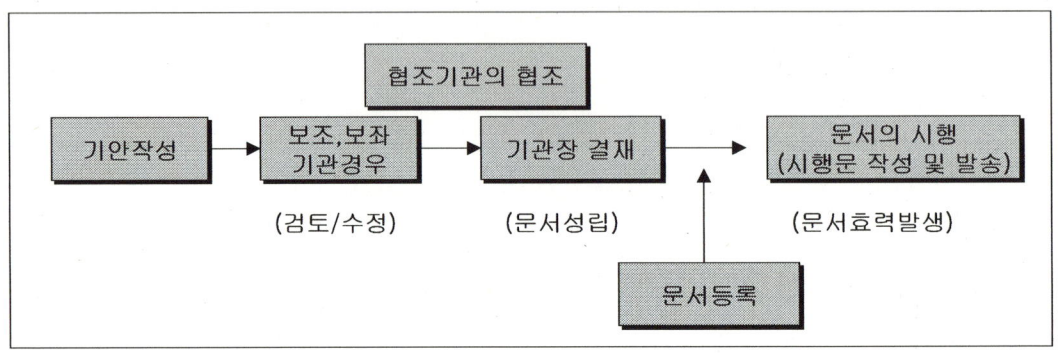

v협의의 결재(선결): 법령의 규정에 의하여 소관사항에 대한 기관의 의사를 결정할 권한을 가진 자(주로 행정기관의 장)가 직접 그 의사를 결정하는 것

전결: 행정기관의 장으로부터 사무의 내용에 따라 결재권을 위임 받아 보조기관 또는 보좌기관(일상적·반복적인 단순 집행업무로서 경미한 사항을 당해 업무담당 공무원)이 행하는 결재

대결: 결재권자가 휴가·출장 기타의 사유로 상당 기간 부재중이거나 긴급한 문서의 경우에 결재권자의 사정에 의하여 결재를 받을 수 없을 때에 그 직무를 대리하는 자가 행하는 결재의 경우 내용이 중요한 문서에 대하여는 결재권자에게 사후에 보고

후결 vs 후열-폐지: 대결한 문서 중에서 내용이 중요한 문서에 대해 나중에 결재권자가 결재를 하는 것-91년 폐지 사후보고로 명칭 변경

결재의 종류

보존기간		총 장
공개여부		송총장
처 장	최처장	
과 장	박과장	
주 임	김주임	
기안자	이기안	협조
심사자	심사일	

보존기간		총 장
공개여부		최처장
처 장	전 결	
과 장	박과장	
주 임	김주임	
기안자	이기안	협조
심사자	심사일	

보존기간		총 장
공개여부		최처장
처 장	대 결	
과 장	박과장	
주 임	김주임	
기안자	이기안	협조
심사자	심사일	

보존기간		총 장
공개여부		박과장
처 장	전 결	
과 장	대 결	
주 임	김주임	
기안자	이기안	협조
심사자	심사일	

결재와 간인

  v간인은 2장 이상을 이루어지는 중요 문서의 앞 뒷장 사이에 걸쳐 도장을 찍는 것 또는 그 도장을 말함(사잇도장 또는 거멀도장이라도 함)

  이는 결재 받는 문서의 변조가능성을 예방하기 위한 것이다.

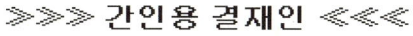

≫≫≫ 간인용 결재인 ≪≪≪

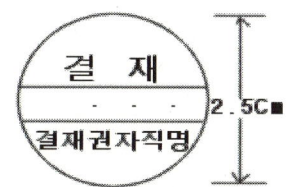

간인 대상문서는

v전후 관계를 명백히 할 필요가 있는 문서

v사실 또는 법률관계의 증명에 관계되는 문서

- 각종 체결, 결정관계문서

- 각종 계약에 관한 결재문서

허가, 인가 및 등록 등에 관계되는 문서 등이다.

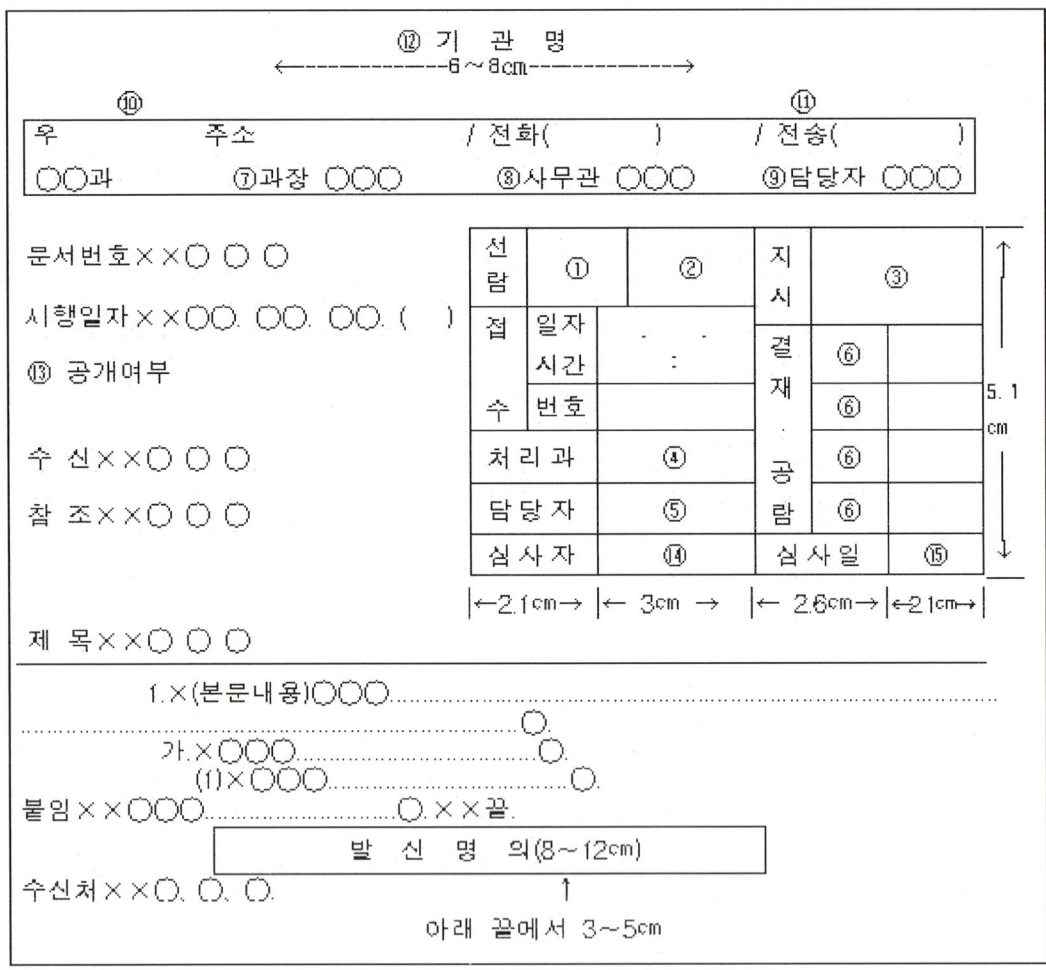

5. 세상의 변화와 패러다임의 변화

　행정사무관리에 있어서 중요하게 여겨야 할 것이 세상의 변화이고 패러다임의 변화이다. 이 변화에 능동적으로 대처하는 행정적 관리자가 필요한 것이다.

■ **디지털 시대**
■ **접속의 시대**
> ➤ 소유에서 접속으로, 시장에서 네트워크로, 물자에서 시간으로
> ➤ 물건자체가 필요한 것이 아니라 물건의 기능이 필요
> ➤ 제품은 무료, 서비스는 유료
> ➤ 부동산보다는 時産이 중요
> ➤ 종래의 클럽보다 시간공유공동체 등장
> ➤ 새인간형 – 사이버세계에서 자기 몫의 인생을 즐기고(유희정신);
> 　　　　　호모 루덴스(놀이하는 인간);
> 　　　　　On-line / Off-line 세계를 자유롭게 넘나들 수 있는
> 　　　　　인간관계 지향형

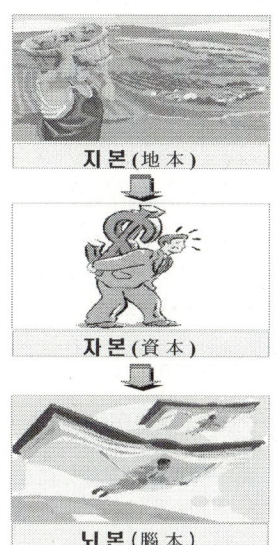

지본(地本)

자본(資本)

뇌본(腦本)

■ **농본사회 ⇨ 자본사회 ⇨ 뇌본사회**
■ **Unbroken wholeness(우뇌발달과 유관)**
■ **정신과 물질의 일원론**
■ **부분이 곧 전체(이분법적 사고의 지양)**
■ **비인과론 / 비결정론 / 비확실성**
■ **Space of place ⇨ Space of flow**
■ **공간없는 공간 (Spaceless Space)**
■ **시간없는 공간 (Timeless time)**

오르페우스에서 배우는 행정사무관리

- 탈피라미드 – Flat organization
- Network
- 보이지 않는 선으로 연결된 거미줄 같은 연합체
- 계급제 탈피
- 위계적 조직형태(규격화와 업무분업)에서 제작사와 독립하청
  업체간의 한시적 팀 형태(할리우드 네트워크 모델과 같은
  원자상태로 해체)
- IBM '호텔식 운영'(14억 달라절약)
  - 개인책상 없앰
  - 사무실, 회의실 사전 예약제, 공유방식
  - 휴대폰과 노트북만 지급

1. 실무자에게 권력을 이양하라

2. 직원 개개인의 책임 의식을 고취하라

3. 각자의 역할을 명확히 규정하라

4. 리더십을 나누어 가져라

5. 수평적 팀워크를 길러라

6. 듣는 법과 말하는 법을 배워라

7. 합의를 이뤄낼 합당한 매커니즘을 만들어라

8. 임무수행에 열정을 바쳐라

활발한 토론과 의견 개진을 통해
완벽한 연주를 추구하면서
음악적 민주주의를 꽃피우는
오르페우스

■ **Shared** → **Co** **Partnership**

21세기의 사무관리

혼자가 아니라 팀으로

함께

팀원간의 관계, 그 공간을 어떻게 메우느냐
가 새 시대의 행정사무가의 과제

언어, 신뢰, 상냥, 온화, 친절

행정사무가의 변화

새로운 행정사무로 들어가는 변혁상태

□ 접속 관계와 네트워크가 부상
□ 사이버스페이스라는 시간적 공간으로 이전
➢정보와 서비스, 의식과 살아있는 경험을 거래하는 새로운 세계

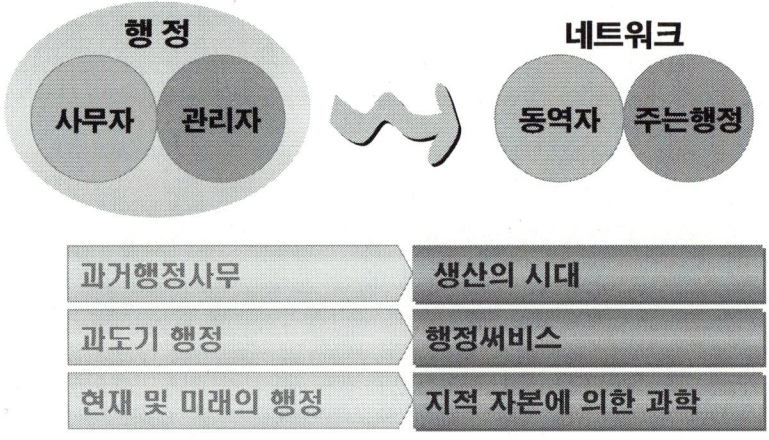

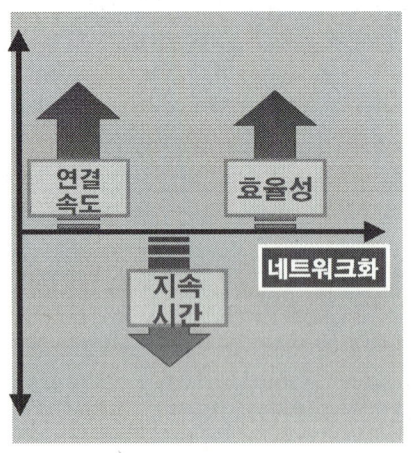

□ 행정의 전략 방향
➢고객 친밀감을 발전
➢사무 혁신으로 변화

□ 기술은 사무의 매개물
➢새로운 기술; R-기술 등장
□ Agent : 시스템 통합자

변화는 행정사무를 더 발전시킨다. 현실 지향적이되 미래를 생각하는 행정사무로 나아
가고 있는 것이다.

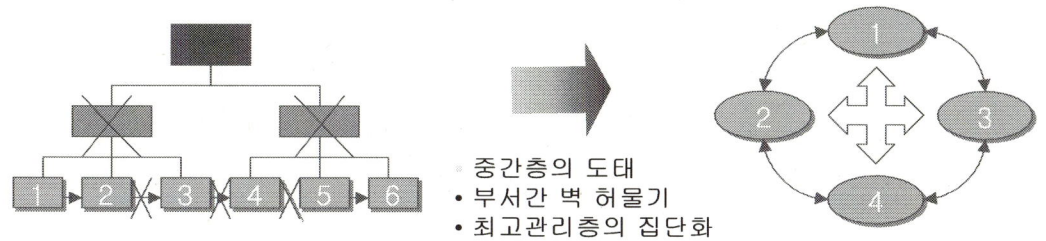

중간층의 도태
• 부서간 벽 허물기
• 최고관리층의 집단화

계급은 줄어들고, 너나 나나 대등한 입장에서 '전문성'에 따라
직무를 수행하는 것

21세기에는 다양한 개체인 사람과 사람의 '관계'에서 모든 것이
결정된다. 그 사이에 '신뢰'와 '사랑'이 가득해야 한다

고위직에 오를 수록 능력과 감각 등 결국은 사무능력 제일 중요

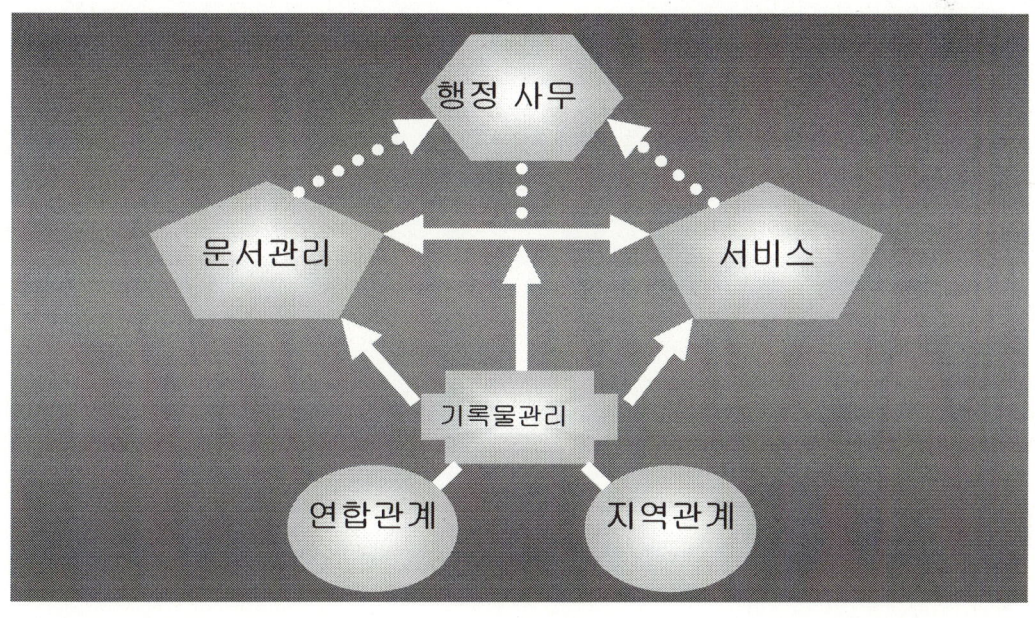

부록: 사무관리규정법령

사무관리 규정

제정 1991. 6. 19. 대통령령제13390호
개정 1993. 3. 6. 대통령령제13870호(상공자원부와그소속기관직제)
개정 1994. 7. 23. 대통령령제14339호(도서관및독서진흥법시행령)
개정 1994. 12. 23. 대통령령제14438호(재정경제원과그소속기관직제)
개정 1996. 5. 3. 대통령령제14989호
개정 1996. 6. 29. 대통령령제15063호(총무처와그소속기관직제)
개정 1997. 10. 21. 대통령령제15498호(공공기관의정보공개에관한법률시행령)
개정 1998. 7. 1. 대통령령제15823호
개정 1999. 8. 7. 대통령령제16521호
개정 1999. 12. 7. 대통령령제16609호(공공기관의기록물관리에관한법률시행령)
개정 2001. 1. 29. 대통령령제17115호(교육인적자원부와그소속기관직제)
개정 2001. 2. 14. 대통령령제17129호
개정 2001. 6. 30. 대통령령제17271호(전자정부구현을위한행정업무등의전자화촉진에관한법률시행령)
개정 2001. 8. 25. 대통령령제17344호(정보통신망이용촉진및정보보호등에관한법률시행령)
개정 2002. 12. 26. 대통령령제17811호

제1장 총칙

제1조(목적) 이 영은 행정기관의 사무관리에 관한 사항을 규정함으로써 사무의 간소화·표준화·과학화 및 정보화를 기하여 행정의 능률을 높임을 목적으로 한다.[개정 2002. 12. 26.][시행일 2004. 1. 1.]

제2조(적용범위) 중앙행정기관(대통령직속기관 및 국무총리직속기관을 포함한다. 이하 같다) 및 그 소속기관, 지방자치단체의 기관과 군의 기관(이하 "행정기관"이라 한다)의

사무관리에 관하여는 다른 법령에 특별한 규정이 있는 경우를 제외하고는 이 영이 정하는 바에 의한다.

제3조(정의) 이 영에서 사용하는 용어의 정의는 다음과 같다.[개정 1996. 5. 3., 1999. 8. 7., 2001. 2. 14., 2002. 12. 26.][시행일 2004. 1. 1.]

1. "공문서"라 함은 행정기관 내부 또는 상호간이나 대외적으로 공무상 작성 또는 시행되는 문서(도면·사진·디스크·테이프·필름·슬라이드·전자문서 등의 특수매체기록을 포함한다. 이하 같다) 및 행정기관이 접수한 모든 문서를 말한다.

2. "문서과"라 함은 행정기관 내의 공문서의 분류·배부·수발업무지원 및 보존 등 문서에 관한 사무를 주관하는 과·담당관 또는 계를 말한다.

3. "처리과"라 함은 문서의 수발 및 사무처리를 주관하는 과·담당관 또는 계를 말한다.

4. 및 5. 삭제[1999. 12. 7.]

6. "정보통신망"이라 함은 전기통신설비를 활용하거나 전기통신설비와 컴퓨터 및 컴퓨터의 이용기술을 활용하여 정보를 수집·가공·저장·검색·송신 또는 수신하는 정보통신체제를 말한다.

7. "전자문서"라 함은 컴퓨터 등 정보처리능력을 가진 장치에 의하여 전자적인 형태로 작성, 송·수신 또는 저장된 문서를 말한다.

8. "서명"이라 함은 기안자·검토자·협조자·결재권자 또는 발신명의인이 공문서(전자문서를 제외한다)상에 자필로 자기의 성명을 다른 사람이 알아볼 수 있도록 한글로 표시하는 것을 말한다.[시행일 2004. 1. 1.]

8의 2. "전자문자서명"이라 함은 기안자·검토자·협조자·결재권자 또는 발신명의인이 전자문서상에 전자적 결합으로 자동 생성된 자기의 성명을 전자적인 문자 형태로 표시하는 것을 말한다.[신설 2002. 12. 26.][시행일 2004. 1. 1.]

9. "전자이미지서명"이라 함은 기안자·검토자·협조자·결재권자 또는 발신명의인이 전자문서상에 전자적인 이미지 형태로 된 자기의 성명을 표시하는 것을 말한다.[시행일 2004. 1. 1.]

10. "행정전자서명"이라 함은 기안자·검토자·협조자·결재권자 또는 발신명의인의 신원과 전자문서의 변경 여부를 확인할 수 있도록 당해 전자문서에 첨부되거나 논리적으로 결합된 전자적 형태의 정보로서 인증을 받은 것을 말한다.[신설 2002. 12. 26.][시행일 2004. 1. 1.]

11. "전자이미지관인"이라 함은 관인의 인영을 컴퓨터 등 정보처리능력을 가진 장치에 전자적인 이미지 형태로 입력하여 사용하는 관인을 말한다.[시행일 2004. 1. 1.]

12. "전자문서시스템"이라 함은 문서의 기안·검토·협조·결재·등록·시행·분류·편철·보관·보존·이관·접수·배부·공람·검색·활용 등 문서의 모든 처리절차가 전자적으로 처리되는 시스템을 말한다.[신설 2002. 12. 26.][시행일 2004. 1. 1.]

13. "행정정보시스템"이라 함은 행정기관이 행정정보를 생산·수집·가공·저장·검색·제공·송신·수신 및 활용하기 위한 하드웨어·소프트웨어·데이터베이스와 처리절차 등을 통합한 시스템을 말한다.[신설 2002. 12. 26.][시행일 2004. 1. 1.]

제4조(사무관리의 원칙) 행정기관의 사무는 용이성·정확성·신속성 및 경제성이 확보될 수 있도록 관리하여야 한다.

제5조(사무의 분장) 각 처리과의 장은 사무의 능률적 처리와 책임소재의 명확을 기하기 위하여 소관사무를 단위업무별로 분장하되, 소속공무원 간의 업무량이 균형 잡히게 하여야 한다.

제6조(사무의 인계·인수) 공무원이 인사발령 또는 사무분장의 조정 등의 사유로 사무를 인계·인수하는 때에는 담당사무에 관한 진행상황·관계문서·자료 기타 업무와 관련되는 사항을 구체적으로 문서로 작성하여 인계·인수하여야 한다.[개정 1999. 8. 7.]

제2장 공문서관리

제1절 일반사항

제7조(공문서의 종류) 공문서(이하 "문서"라 한다)는 다음과 같이 법규문서·지시문서·공고문서·비치문서·민원문서 및 일반문서로 나눈다.[개정 1996. 5. 3.]

1. 법규문서는 헌법·법률·대통령령·총리령·부령·조례 및 규칙 등에 관한 문서를 말한다.

2. 지시문서는 훈령·지시·예규 및 일일명령 등 행정기관이 그 하급기관 또는 소속공무원에 대하여 일정한 사항을 지시하는 문서를 말한다.

3. 공고문서는 고시·공고 등 행정기관이 일정한 사항을 일반에게 알리기 위한 문서를 말한다.

4. 비치문서는 비치대장·비치카드 등 행정기관이 일정한 사항을 기록하여 행정기관 내부에 비치하면서 업무에 활용하는 문서를 말한다.

5. 민원문서는 민원인이 행정기관에 대하여 허가·인가·기타 처분 등 특정한 행위를 요구하는 문서 및 그에 대한 처리문서를 말한다.

6. 일반문서는 제1호 내지 제5호에 속하지 아니하는 모든 문서를 말한다.

제8조(문서의 성립 및 효력발생) ① 문서는 당해 문서에 대한 서명(전자문자서명·전자이미지서명 및 행정전자서명을 포함한다. 이하 같다)에 의한 결재가 있음으로써 성립한다.[개정 1996. 5. 3., 1999. 8. 7., 2001. 2. 14., 2002. 12. 26.][시행일 2004. 1. 1.]

② 문서는 수신자에게 도달(전자문서는 수신자의 컴퓨터 화일에 기록되는 것을 말한다)됨으로써 그 효력을 발생한다. 다만, 공고문서의 경우에는 공고문서에 특별한 규정이 있는 경우를 제외하고는 그 고시 또는 공고가 있은 후 5일이 경과한 날부터 효력을 발생한다.[개정 1996. 5. 3., 1999. 8. 7.]

③ 삭제[1999. 8. 7.]

④ 민원문서를 정보통신망을 이용하여 접수·처리한 경우에는 당해 민원사항을 규정한 법령에서 정한 절차에 따라 접수·처리된 것으로 본다.[신설 1996. 5. 3., 1999. 8. 7.]

제8조의 2(행정전자서명의 인증 및 효력) ① 행정자치부장관은 행정전자서명에 대한 인증업무를 행하되, 전자정부구현을위한행정업무등의전자화촉진에관한법률시행령 제11조의 규정에 의한 인증관리센터가 그 기능을 수행한다.

② 제1항의 규정에 의한 인증을 받은 행정전자서명이 있는 경우에는 제3조 제8호의 규정에 의한 서명이 있는 것으로 보며, 당해 전자문서는 행정전자서명이 된 후에 그 내용이 변경되지 아니하였다고 추정한다.

③ 행정자치부장관은 제1항의 규정에 의한 인증업무 중 행정자치부장관이 지정하여 고시하는 중앙행정기관·지방자치단체 또는 그 소속기관에 대한 인증업무를 당해 중앙행정기관·지방자치단체 또는 그 소속기관에 위탁한다.

④ 전자정부구현을위한행정업무등의전자화촉진에관한법률시행령 제13조 내지 제17조의 규정은 행정전자서명의 인증업무에 관하여 이를 준용한다. 이 경우 "행정기관"은 "기안자·검토자·협조자·결재권자 또는 발신명의인"으로, "전자관인"은 "행정전자서명"으로, "전자관인생성키"는 "행정전자서명생성키"로, "전자관인검증키"는 "행정전자서명검증키"로 본다.[본조신설 2002. 12. 26.][시행일 2004. 1. 1.]

제9조(문서의 발신원칙) ① 문서는 직접 처리하여야 할 행정기관에 발신한다. 다만, 필요한 경우에는 행정조직상의 계통에 따라 발신한다.[개정 1999. 8. 7.]

② 하급기관이 직근 상급기관 외의 상급기관(당해 하급기관에 대한 지휘·감독권을 가지는 상급기관을 말한다. 이하 이 조에서 같다)에 발신하는 문서 중 필요하다고 인정되는 문서는 그 직근 상급기관을 경유하여 발신하여야 한다.[개정 1999. 8. 7.]

③ 제2항의 규정은 상급기관에서 직근 하급기관 외의 하급기관(당해 상급기관이 지휘·감독권을 가지는 하급기관을 말한다)에 문서를 발신하는 경우에 이를 준용한다.]

제9조의 2 삭제[2001. 6. 30.]

제9조의 3 삭제[2001. 6. 30.]

제2절 문서의 작성 및 처리

제10조(문서작성의 일반원칙) ① 문서는 문화예술진흥법 제7조의 규정에 의한 어문규범에 맞게 한글로 작성하되, 쉽고 간명하게 표현하고, 뜻을 정확하게 전달하기 위하여 필요한 경우에는 괄호 안에 한자 그 밖의 외국어를 넣어 쓸 수 있으며, 특별한 사유가 있는 경우를 제외하고는 가로로 쓴다.[개정 1999. 8. 7., 2002. 12. 26.][시행일 2004. 1. 1.]

② 문서에 쓰는 숫자는 특별한 사유가 있는 경우를 제외하고는 아라비아숫자로 한다.

③ 문서에 쓰는 날짜의 표기는 숫자로 하되, 연·월·일의 글자는 생략하고 그 자리에 온점을 찍어 표시하며, 시·분의 표기는 24시각제에 따라 숫자로 하되, 시·분의 글자는 생략하고 그 사이에 쌍점을 찍어 구분한다. 다만, 특별한 사유로 인하여 다른 방법으로 표시할 필요가 있는 경우에는 그러하지 아니하다.

④ 문서의 작성에 쓰이는 용지의 크기는 특별한 사유가 있는 경우를 제외하고는 가로 210밀리미터, 세로 297밀리미터로 한다.[본조 제목개정 2002. 12. 26.][시행일 2004. 1. 1.]

제10조의 2(문서의 전자적 처리) 행정기관의 장은 문서의 기안·검토·협조·결재·등록·시행·분류·편철·보관·보존·이관·접수·배부·공람·검색·활용 등 문서의 모든 처리절차가 전자문서시스템상에서 전자적으로 처리되도록 하여야 한다.[본조신설 2002. 12. 26.][시행일 2004. 1. 1.]

제11조(문서의 수정) 문서의 일부분을 삭제하거나 수정한 때에는 행정자치부령이 정하는 바에 따라 삭제하거나 수정한 곳에 서명 또는 날인하여야 한다. 다만, 전자문서를 본

274

문의 규정에 따라 수정할 수 없을 경우에는 수정한 내용대로 재작성하여 결재를 받아 시행하되, 수정전의 전자문서는 기안자·검토자 또는 결재권자가 보존할 필요가 있다고 인정하는 경우에는 이를 보존하여야 한다.[개정 1996. 5. 3., 1998. 7. 1., 1999. 8. 7., 2002. 12. 26.][시행일 2004. 1. 1.]

제12조(문서의 간인) ① 다음 각호의 1에 해당하는 2장 이상으로 이루어지는 문서에는 행정자치부령이 정하는 바에 따라 간인하여야 한다.[개정 1998. 7. 1., 1999. 8. 7.]

1. 전후관계를 명백히 할 필요가 있는 문서

2. 사실 또는 법률관계의 증명에 관계되는 문서

3. 허가·인가 및 등록 등에 관계되는 문서

② 제1항의 규정에 불구하고 민원서류 기타 필요하다고 인정되는 문서는 간인에 갈음하여 천공방식으로 할 수 있다.[신설 1999. 8. 7.]

③ 전자문서의 간인은 행정자치부령이 정하는 면 표시 또는 발급번호기재 등의 방법으로 할 수 있다.[신설 1999. 8. 7.]

제13조(발신명의) ① 문서의 발신명의는 행정기관의 장(법령에 의하여 행정권한이 위임 또는 위탁된 경우에는 그 위임 또는 위탁을 받은 자를 말한다. 이하 같다)으로 한다. 다만, 행정기관 내의 보조기관 또는 보좌기관 상호간에 발신하는 문서(이하 "대내문서"라 한다)는 당해 보조기관 또는 보좌기관의 명의로 한다.[개정 1996. 5. 3.]

② 제1항 본문의 규정에 불구하고 합의제 기관의 권한에 속하는 문서의 발신명의는 당해 행정기관으로 한다.[신설 1999. 8. 7.]

③ 내부결재문서는 발신명의를 표시하지 아니한다.[신설 2002. 12. 26.][시행일 2004. 1. 1.]

제14조(문서의 기안) ① 문서의 기안은 전자문서로 함을 원칙으로 한다. 다만, 업무의 성격 기타 특별한 사정이 있는 경우에는 그러하지 아니하다.[신설 1999. 8. 7.]

② 문서의 기안은 행정자치부령이 정하는 기안문서(이하 "기안문"이라 한다)로 하여야 한다. 다만, 관계서식이 따로 있는 경우에는 그 내용을 관계서식에 기입하는 방법으로 할 수 있다.[개정 1999. 8. 7.]

③ 삭제[2002. 12. 26.][시행일 2004. 1. 1.]

④ 2 이상의 행정기관의 장의 결재를 요하는 문서는 그 문서의 처리를 주관하는 기관에서 기안하여야 한다.

⑤ 기안문에는 행정자치부령이 정하는 바에 따라 발의자(기안하도록 지시한 자를 말하

며, 기안자가 스스로 입안한 경우에는 기안자를 말한다)와 보고자(결재권자에게 직접 보고하는 자를 말한다)를 알 수 있도록 표시하여야 한다. 다만, 다음 각호의 문서는 이를 생략할 수 있다.[개정 1999. 8. 7., 2002. 12. 26.][시행일 2004. 1. 1.]

1. 검토 및 결정을 요하지 아니하는 문서

2. 제 증명 발급, 회의록 기타 단순사실을 기록한 문서

3. 일상적·반복적인 업무로서 경미한 사항에 관한 문서

제15조(검토 및 협조) ① 기안문은 결재권자의 결재를 받기 전에 보조기관 또는 보좌기관의 검토를 받아야 한다. 다만, 보조기관 또는 보좌기관의 출장 등의 사유로 검토를 받을 수 없는 등 부득이한 경우에는 이를 생략할 수 있으며, 이 경우 검토자의 서명란에 출장 등의 사유를 명시하여야 한다.[개정 1999. 8. 7., 2002. 12. 26.][시행일 2004. 1. 1.]

② 문서의 내용이 행정기관 내의 다른 보조기관 또는 보좌기관이나 다른 행정기관의 업무와 관련이 있는 때에는 그 기관의 협조를 받아야 한다.

③ 제1항 및 제2항의 규정에 의하여 기안문을 검토 또는 협조함에 있어서 그 내용과 다른 의견이 있는 때에는 당해 문서 또는 별지에 그 의견을 표시하여야 한다.

제15조의 2(검토자의 수) 행정기관의 장은 결재권자의 결재에 이르기까지 검토자의 수가 2인을 넘지 아니하도록 노력하여야 한다.[본조신설 2002. 12. 26.][시행일 2004. 1. 1.]

제16조(결재) ① 문서는 당해 행정기관의 장의 결재를 받아야 한다. 다만, 보조기관 또는 보좌기관의 명의로 발신하는 문서는 그 보조기관 또는 보좌기관의 결재를 받아야 한다.

② 행정기관의 장은 사무의 내용에 따라 그 보조기관·보좌기관 또는 당해 업무담당 공무원으로 하여금 위임전결하게 할 수 있으며, 그 위임전결사항은 당해 기관의 장이 훈령 또는 지방자치단체의 규칙으로 정한다.[개정 1996. 5. 3., 2002. 12. 26.][시행일 2004. 1. 1.]

③ 결재권자가 휴가·출장 기타의 사유로 결재할 수 없는 때에는 그 직무를 대리하는 자가 대결할 수 있되, 내용이 중요한 문서에 대하여는 결재권자에게 사후에 보고하여야 한다.[개정 1999. 8. 7.]

제16조의 2(검토·협조 및 결재 중인 문서의 열람체계 구축) 행정기관의 장은 검토·협조 및 결재 중인 전자문서를 검토자·협조자 및 결재권자가 동시에 볼 수 있도록 전자문서의 열람체계를 구축할 수 있다.[본조신설 2002. 12. 26.][시행일 2004. 1. 1.]

제17조(발신방법의 지정) 결재권자가 전신 또는 정보통신망에 의하여 시행할 문서에 결재를 함에 있어서 그 내용이 비밀사항이거나 비밀사항이 아니라도 누설되는 경우 국가

안전보장, 질서유지, 경제안정 기타 국가이익을 해 할 우려가 있는 사항은 그 발신방법을 암호 또는 음어로 지정하여야 한다.[개정 1996. 5. 3., 1999. 8. 7.]

제18조(시행문의 작성) ① 결재를 받은 문서 중 발신을 하여야 할 문서에 대하여는 행정자치부령이 정하는 바에 따라 수신자별로 시행문서(이하 "시행문"이라 한다)를 작성하여야 한다. 다만, 관보규정 제17조의 규정에 의하여 시행문에 갈음하여 관보에 게재·공포하도록 한 문서에 대하여는 그 시행문을 1부만 작성할 수 있으며, 전신·전신타자 또는 전화로 발신하는 문서에 대하여는 시행문을 작성하지 아니한다.[개정 1996. 5. 3., 1998. 7. 1.]

② 삭제[2002. 12. 26.][시행일 2004. 1. 1.]

제19조 삭제[2002. 12. 26.][시행일 2004. 1. 1.]

제20조 삭제[2002. 12. 26.][시행일 2004. 1. 1.]

제21조(관인날인 및 서명) ① 행정기관의 장 또는 합의제기관의 명의로 발신하는 문서의 시행문, 게시판 등에 고시 또는 공고하는 문서, 임용장·상장 및 각종 증명서에 속하는 문서에는 관인(전자이미지관인을 포함한다. 이하 같다)을 찍거나 행정기관의 장이 서명(전자문자서명 및 행정전자서명을 제외한다)을 하고, 보조기관 및 보좌기관의 명의로 발신하는 문서의 시행문에는 보조기관 및 보좌기관이 서명을 한다. 다만, 전신·전신타자 또는 전화로 발신하는 문서나 관보·신문 등에 게재하는 문서에는 관인을 찍거나 서명하지 아니하며, 경미한 내용의 문서에는 행정자치부령이 정하는 바에 따라 관인을 찍는 것과 서명하는 것을 생략할 수 있다.[개정 1999. 8. 7., 2001. 2. 14., 2002. 12. 26.][시행일 2004. 1. 1.]

② 관인을 찍어야 할 문서로서 다수의 수신자에게 동시에 발신 또는 교부하는 문서에는 관인날인에 갈음하여 관인의 인영을 인쇄하여 사용할 수 있다.

제22조(문서의 발송) ① 시행문은 처리과에서 발송하되, 종이문서인 경우에는 이를 복사하여 발송하고, 전자문서인 경우에는 전자문서시스템상에서 발송하여야 한다.[개정 1999. 8. 7., 2002. 12. 26.][시행일 2004. 1. 1.]

② 문서는 정보통신망을 이용하여 발신함을 원칙으로 한다. 다만, 업무의 성격 기타 특별한 사정이 있는 경우에는 인편·우편·모사전송·전신·전신타자·전화 등의 방법으로 발신할 수 있으며, 내용이 중요한 문서는 인편·등기우편 기타 발송사실을 증명할 수 있는 특수한 방법으로 발송하여야 한다.[개정 1999. 8. 7., 2002. 12. 26.][시행일 2004. 1. 1.]

③ 제1항의 규정에 불구하고 전자문서는 행정기관의 홈페이지 또는 공무원의 공식 전

자우편주소(행정기관이 공무원에게 부여한 전자우편주소를 말한다. 이하 같다)를 이용하여 행정기관 외의 자에게 발송할 수 있다.[신설 2002. 12. 26.][시행일 2004. 1. 1.]

④ 인편 또는 우편으로 발송하는 문서는 문서과의 지원을 받아 발송할 수 있다.[신설 1999. 8. 7.]

⑤ 전자문서 중 정보통신망을 이용하여 발송할 수 없는 문서는 이를 출력하여 발송할 수 있다.[신설 1999. 8. 7., 2001. 2. 14., 2002. 12. 26.][시행일 2004. 1. 1.]

제23조(문서의 접수·처리) ① 문서는 처리과에서 접수하여야 하며, 문서과에서 직접 받은 문서는 공공기관의기록물관리에관한법률시행령 제10조의 규정에 의한 기록물배부대장에 기록한 후 지체 없이 처리과에 이를 배부하여 접수하게 하여야 한다.[개정 1999. 8. 7., 2002. 12. 26.][시행일 2004. 1. 1.]

② 접수된 문서에는 행정자치부령이 정하는 접수인을 찍고, 공공기관의기록물관리에관한법률시행령 제10조의 규정에 의한 기록물등록대장에 접수등록번호와 접수일시를 기재하여야 하며, 전자문서인 경우에는 그 접수등록번호와 접수일시가 자동으로 표시되도록 하여야 한다. 다만, 제1항의 규정에 의하여 문서과에서 직접 받은 문서는 문서과가 접수일시를 기재하여 이를 처리과로 보낸다.[개정 1998. 7. 1., 1999. 8. 7., 2002. 12. 26.][시행일 2004. 1. 1.]

③ 처리과의 문서수발사무를 담당하는 자는 접수된 문서를 처리담당자에게 인계하고, 처리담당자는 행정자치부령이 정하는 문서에 해당하는 경우에는 공람할 자의 범위를 정하여 그 문서를 공람하게 할 수 있다. 다만, 전자문서인 경우에는 공람하였다는 기록이 전자문서시스템상에서 자동으로 표시되도록 하여야 한다.[개정 1999. 8. 7., 2002 . 12. 26.][시행일 2004. 1. 1.]

④ 제3항의 규정에 의한 공람을 하는 결재권자는 문서의 처리기한 및 처리방법을 지시할 수 있으며, 필요하다고 인정하는 때에는 그 처리담당자를 따로 지정할 수 있다.[개정 1999. 8. 7., 2002. 12. 26.][시행일 2004. 1. 1.]

⑤ 행정기관의 장은 정보통신망을 이용하여 행정기관 외의 자로부터 문서를 접수할 수 있도록 필요한 조치를 할 수 있으며, 정보통신망을 이용하여 접수된 문서는 제1항 내지 제4항의 규정에 의하여 처리하여야 한다. 다만, 발신자의 주소·성명 등이 불분명한 경우에는 접수하지 아니할 수 있다.[신설 1999. 8. 7., 2002. 12. 26.][시행일 2004. 1. 1.]

⑥ 행정기관의 장은 행정기관의 홈페이지 또는 공무원의 공식 전자우편주소를 이용하

여 행정기관 외의 자로부터 문서를 받아 처리과에서 접수할 수 있다.[신설 2002. 12. 26.][시행일 2004. 1. 1.]

⑦ 민원문서의 접수 및 처리는 민원사무처리에관한법률이 정하는 바에 의한다.[신설 1999. 8. 7., 2002. 12. 26.][시행일 2004. 1. 1.]

제24조(문서의 등록) 문서는 생산한 즉시 공공기관의기록물관리에관한법률시행령 제10조의 규정에 의하여 기록물등록대장에 등록하고 생산등록번호를 부여하여야 한다.[전문개정 1999. 12. 7., 2002. 12. 26.][시행일 2004. 1. 1.]

제25조(외국어로 된 문서 등에 대한 특례) 외국어로 된 문서에 대하여는 제10조 내지 제13조 및 제21조의 규정을 적용하지 아니할 수 있고, 법규문서 중 법률에 관한 문서에 대하여는 이 영의 적용을 받는 기관 외의 기관에서 다른 관행이 있는 경우에는 그에 의할 수 있다.[전문개정 1999. 12. 7.]

제3절(제26조 내지 제34조) 삭제[1999. 12. 7.]

제3절 전자문서의 표준 및 유통

제26조(전자문서의 표준 고시 등) ① 행정자치부장관은 전자문서시스템 기능의 규격표준, 전자문서시스템 간 전자문서의 유통표준, 전자문서시스템과 행정정보시스템 간 전자문서 또는 행정정보의 유통표준 등을 정하여야 한다. 다만, 산업표준화법에 의한 한국산업규격이 제정되어 있는 사항에 대하여는 그 규격에 따른다.

② 행정자치부장관은 제1항의 규정에 의하여 규격표준·유통표준 등을 정한 경우에는 이를 관보에 고시하고 인터넷에 게시하여야 한다. 그 표준을 변경하는 경우에도 또한 같다.

③ 행정기관의 장은 특별한 사유가 없는 한 제1항의 표준에 적합하다고 인증을 받은 전자문서시스템을 사용하여야 한다.

④ 제3항의 규정에 의한 인증은 행정자치부장관이 지정하는 전문기관이 행한다.[본조신설 2002. 12. 26.][시행일 2004. 1. 1.]

제27조(행정정보시스템과 전자문서시스템 간 연계) 행정기관의 장은 자체적으로 운영·관리하고 있는 행정정보시스템을 전자문서시스템 등과 연계하여 행정정보를 공동 활용하는 등의 조치를 취하여야 한다.[본조신설 2002. 12. 26.][시행일 2004. 1. 1.]

제28조(정부전자문서유통지원센터) ① 행정자치부장관은 행정기관 간 전자문서의 원활한 유통을 지원하기 위하여 행정자치부에 정부전자문서유통지원센터(이하 이 조에서 "센터"라 한다)를 두되, 정부전산정보관리소가 그 기능을 수행한다. 다만, 행정자치부장관은 전자문서유통관리의 안정성 및 용이성 등을 위하여 필요한 경우에는 센터 업무의 일부를 다른 행정기관으로 하여금 수행하게 할 수 있다.

② 센터는 다음 각호의 업무를 행한다.

1. 전자문서 또는 행정정보의 원활한 유통을 위한 지원 및 규격표준·유통표준 등의 운영

2. 전자문서시스템 및 행정정보시스템의 전자적 주소 등의 배포 및 관리

3. 전자문서 또는 행정정보의 효율적인 유통을 위한 프로그램의 개발·보급

4. 전자문서 또는 행정정보의 유통 시 발생하는 장애의 복구를 위한 지원

③ 전자문서의 원활한 유통을 위하여 센터의 운영에 관하여 필요한 세부사항은 행정자치부령으로 정한다.[본조신설 2002. 12. 26.][시행일 2004. 1. 1.]

제29조 내지 제34조 삭제[1999. 12. 7.]

제2장의2 정책실명제 등

제34조의 2(정책실명제) ① 행정기관의 장은 주요 정책의 결정 또는 집행과 관련되는 다음 각호의 사항을 종합적으로 기록·보존하여야 한다.

1. 주요 정책의 결정 및 집행과정에 참여한 관련자의 소속·직급 및 성명과 그 의견

2. 주요 정책의 결정 및 집행과 관련된 각종 계획서, 보고서, 회의·공청회·세미나 관련 준비자료 및 토의내용

② 행정기관의 장은 주요 정책의 결정을 위하여 공청회·세미나·관계자회의 등을 개최하는 경우에는 개회일시·참석자·발언내용·결정사항·표결내용 등을 처리과의 직원으로 하여금 기록하게 하여야 한다.[본조신설 1998. 7. 1.]

제34조의3(정책자료집) ① 행정기관의 장은 매년 처리과로 하여금 다음 각호에 관한 정책자료집을 만들게 하여야 한다.[개정 1999. 8. 7.]

1. 주요 국정현안 사항

2. 대규모의 국책공사 기타 대규모의 예산이 투입되는 사업

3. 주요 외교 및 통상협상의 내용

4. 대통령령 이상의 법령의 제정

5. 국민생활에 큰 영향을 미치는 제도

6. 기타 정책자료집으로 만들어 보존할 필요가 있는 사항

② 제1항의 규정에 의한 정책자료집에는 다음 각호의 사항이 포함되어야 한다.

1. 추진배경

2. 추진경과

3. 계획에서부터 시행·완결까지에 관련된 다음 각목의 문서

가. 계획서·보고서·추진계획표·일정표·심사 분석결과 등

나. 관련자 및 관련자별 업무분담내용

다. 공청회·세미나 및 관계자회의의 기록

라. 정책·사업 등을 변경하는 경우 변경하게 된 경위, 관련자 및 관련기록

③ 행정기관의 장은 제1항 및 제2항의 규정에 의하여 만든 정책자료집 중 1부는 당해 기관에 보관하고, 1부는 정부기록보존소에 제출하여야 한다. 이 경우 제1항 제3호에 관한 정책자료집은 외교통상부령이 정하는 바에 따라 일반에게 공개한 해부터 정부기록보존소에 이관하여야 한다.[개정 1999. 12. 7.]

④ 정부기록보존소장은 제3항의 규정에 의하여 제출받은 정책자료집을 영구보존하여야 한다.[본조신설 1998. 7. 1.]

제34조의4(행정보도자료의 실명제공) 행정기관이 언론기관에 보도자료를 제공하는 경우에는 당해 자료에 담당부서·담당자·연락처 등을 함께 기재하여야 한다.[본조신설 1998. 7. 1.]

제3장 관인관리

제35조(종류 및 비치) ① 관인은 행정기관의 명의로 발송 또는 교부하는 문서에 사용하는 청인과 행정기관의 장 또는 보조기관의 명의로 발송 또는 교부하는 문서에 사용하는 직인으로 구분한다.

② 각급 행정기관은 다음의 구분에 따라 관인을 비치한다.[개정 1998. 7. 1., 1999. 8. 7.]

1. 의결기관·자문기관 기타 합의제기관은 청인을 가지되, 자문기관은 필요한 경우에 한하여 이를 가진다.

2. 제1호 외의 기관은 그 기관장의 직인을 가진다.

3. 정부조직법 제6조 제2항의 규정에 의하여 보조기관이 위임받은 사무를 행정기관으로서 처리하는 경우에는 그 사무처리를 위하여 직인을 가진다.

4. 합의제기관의 장은 법령에 의하여 합의제기관의 장으로서 사무를 처리하는 경우에는 그 사무처리를 위하여 직인을 가질 수 있다.

제36조(특수관인) ① 각급 학교에서 사용하는 관인은 교육인적자원부장관이, 군기관에서 사용하는 관인은 국방부장관이, 검찰기관이 사용하는 관인은 법무부장관이, 외교통상부 및 재외공관에서 외교문서에 사용할 관인은 외교통상부장관이, 세입징수관·지출관·회계 기타 재무에 관한 사무를 담당하는 공무원의 직인은 재정경제부장관이 각각 그 규격·등록 등 관리에 관하여 필요한 사항을 정한다.[개정 94. 12. 23., 1998. 7. 1., 2001. 1. 29., 대령 제17115호]

② 행정기관의 장은 유가증권 기타 특수한 증표발행에 필요한 관인과 민원업무 등 특수업무를 처리하기 위한 관인을 따로 가질 수 있다.[개정 1999. 8. 7.]

③ 각급 행정기관은 전자문서에 사용하기 위하여 전자이미지관인을 가지며, 전자이미지관인은 관인을 전자입력하여 사용하여야 한다.[신설 1996. 5. 3., 1999. 8. 7., 2001. 2. 14.]

제37조(규격) 관인의 모양은 행정기관의 장이 정하되, 그 크기는 별표 1의 규격을 초과할 수 없다.[전문개정 1999. 8. 7.]

제38조(등록) ① 행정기관은 행정자치부령이 정하는 바에 따라 관인의 인영을 당해 행정기관의 관인대장에, 전자이미지관인의 인영을 당해 행정기관의 전자이미지관인대장에 각각 등록하여야 한다. 다만, 제3차 소속기관은 직근 상급기관에 등록할 수 있다.[개정 1998. 7. 1., 1999. 8. 7., 2002. 12. 26.][시행일 2004. 1. 1.]

② 관인은 등록하지 아니하면 이를 사용하지 못한다.[신설 1999. 8. 7.]

제39조(재등록 및 폐기) ① 관인이 분실 또는 마멸되거나 갱신할 필요가 있는 때에는 그 사유를 들어 제38조의 규정에 의한 등록기관에 관인을 재등록하여야 한다.[개정 1999. 8. 7.]

② 제1항 또는 그 밖의 사유로 관인을 폐기하고자 하는 때에는 관인대장에 관인폐기 내역을 기재하고, 그 관인을 정부기록보존소(시·군 및 자치구는 공공기관의기록물관리에관한법률 제7조의 규정에 의한 지방기록물관리기관을 말한다)에 관인폐기공고문과 함께 이관하여야 한다. 정부기록보존소 또는 지방기록물관리기관은 폐기된 관인이 잘못 사용되거나 유

출되지 아니하도록 하여야 한다.[개정 1999. 8. 7., 2002. 12. 26.][시행일 2004. 1. 1.]

③ 전자이미지관인을 사용하는 기관은 관인을 재등록한 경우 즉시 사용 중인 전자이미지관인을 삭제하고, 재등록한 관인의 인영을 전자이미지관인으로 전환하여 사용하여야 한다.[신설 1999. 8. 7., 2001. 2. 14., 2002. 12. 26.][시행일 2004. 1. 1.]

④ 전자이미지관인을 사용하는 기관은 사용 중인 전자이미지관인의 인영의 원형이 제대로 표시되지 아니하는 경우 전자이미지관인을 재등록하여 사용하여야 한다.[신설 2002. 12. 26.][시행일 2004. 1. 1.]

제40조(공고) 관인 또는 전자이미지관인을 등록 또는 재등록하거나 폐기한 때에는 등록기관은 이를 관보에 공고하여야 한다. 다만, 제3차 소속기관의 관인 또는 전자이미지관인의 경우에는 직근 상급기관이 이를 공고할 수 있다.[개정 1999. 8. 7., 2001. 2. 14., 2002. 12. 26.][시행일 2004. 1. 1.]

제41조(공인) 지방자치단체의 공인에 관하여는 이 장의 규정에 불구하고 당해 지방자치단체의 조례가 정하는 바에 의한다.

제4장 보고사무

제42조(보고의 심사) 행정기관이 다른 행정기관이나 공공단체·민간단체 또는 사기업체(이하 "민간단체"라 한다)로부터 정기 또는 수시로 보고를 받고자 하는 때에는 미리 이 장에 의한 심사(이하 "보고심사"라 한다)를 받아야 한다. 다만, 군사에 관한 보고심사에 관하여는 관계중앙행정기관의 장이 따로 정할 수 있다.[전문개정 1996. 5. 3.]

제43조(보고심사대상) ① 보고심사의 대상이 되는 보고는 다음과 같다.[개정 1996. 5. 3., 1999. 8. 7.]

1. 중앙행정기관 또는 그 소속기관이 다른 행정기관으로부터 받는 보고

2. 지방자치단체가 다른 지방자치단체로부터 받는 보고

3. 교육행정기관이 동급 또는 하급기관(각급 학교를 포함한다. 이하 같다)으로부터 받는 보고

4. 삭제 [1999. 8. 7.]

② 제1항의 규정에 불구하고 다음 각호의 1에 해당하는 사항에 대하여는 보고심사를 받지 아니한다.[개정 1996. 5. 3., 1998. 7. 1., 1999. 8. 7.]

1. 법령의 해석 및 질의응답
2. 인원차출 및 표창상신
3. 유인물·책자 및 수령증 등의 송부
4. 전문기관에 대한 화학적·물리적 시험의 의뢰
5. 각종 위원회 위원의 위촉에 따른 동의·조회 및 신원조회
6. 범죄수사 및 소송수행에 필요한 보고 또는 자료
7. 감사원법에 의한 회계검사 및 직무감찰에 관한 보고와 감사원의 실지감사 및 현지조사에 필요한 보고 또는 자료
8. 법령에 의한 관계기관 간의 협의·동의 및 합의
9. 대공정보활동 및 첩보활동에 관한 보고
10. 작전·경비 및 경계에 관한 보고
11. 위험한 재해(화재·풍수해·설해 및 한해 등을 말한다) 및 질병에 관한 사항으로서 긴급을 요하는 보고
12. 보안업무규정에 의하여 비밀로 분류된 보고
13. 외교관계의 수립, 국제입찰 및 외국차관 등 긴급한 국제관계에 관한 보고
14. 법령에 의하여 중앙행정기관이 다른 행정기관에 요구하는 감사자료 및 감사결과 보고
15. 통계법에 의한 통계보고
16. 국회 또는 지방의회의 의결에 의하여 요구한 자료에 대한 보고
17. 정기보고의 보고기일 또는 보고주기 등을 완화하거나 보고내용을 축소하는 보고
18. 단순·경미한 보고사항
19. 기타 행정자치부장관이 특별히 정하는 보고

제44조(보고심사관) ① 보고관계업무의 사전심사·조정·승인 등 보고심사에 관한 사무를 관장하기 위하여 행정자치부에 중앙보고심사관을, 행정기관에 자체보고심사관을 둔다.[개정 1996. 5. 3., 1998. 7. 1.]

② 중앙보고심사관은 중앙보고심사업무를 담당하는 과의 장이 된다.[개정 1996. 5. 3., 1998. 7. 1., 1999. 8. 7.]

③ 행정기관의 자체보고심사관은 그 기관의 보고관계업무를 담당하는 과의 장이 된다.[개정 1999. 8. 7.]

④ 삭제[1999. 8. 7.]

제45조 및 제46조 삭제[1999. 8. 7.]

제47조(보고의 종류) ① 보고는 정기보고 및 수시보고로 구분한다.

② 정기보고는 정기적으로 행하여지는 보고를 말한다.

③ 수시보고는 정기보고를 제외한 보고를 말한다.[개정 1999. 8. 7.]

제48조(정기보고의 지정) ① 다음 각호의 1에 해당하는 정기보고는 행정자치부령으로 지정한다.[개정 1998. 7. 1., 1999. 8. 7.]

1. 중앙행정기관이 그 소속기관 외의 행정기관 및 민간단체로부터 받는 정기보고

2. 중앙행정기관의 소속기관이 중앙행정기관으로부터 받는 정기보고

② 제1항의 규정에 의한 정기보고 외에 다음 각호의 1에 해당하는 정기보고는 당해 중앙행정기관의 장이 훈령으로 지정한다.[개정 1998. 7. 1., 1999. 8. 7.]

1. 중앙행정기관이 그 소속기관으로부터 받는 정기보고

2. 중앙행정기관의 소속기관이 중앙행정기관을 제외한 행정기관 및 민간단체로부터 받는 정기보고

③ 지방자치단체가 다른 지방자치단체로부터 받는 정기보고는 행정자치부장관이 훈령으로 지정한다.[개정 1998. 7. 1., 1999. 8. 7.]

④ 교육행정기관이 동급 또는 하급기관으로부터 받는 정기보고는 교육인적자원부장관이 훈령으로 지정한다.[개정 1998. 7. 1., 1999. 8. 7., 2001. 1. 29. 대령 제17115호]

⑤ 정기보고의 서식은 제1항 및 제3항의 경우에는 행정자치부장관의, 제2항의 경우에는 당해 중앙행정기관의 장이, 제4항의 경우에는 교육인적자원부장관의 승인을 각각 얻어야 한다. 이 경우 서식을 승인하는 자는 행정자치부령이 정하는 바에 따라 정기보고의 지정번호를 부여하여야 한다.[개정 1998. 7. 1., 2001. 1. 29. 대령 제17115호]

⑥ 제1항 내지 제5항의 규정에 의하여 정기보고의 지정을 받고자 하거나 서식의 승인을 얻고자 하는 경우에는 행정자치부령이 정하는 바에 따라 관계서류를 제출하여야 한다.[개정 1998. 7. 1.]

⑦ 제1항 내지 제4항의 규정에 의하여 정기보고를 지정한 자는 지정된 정기보고에 대하여 존치의 필요가 없다고 인정되는 때에는 이를 폐지하여야 한다.[개정 1999. 8. 7.]

제49조(수시보고요구에 대한 심사) ① 다음 각호의 1에 해당하는 수시보고요구문서는 중앙보고심사관의 보고심사를 받아야 한다.[개정 1996. 5. 3.]

1. 중앙행정기관이 그 소속기관을 제외한 행정기관 및 민간단체로부터 받는 수시보고

2. 중앙행정기관의 소속기관이 중앙행정기관으로부터 받는 수시보고

② 다음 각호의 1에 해당하는 수시보고 요구문서는 자체보고심사관의 보고심사를 받아야 한다.[개정 1996. 5. 3., 1999. 8. 7.]

1. 중앙행정기관의 소속기관이 중앙행정기관을 제외한 행정기관 및 민간단체로부터 받는 수시보고

2. 지방자치단체가 다른 지방자치단체로부터 받는 수시보고 및 교육행정기관이 동급 또는 하급기관으로부터 받는 수시보고

3. 중앙행정기관이 지방자치단체 또는 관련민간단체에 국비부담금 또는 보조금 등을 지원하는 사업의 계획·진도·결과에 대한 수시보고

4. 민원사무처리를 위한 수시보고

5. 대통령직속기관이 받는 수시보고

③ 수시보고 요구문서는 당해 기관의 장의 직근 하급공무원 이상의 결재를 받아 시행하여야 한다. 다만, 국장급공무원이 있는 기관은 국장의 결재를 받아 시행할 수 있다.

④ 및 ⑤ 삭제[1999. 8. 7.]

제50조(보고심사기준) 정기보고를 지정하거나 수시보고에 대한 보고심사를 함에 있어서는 다음의 기준에 의하여 심사하고 그 결과를 지체 없이 당해 행정기관에 통보하여야 한다.[개정 1996. 5. 3., 2002. 12. 26.][시행일 2004. 1. 1.]

1. 보고목적의 타당성

2. 다른 보고와의 중복 여부

3. 관계기관 등과의 사전협의 여부

4. 보고기일 또는 보고주기의 타당성

5. 보고작성기관의 적정성

6. 보고서식의 합리성

7. 자료관 등의 기존자료활용 가능성[시행일 2004. 1. 1.]

8. 표본조사의 가능성

9. 보고내용의 정확성

10. 행정용어 순화 여부

제51조(보고기일) ① 정기보고의 보고기일은 별표 2에 의한다. 다만, 정기보고를 지정한 법령 또는 훈령이 보고기일을 따로 정한 경우에는 그러하지 아니하다.

② 수시보고의 보고기일은 보고기관의 범위, 보고내용의 난이도 및 보고작성에 소요되는 시간 등을 참작하여 정하되, 최소한 다음 각호에 규정에 기일을 부여하여야 한다. 다만, 전신·전신타자·전화 또는 정보통신망으로 보고하는 경우와 특별한 사유가 있는 경우에는 중앙보고심사관 또는 자체보고심사관의 승인을 얻어 그 기일을 단축 조정할 수 있다.[개정 1996. 5. 3., 1999. 8. 7.]

1. 중앙행정기관 상호간에는 5일

2. 중앙행정기관과 제1차 소속기관 간에는 7일

3. 제1차 소속기관과 제2차 소속기관 간에는 7일

4. 제2차 소속기관과 제3차 소속기관 간에는 5일

③ 제1항 및 제2항의 보고기일 내에 보고할 수 없는 경우에는 당해 보고기일 이전에 보고예정일과 지연사유를 보고요구기관에 통보하여야 한다.

제52조(보고의 독촉) ① 보고요구기관의 장은 보고가 기일 내에 도달되지 아니한 때에는 다음 각호의 규정에 의하여 보고기관의 장에게 행정자치부령이 정하는 독촉장을 발부할 수 있으며, 독촉을 받은 보고기관의 보고심사관은 당해 보고가 지체 없이 행하여지도록 필요한 조치를 하여야 한다.[개정 1996. 5. 3., 1998. 7. 1., 1999. 8. 7.]

1. 보고기일 후 5일이 경과하여도 보고가 도달되지 아니한 때에는 제1차 독촉장을 발부한다.

2. 제1차 독촉장에 명시된 보고기일 후 5일이 경과하여도 보고가 도달되지 아니한 때에는 제2차 독촉장을 발부한다.

3. 제2차 독촉장에 명시된 보고기일 후 5일이 경과하여도 보고가 도달되지 아니한 때에는 제3차 독촉장을 발부할 수 있다.

4. 독촉장을 발부하는 경우에는 3일 이상의 보고기일을 부여하여야 한다.

② 삭제[1999. 8. 7.]

제53조(보고요구문서 등의 근거 표시) ① 보고요구문서 및 보고문서를 시행하는 때에는 그 기안문 및 시행문에 행정자치부령이 정하는 바에 따라 표시를 하여야 한다.[개정 1996. 5. 3., 1998. 7. 1., 1999. 8. 7., 2002. 12. 26.][시행일 2004. 1. 1.]

② 삭제[2002. 12. 26.][시행일 2004. 1. 1.][본문제목개정 2002. 12. 26.]

제54조 삭제[2002. 12. 26.][시행일 2004. 1. 1.]

제5장 협조사무

제55조(기관간업무협조) ① 행정기관이 다음 각호의 1에 해당하는 업무를 행하고자 하는 때에는 당해 업무의 기획·확정·공표 또는 시행 전에 관계기관의 업무협조를 받아야 한다. 이 경우 업무협조의 요청을 받은 기관은 정부업무가 효율적으로 수행되도록 적극 협조하여야 한다.

1. 2 이상의 행정기관이 공동으로 행하는 것이 필요한 업무

2. 다른 행정기관의 행정지원을 필요로 하는 업무

3. 다른 행정기관 또는 상급기관의 인가·승인 등을 거쳐야 하는 업무

4. 기타 행정기관의 협의·동의 및 의견조회 등이 필요한 업무

② 업무협조를 요청함에 있어서는 그 취지와 추진계획 및 파급효과 등 당해 업무협조 사안에 대한 이해를 도울 수 있는 관계자료를 함께 송부하여야 한다.

제56조(업무협조의 방법) 업무협조는 다음의 방법에 의한다.

1. 문서에 의한 협조

2. 회의 등에 의한 협조

3. 공동 작업반 편성 등에 의한 협조

4. 전화 등에 의한 협조

제57조(업무협조의 종류) ① 업무협조는 지정협조와 수시협조로 구분한다. ② 지정협조는 행정기관 사이에 상례적으로 행하여지는 업무협조로서 협조업무명·처리기간·협조요청기관 및 협조기관 등이 행정자치부령 또는 훈령으로 지정된 업무협조를 말한다.[개정 1998. 7. 1.]

③ 수시협조는 업무협조를 하여야 할 사안이 발생한 때에 수시로 처리기간 등을 정하여 요청하는 업무협조를 말한다.

제58조(지정협조의 지정) ① 다음 각호의 1에 해당하는 업무협조 중 상례적으로 행하여지는 업무협조는 행정자치부령으로 지정한다.[개정 1998. 7. 1., 2001. 1. 29. 대령 제17115호]

1. 중앙행정기관이 다른 중앙행정기관에 요청하는 업무협조

2. 지방자치단체가 중앙행정기관에 요청하는 업무협조

② 다음 각호의 1에 해당하는 업무협조 중 상례적으로 행하여지는 업무협조는 당해 지

정권자가 훈령으로 지정한다.[개정 1996. 5. 3., 1998. 7. 1.]

1. 중앙행정기관의 소속기관이 중앙행정기관에 요청하는 업무협조는 협조요청을 받는 중앙행정기관의 장

2. 행정기관이 중앙행정기관의 소속기관에 요청하는 업무협조는 협조요청을 받는 기관의 소속중앙행정기관의 장

3. 행정기관이 지방자치단체에 요청하는 업무협조는 행정자치부장관(교육행정기관에 요청하는 경우에는 교육인적자원부장관)

③ 제1항 또는 제2항의 규정에 의한 지정협조의 지정을 받고자 하는 때에는 행정자치부령이 정하는 바에 따라 관계서류를 지정권자(제1항의 규정에 의한 지정협조의 경우에는 행정자치부장관 이하 이 조에서 같다)에게 제출하여야 한다.[개정 1998. 7. 1.]

④ 지정권자는 지정협조에 대하여 필요한 경우 관계기관과의 협의를 거쳐 이를 정비하여야 한다.[개정 1999. 8. 7.]

⑤ 삭제[1999. 8. 7.]

제59조(협조심사관) ① 업무협조문서의 심사에 관한 사무를 관장하기 위하여 각급 행정기관에 협조심사관을 둔다.[개정 1996. 5. 3.]

② 협조심사관은 특별한 사유가 있는 경우를 제외하고는 제44조의 규정에 의한 자체보고심사관이 이를 겸임한다.[개정 1996. 5. 3.]

③ 삭제[1999. 8. 7.]

제60조(수시협조문서의 심사) ① 수시협조를 요청하는 문서를 시행하는 때에는 행정자치부령이 정하는 바에 따라 협조심사관의 심사를 받아야 한다.[개정 1996. 5. 3., 1998. 7. 1., 1999. 8. 7.]

② 협조심사관이 제1항의 규정에 의하여 심사를 하는 때에는 행정자치부령이 정하는 바에 따라 협조심사의 표시를 하여야 한다.[개정 1996. 5. 3., 1998. 7. 1., 1999. 8. 7., 2002. 12. 26.][시행일 2004. 1. 1.]

③ 및 ④ 삭제[1999. 8. 7.]

제61조(지정·심사의 기준) 지정협조를 지정하거나 수시협조를 심사하는 때에는 다음 사항을 검토하여야 한다.[개정 1996. 5. 3.]

1. 협조요청 목적의 타당성

2. 협조요청 대상기관의 타당성

3. 협조처리기관의 타당성

4. 협조요청내용의 명확성

5. 관계기관 등과의 사전협조 여부

제62조 및 제63조 삭제[1999. 8. 7.]

제64조(처리기간) ① 지정협조의 처리기간은 그 지정형식에 따라 행정자치부령 또는 훈령으로 정한다.[개정 1998. 7. 1.]

② 수시협조의 처리기간은 업무협조를 요청하는 기관이 업무협조내용과 그 처리 및 회신에 필요한 기간 등을 참작하여 정하되, 특별한 사유가 있는 경우를 제외하고는 다음의 구분에 의한 처리기간을 부여하여야 한다.

1. 위원회 등의 심의를 거쳐야 하는 경우 ················ 30일 이상

2. 상급기관의 결정 등을 거쳐야 하는 경우 ············ 25일 이상

3. 관계기관의 업무협조를 거쳐야 하는 경우 ·········· 20일 이상

4. 자체 종합계획의 수립을 필요로 하는 경우 ········· 20일 이상

5. 기타 경미한 사안에 대한 업무협조 ····················· 7일 이상

③ 및 ④ 삭제[1999. 8. 7.]

제65조(업무협조문서의 보완) ① 업무협조요청을 받은 기관이 협조요청문서에 흠이 있음을 발견한 때에는 접수한 날부터 3일 이내에 보완을 요구하여야 한다. 이 경우 보완요구사항을 구체적으로 명시하여 일괄 요구하여야 하며, 5일 이상의 보완기간을 부여하여야 한다.

② 삭제[1999. 8. 7.]

③ 보완요구기관은 제1항의 규정에 의한 보완기간의 만료일부터 7일이 경과하여도 보완문서가 도달되지 아니한 때에는 당해 협조요청문서를 협조요청기관에 반려할 수 있다. [개정 1999. 8. 7.]

④ 삭제[1999. 8. 7.]

제66조(업무협조의 촉구) ① 업무협조요청기관은 협조문서가 처리기간 내에 도달되지 아니한 때에는 당해 협조기관에 대하여 5일 이상의 처리기간을 부여하여 행정자치부령이 정하는 바에 따라 협조를 촉구할 수 있다.[개정 1998. 7. 1.]

② 삭제[1999. 8. 7.]

제67조 내지 제69조 삭제[1999. 8. 7.]

제6장 서식관리

제70조(서식의 제정) 행정기관에서 장기간에 걸쳐 반복적으로 사용하는 문서로서 정형화할 수 있는 문서는 특별한 사유가 있는 경우를 제외하고는 서식으로 정하여 사용한다.

제71조(서식의 종류) 서식은 다음과 같이 법령서식과 일반서식으로 나눈다.

1. 법령서식은 법률·대통령령·총리령·부령·조례·규칙 등 법령으로 정한 서식을 말한다.

2. 일반서식은 법령서식을 제외한 모든 서식을 말한다.[전문개정 1999. 8. 7.]

제72조(서식제정의 방법) 다음의 서식은 법령으로 정한다. 다만, 법령에서 고시 등으로 정하도록 한 경우와 기타 특별한 사유가 있는 경우에는 그 서식을 고시·훈령·예규 등으로 정할 수 있다.[개정 1996. 5. 3., 1999. 8. 7.]

1. 당해 서식의 기재사항이 국민의 권리·의무와 직접 관련되는 사항을 정하는 서식

2. 인가·허가 및 승인 등 민원에 관계되는 서식

3. 행정기관에서 공통적으로 사용되는 서식 중 중요한 서식

4. 및 5. 삭제[1999. 8. 7.]

제73조(서식설계의 일반원칙) ① 서식에 사용되는 용지의 규격은 제10조 제4항의 규정에 의한 용지의 규격과 같게 하되, 부득이한 경우에는 별표 3의 규격에 해당하는 용지를 사용한다. 다만, 증표류 또는 컴퓨터에 의한 기록서식 등 기타 특별한 사유가 있는 경우에는 그에 적합한 규격의 용지를 사용할 수 있다.[개정 1996. 5. 3.]

② 서식은 특별한 사유가 있는 경우를 제외하고는 별도의 기안문 및 시행문을 작성하지 아니하고 서식 자체를 기안문 및 시행문으로 갈음할 수 있도록 생산등록번호·접수등록번호·수신자·시행일자 및 접수일자 등의 항목을 넣어 설계한다.[개정 2002. 12. 26.][시행일 2004. 1. 1.]

③ 전자문서의 서식에 대하여는 전자정부구현을위한행정업무등의전자화촉진에관한법률시행령 제4조의 규정이 정하는 바에 의한다.[개정 2001. 6. 30]

④ 서식에는 호적·병적·연고지조사 등의 필요가 있는 경우를 제외하고는 본적 란을 설치하지 아니한다.

⑤ 민원서식에는 당해 민원사무의 처리절차·연락처·처리기간 및 전자적 처리가능 여부 등을 표시하여 민원인의 편의를 도모하여야 한다.[개정 2002. 12. 26.][시행일 2004. 1. 1.]

⑥ 서식은 누구나 쉽게 이해할 수 있는 용어를 사용하여 설계하여야 하며, 불필요하거나 활용도가 낮은 항목을 넣어서는 아니 된다.[신설 1999. 8. 7., 2002. 12. 26.][시행일 2004. 1. 1.]

⑦ 서식은 법령에 의하여 서식에 날인하도록 정한 경우를 제외하고는 서명이나 날인을 선택적으로 할 수 있도록 설계하여야 한다.[신설 1999. 8. 7.]

⑧ 서식은 글씨의 크기, 항목 간의 간격, 기재할 여백의 크기 등을 균형 있게 조절하여 기입항목의 식별이 쉽도록 설계하여야 한다.[신설 1999. 8. 7.]

⑨ 서식에는 가능한 한 행정기관의 로고·상징·마크 또는 홍보문구 등을 표시하여 행정기관의 이미지가 제고될 수 있도록 하여야 한다.[신설 2002. 12. 26.][시행일 2004. 1. 1.]

제74조(서식의 승인 등) ① 중앙행정기관이 법령으로 서식을 제정 또는 개정하고자 하는 경우에는 국무총리의 승인을 얻어야 한다.

② 중앙행정기관의 소속기관이 서식을 제정 또는 개정하고자 하는 경우에는 소속중앙행정기관의 장의, 지방자치단체의 경우에는 행정자치부장관의, 교육행정기관의 경우에는 교육인적자원부장관의 승인을 얻어야 한다. 다만, 지방자치단체 간 또는 지방교육행정기관 간 공통으로 사용되지 아니하는 서식이나 단순·경미한 서식은 지방자치단체의 장 또는 지방교육행정기관의 장이 정한다.[개정 1996. 5. 3., 1998. 7. 1., 2001. 1. 29. 대령 제17115호]

③ 정기보고서식의 승인에 관하여는 제48조 제5항의 규정이 정하는 바에 의한다.

④ 제1항 내지 제3항의 규정에 의하여 승인된 서식에 대하여 업무의 전산화 등으로 승인된 서식을 그대로 사용할 수 없는 경우와 단순히 자구수정이나 활자크기·종이류 등을 변경하고자 할 경우에는 서식제정의 근본목적을 침해하지 아니하는 범위 안에서 기재항목 또는 형식 등을 변경하거나 자구수정, 활자크기 또는 종이류 등을 변경하여 사용할 수 있다. 이 경우 제1항 내지 제3항의 규정에 불구하고 사후통보로 승인에 갈음할 수 있다.[개정 1996. 5. 3.]

⑤ 서식제정기관은 서식을 폐지한 때에는 지체 없이 그 사실을 서식승인기관에 통보하여야 한다.

⑥ 중앙행정기관의 장이 고시·훈령 또는 예규 등으로 서식을 제정 또는 개정하고자 할 경우와 지방자치단체 또는 지방교육행정기관의 장이 서식을 제정 또는 개정할 경우의 서식의 표시에 관하여는 제76조의 규정을 준용한다.[신설 1996. 5. 3.]

제75조(서식승인의 신청) ① 행정기관은 서식의 제정 또는 개정의 승인신청을 하는 때에는 서식승인신청서에 서식초안 2부를 첨부하여야 한다. 이 경우 서식초안은 특별한 사유가 있는 경우를 제외하고는 전산기기에 의하여 작성하여야 한다.

② 2 이상의 기관에 관계되는 서식은 관계기관 간의 사전협의를 거쳐야 한다.

제76조(서식제원의 표시) ① 삭제[1999. 8. 7.]

② 서식에는 서식의 아래 한계선 오른쪽 밑에 용지의 규격·지질 및 단위당 중량을 표시하여야 한다.[개정 1999. 8. 7.]

③ 서식의 지질 및 단위당 중량의 결정기준은 행정자치부령으로 정한다.[개정 1999. 8. 7.]

제77조(서식의 전산관리) ① 행정기관의 장은 부득이한 경우를 제외하고는 서식을 전산기기에 의하여 관리하고 이를 사용자에게 제공하여야 한다.

② 제1항의 규정에 의하여 관리하는 서식 중 국민의 편의를 위하여 필요하다고 인정되는 서식은 디스크 등에 수록하여 정부전산정보관리소장에게 통보하여야 한다.[전문개정 1999. 8. 7.]

제7장(제78조 내지 제89조) 삭제[1999. 12. 7.]

제8장 업무편람

제90조(업무편람의 작성·활용) 행정기관이 상당 기간에 걸쳐 반복적으로 행하는 업무에 대하여는 그 업무의 처리가 표준화·전문화될 수 있도록 업무편람을 작성하여 활용함을 원칙으로 한다.

제91조(업무편람의 종류) 업무편람은 다음과 같이 행정편람과 직무편람으로 구분한다.[개정 1999. 8. 7.]

1. 행정편람은 사무처리절차 및 기준과 장비운용방법 기타 일상적 근무규칙 등에 관하여 각 업무담당자에게 필요한 지침·기준 또는 지식을 제공하는 업무지도서 또는 업무참고서를 말한다.

2. 직무편람은 부서별로 그 소관업무에 대한 업무계획·관리업무현황 기타 참고자료 등을 체계적으로 정리하여 활용하는 업무현황철 또는 업무참고철을 말한다.

제92조 내지 제94조 삭제[1999. 8. 7.]

제95조(행정편람의 심의) ① 행정기관의 장은 행정편람을 발간함에 있어서 필요한 경우에는 해당기관 공무원 및 관계전문가를 심의자문위원으로 위촉할 수 있다.[개정 1998. 7. 1., 1999. 8. 7.]

② 제1항의 규정에 의한 심의자문위원회에 대하여는 예산의 범위 안에서 수당 기타 필요한 경비를 지급할 수 있다.

제96조(행정편람의 수정 및 보완) ① 행정편람의 발간기관은 관련제도의 변경 등으로 행정편람의 내용을 수정 또는 보완하여야 하는 사유가 발생한 때에는 그 내용을 수정 또는 보완하여야 한다.

② 및 ③ 삭제[1999. 8. 7.]

제97조 삭제[1999. 8. 7.]

제98조(직무편람의 작성대상) ① 직무편람은 부서별로 작성한다.[개정 1999. 8. 7.]

② 부서편람은 특별한 사유가 있는 경우를 제외하고는 행정기관의 직제에 규정된 최하단위부서별로 작성한다.

③ 삭제[1999. 8. 7.]

제99조 삭제[1999. 8. 7.]

제100조(업무편람의 관리) ① 삭제[1999. 8. 7.]

② 처리과의 장은 정기 또는 수시로 직무편람의 내용을 점검하여야 한다.[개정 1999. 8. 7.]

③ 업무편람은 컴퓨터 화일로 관리할 수 있다.[신설 1999. 8. 7.]

제9장 사무자동화

제101조(행정사무의 자동화) ① 행정기관은 소관사무를 효율적으로 수행하기 위하여 사무의 자동화를 추진하여야 한다.

② 삭제[2001. 8. 25.]

제102조(기본계획의 수립) ① 행정자치부장관은 사무자동화를 종합적·체계적으로 추진하기 위하여 다음의 내용이 포함된 사무자동화기본계획(이하 "기본계획"이라 한다)을 수립하여 추진할 수 있다.[개정 1998. 7. 1.]

1. 사무자동화의 대상이 되는 사무 분야

2. 사무자동화기기의 수요 및 소요예산에 관한 사항

3. 사무자동화기기이용기술의 보급에 관한 사항

4. 사무자동화의 교육·훈련에 관한 사항

5. 기타 사무자동화사업의 추진에 관한 사항

② 행정자치부장관은 제1항의 규정에 의하여 기본계획을 수립한 때에는 이를 중앙행정기관의 장에게 통보하여야 한다.[개정 1998. 7. 1.]

③ 중앙행정기관의 장은 제1항의 기본계획을 수정할 필요가 있는 때에는 이를 행정자치부장관에게 요청할 수 있으며, 행정자치부장관은 그 타당성을 검토한 후 기본계획을 수정하고, 그 결과를 중앙행정기관의 장에게 통보하여야 한다.[개정 1996. 5. 3., 1998. 7. 1.]

④ 기본계획은 정보화촉진기본법 제5조의 규정에 의한 정보화촉진기본계획에 포함하여 시행할 수 있다.[신설 1999. 8. 7.]

제103조(시행계획의 수립) ① 중앙행정기관의 장은 제102조의 규정에 의한 기본계획에 따라 연도별 사무자동화추진시행계획(이하 "시행계획"이라 한다)을 수립하여 행정자치부장관에게 제출하여야 하며, 이를 제출 받은 행정자치부장관은 시행계획을 검토·조정할 수 있다. 다만, 기본계획이 제102조 제4항의 규정에 의하여 정보화촉진기본계획에 포함되어 시행되는 경우에는 시행계획을 정보화촉진기본법 제6조 및 동법시행령 제3조의 규정에 의한 정보화촉진시행계획에 포함하여 제출하여야 한다.[개정 1998. 7. 1., 1999. 8. 7.]

② 중앙행정기관의 장은 시행계획을 수정한 때에는 이를 행정자치부장관에게 통보하여야 한다.[개정 1998. 7. 1.]

제104조(사무자동화에 관한 자문기구) ① 사무자동화추진에 관하여 행정자치부장관의 자문에 응하기 위하여 사무자동화에 관한 자문기구를 둘 수 있다.

② 제1항의 규정에 의한 자문기구의 구성 및 운영에 관하여 필요한 사항은 행정자치부령으로 정한다.[전문개정 1999. 8. 7.]

제105조(기기 및 이용기술의 표준화) ① 행정자치부장관은 행정기관에서 공통적으로 사용하거나 호환성이 필요한 사무자동화기기에 대하여는 그 기종을 지정하거나 사무자동화기기의 표준화를 위하여 필요한 조치를 할 수 있다.[개정 1998. 7. 1.]

② 행정자치부장관은 사무자동화기기의 효율적 이용 및 사무처리의 표준화를 위하여 필요하다고 인정하는 경우에는 사무자동화기기이용기술을 지정할 수 있다.[개정 1998. 7. 1.]

제106조(기기운용능력의 검정) ① 행정자치부장관은 공무원의 사무자동화기기운용능력

을 높이기 위하여 필요한 경우에는 공무원의 기기운용능력을 검정하여 기능수준에 따라 등급을 부여할 수 있다.[개정 1998. 7. 1.]

② 행정자치부장관은 제1항의 규정에 의한 권한 중 검정에 관한 권한을 정부전산정보관리소장에게 위임한다.[개정 1996. 6. 29., 1998. 7. 1.]

제107조(시범사업 등의 실시) ① 행정자치부장관은 제105조의 규정에 의한 기종의 지정에 앞서 기기의 성능측정 등을 위하여 필요한 경우에는 특정기관을 지정하여 그 기관으로 하여금 기기의 시험운용을 하게 할 수 있다.[개정 1998. 7. 1.]

② 행정자치부장관은 기기의 보급·확산을 위하여 필요한 경우에는 시범기관을 지정하여 사무자동화시범사업을 하게 할 수 있다.[개정 1998. 7. 1.]

제108조(실태조사) ① 행정자치부장관은 사무자동화사업의 효율적인 추진을 위하여 필요한 때에는 각급 행정기관에 대하여 시행계획의 추진상황과 사무자동화기기의 운영실태 등을 조사하거나 관계자료의 제출을 요청할 수 있다.[개정 1998. 7. 1.]

② 행정자치부장관은 제1항의 규정에 의한 조사결과 시정 또는 보완이 필요한 사항에 대하여는 이를 관계기관의 장에게 통보하여야 하며, 통보받은 관계기관의 장은 필요한 조치를 취하고, 그 결과를 행정자치부장관에게 통보하여야 한다.[개정 1998. 7. 1.]

제109조(사무자동화사업의 평가) ① 중앙행정기관의 장은 시행계획의 추진실적을 다음 연도 1월 31일까지 행정자치부장관에게 제출하여야 한다. 다만, 제103조 제1항 단서의 규정에 의하여 시행계획이 정보화촉진시행계획에 포함된 경우에는 정보화촉진시행계획의 추진실적에 포함하여 제출할 수 있다.[개정 1998. 7. 1., 1999. 8. 7.]

② 행정자치부장관은 각 기관의 사무자동화추진상황을 종합평가하고 그 결과를 기본계획에 반영하여야 한다.[개정 1998. 7. 1.]

제110조(지방행정사무의 자동화 추진) 특별시·광역시 및 도의 행정사무의 자동화는 행정자치부장관이 종합·추진하고, 교육행정기관의 행정사무의 자동화는 교육인적자원부장관이 종합·추진하되, 행정자치부령이 정하는 중요 사항에 대하여는 행정자치부장관과 협의하여야 한다.[개정 1996. 5. 3., 1998. 7. 1., 2001. 1. 29. 대령 제17115호]

제10장 사무환경

제111조(사무환경의 관리) 행정기관의 장은 사무환경을 사무능률의 향상 및 공무원의

건강보호를 기할 수 있도록 조성·관리하여야 한다.

　제112조 및 제113조 삭제[1999. 8. 7.]

　제114조(사무용집기) ① 삭제[1999. 8. 7.]

　② 행정자치부장관은 사무용 집기의 정부규격을 제정 또는 변경할 필요가 있다고 인정되는 때에는 이를 조달청장에게 요청할 수 있다. 이 경우 조달청장은 이에 필요한 조치를 하여야 한다.[개정 1999. 8. 7.]

　제115조(사무실의 환경) 행정자치부장관은 사무실 내의 조명, 온·습도, 공기, 소음, 색채 등 환경요소에 대한 관리기준을 정할 수 있다.[개정 1998. 7. 1.]

　제116조(사무환경관리의 점검) ① 삭제[1999. 8. 7.]

　② 행정자치부장관은 사무환경개선을 위하여 필요하다고 인정하는 때에는 각급 행정기관의 사무환경관리실태를 조사하여 조언할 수 있다.[개정 1998. 7. 1., 1999. 8. 7.]

제10장의2 행정사무 개선

　제116조의 2(행정사무 개선의 추진) ① 행정기관의 장은 국민에 대한 서비스의 질을 향상시키고 행정의 생산성을 높이기 위하여 지속적으로 당해 기관의 행정사무의 수행절차 및 방법을 개선하여야 한다.

　② 행정기관의 장은 행정사무 개선을 추진하기 위하여 당해 기관의 사무에 대한 체계적인 목표관리를 행하도록 노력하여야 한다.[본조신설 1999. 8. 7., 2002. 12. 26.]

　③ 행정자치부장관은 제2항의 규정에 의한 목표관리를 지원하기 위하여 종합계획을 수립·실시하여야 한다.[신설 2002. 12. 26.]

　제116조의 3(행정능률진단의 실시 등) ① 행정자치부장관은 행정기관의 사무 개선지원과 행정의 능률향상을 위하여 행정사무의 절차 및 방법, 수행체계 및 관련제도 등을 분석·재설계하는 행정능률진단을 실시할 수 있다.

　② 행정자치부장관은 다음 각호의 1에 해당하는 진단 등을 실시하는 때에 제1항의 규정에 의한 행정능률진단을 활용하게 할 수 있다.

　1. 전자정부구현을위한행정업무등의전자화촉진에관한법률 제24조의 규정에 의한 행정기관의 업무재설계

　2. 행정기관의조직과정원에관한통칙 제27조의 2의 규정에 의한 조직진단

③ 행정자치부장관은 행정능률진단의 효율적 실시를 위하여 행정능률진단관련 경험이나 전문능력을 가진 각급 행정기관 소속 공무원의 지원을 받을 수 있다.[전문개정 2002. 12. 26.]

제116조의 4(행정사무혁신경진대회의 실시) 행정자치부장관은 행정사무 개선의 분위기 향상을 위하여 행정기관이 참여하는 행정사무혁신경진대회를 개최할 수 있으며, 우수사례에 대하여 포상할 수 있다.[본조신설 1999. 8. 7.]

제116조의 5(행정사무 개선관련 협의회 운영) 행정자치부장관은 행정사무 개선에 관한 정보를 교환하고 민간경영기법을 행정에 도입하기 위하여 공무원 및 민간전문가로 구성되는 협의회를 운영할 수 있다.[본조신설 1999. 8. 7.]

제11장 보칙

제117조(사무관리 감사) 행정자치부장관은 필요하다고 인정하는 때에는 국무총리의 명을 받아 각급 행정기관에 대한 사무관리감사를 실시할 수 있다.[개정 1998. 7. 1.]

제117조의 2(문서 미등록자 등에 대한 조치) 행정기관의 장은 다음 각호의 1에 해당하는 공무원에 대하여는 징계 기타 필요한 조치를 하여야 한다.[개정 2001. 2. 14., 2002. 12. 26.][시행일 2004. 1. 1.]

1. 결재가 끝난 문서를 등록하지 아니한 자

2. 제16조 제2항의 규정에 의한 훈령 또는 규칙으로 정한 결재권자를 상향 또는 하향 조정하여 기안·검토 및 결재를 한 자[시행일 2004. 1. 1.]

3. 관인을 부당하게 사용한 자[시행일 2004. 1. 1.]

4. 보고지연의 책임이 있는 자

5. 업무협조지연의 책임이 있는 자[본조신설 1999. 8. 7.]

제118조(국가정보원의 사무관리에 대한 특례) ① 제34조의 3 제3항·제4항의 규정에 불구하고 국가정보원이 생산하거나 취득한 문서는 국가정보원에서 계속 보존할 수 있다.[개정 1998. 7. 1., 1999. 8. 7., 1999. 12. 7.]

② 국가정보원장은 제18조 제2항, 제34조의4 및 제40조의 규정에 의한 시행문의 작성, 행정보도자료의 실명제공 및 관인공고절차를 각각 생략할 수 있다.[개정 1998. 7. 1., 1999. 8. 7., 1999. 12. 7.]

③ 제14조 제4항의 규정에 의한 문서의 기안에 관한 사항 중 국가정보원의 소관사항에 관하여는 국가정보원장이 따로 정할 수 있다.[개정 1998. 7. 1., 1999. 8. 7., 1999. 12. 7.] [본조신설 1996. 5. 3.]

부   칙

제1조(시행일) 이 영은 1991년 10월 1일부터 시행한다. 다만, 제24조의 규정은 1992년 1월 1일부터 시행한다.

제2조(다른 법령의 폐지) 정부공문서규정·관인규정·보고통제규정·기관간업무협조규정 및 서식제정절차규정은 각각 이를 폐지한다.

제3조(다른 법령의 개정) ① 행정권한의위임및위탁에관한규정 중 다음과 같이 개정한다.

제8조 제2항중 "정부공문서규정 제15조"를 "사무관리규정 제13조"로 하고, 제17조 제1호중 "서식제정절차규정 제4조 제1항"을 "사무관리규정 제74조 제1항"으로 하며, 동조 제2호중 "관인규정 제6조 제2항"을 "사무관리규정 제36조 제2항"으로 한다.

② 공증인법시행령 중 다음과 같이 개정한다.

제7조 제1항 중 "정부공문서규정"을 "사무관리규정"으로 한다.

③ 회계보고등에관한예산회계법시행특례규정 중 다음과 같이 개정한다.

제14조 중 "보고통제규정 제20조"를 "사무관리규정 제52조"로 한다.

④ 주민등록법시행령 중 다음과 같이 개정한다.

제31조중 "관인규정 제4조 제1항"을 "사무관리규정 제37조"로 한다.

⑤ 공무국외여행규정 중 다음과 같이 개정한다.

제5조를 삭제하고, 제8조 제1항 중 "복명서와 제5조의 규정에 의하여 수집한 자료를"을 "복명서를"로 하며, 동조 제2항을 삭제한다.

제4조(다른 법령과의 관계) 다른 법령에서 부칙 제2조의 규정에 의하여 폐지되는 규정 또는 그 조문을 인용한 경우에는 이 영에 그 해당규정이 있는 때에는 그 폐지법령의 규정에 갈음하여 이 영 또는 이 영의 해당조문을 인용한 것으로 본다.

제5조(서식 등에 대한 경과조치) 이 영 시행 전에 부칙 제2조의 규정에 의하여 폐지되는 규정에 의하여 승인된 서식과 등록·교부된 관인은 이 영에 의하여 승인된 서식과 등록·교부된 관인으로 본다. 다만, 종전의 규정에 의하여 승인된 서식은 승인된 규격에 불

구하고 제73조 제1항의 규정에 의한 규격에 따라 사용할 수 있다.

제6조(문서통제관 등에 대한 경과조치) 이 영 시행 전에 부칙 제2조의 규정에 의하여 폐지되는 종전의 규정에 의하여 임명되거나 지정된 문서통제관, 보고통제관, 중앙보고통제심의회의 위원 및 협조통제관은 이 영에 의하여 임명 또는 지정된 것으로 본다.

제7조(지정보고에 대한 경과조치) 이 영 시행 전에 부칙 제2조의 규정에 의하여 폐지되는 보고통제규정에 의하여 중앙행정기관이 당해 소속기관으로부터 받는 정기보고로서 총리령으로 지정된 보고는 이 영 제48조 제2항의 규정에 의하여 중앙행정기관의 장의 훈령으로 지정될 때까지 이 영에 의하여 지정된 정기보고로 본다.

부   칙[1993. 3. 6.]

제1조(시행일) 이 영은 공포한 날부터 시행한다.
제2조 내지 제4조 생략

부   칙[1994. 7. 23.]

제1조(시행일) 이 영은 1994년 7월 25일부터 시행한다.
제2조 내지 제8조 생략

부   칙[1994. 12. 23.]

제1조(시행일) 이 영은 공포한 날부터 시행한다.
제2조 내지 제5조 생략

부   칙[1996. 5. 3.]

제1조(시행일) 이 영은 1996년 7월 1일부터 시행한다. 다만, 제27조 제1항의 개정규정

은 총리령이 정하는 날부터 시행한다.[1997. 2. 22. 총리령 제615호 부칙 제2항에 의하여 1997. 2. 22. 시행]

제2조(준영구문서에 대한 경과조치) ① 27조 제1항의 개정규정 시행 전에 보존기간이 준영구문서로 분류된 문서 중 문서생산기관이 보관·보존하고 있는 문서에 대하여는 문서생산기관의 장이 문서평가심의회의 심의를 거쳐 이 영에 의한 보존기간으로 재분류하고, 다음 각호의 기준에 따라 처리한다.

1. 보존기간이 영구문서로 재분류된 문서는 보존기간 기산일부터 13년간 보존한 후 당해 문서를 정부기록보존소에 이관한다.

2. 보존기간이 30년 이하로 재분류된 문서 중 이미 보존기간이 만료된 문서는 바로 폐기할 수 있으며, 보존기간이 아직 만료되지 아니한 문서는 보존기간 만료 후에 폐기할 수 있다. 다만, 보존기간이 20년 또는 30년으로 재분류된 문서를 폐기할 경우에는 미리 제31조의2의 규정에 의한 정부공문서평가심의회의 심의를 거쳐야 한다.

② 제27조 제1항의 개정규정 시행 전에 보존기간이 준영구문서로 분류된 문서 중 정부기록보존소로 이관된 문서에 대하여는 정부기록보존소장이 문서생산기관의 장과의 협의 및 정부공문서평가심의회의 심의를 거쳐 이 영에 의한 보존기간으로 재분류하여 처리한다.

제3조(문서통제관 등에 대한 경과조치) 이 영 시행당시의 문서통제관·분임문서통제관·자체보고통제관·중앙보고 통제관·중앙보고통제심의회 및 협조통제관은 각각 이 영에 의한 문서심사관·분임문서심사관·자체보고심사관·중앙보고심사관·중앙보고심의회 및 협조심사관으로 본다.

제4조(특수관인에 대한 경과조치) 이 영 시행당시 중앙행정기관의 소속기관이 총무처장관의 승인을 얻은 관인은 제32조 제2항의 개정규정에 의하여 소속중앙행정기관의 장의 승인을 얻은 것으로 본다.

제5조(다른 법령과의 관계) 이 영 시행당시 다른 법령에서 문서통제를 인용한 경우에는 문서심사를, 문서통제관을 인용한 경우에는 문서심사관을, 분임문서통제관을 인용한 경우에는 분임문서심사관을, 보고통제를 인용한 경우에는 보고심사를, 보고통제관을 인용한 경우에는 보고심사관을, 중앙보고통제심의회를 인용한 경우에는 중앙보고심의회를, 협조통제를 인용한 경우에는 협조심사를, 협조통제관을 인용한 경우에는 협조심사관을 각각 인용한 것으로 본다.

부   칙[1996. 6. 29.]

① (시행일) 이 영은 공포한 날부터 시행한다.
② 내지 ④ 생략

부   칙[1997. 10. 21.]

① (시행일) 이 영은 1998년 1월 1일부터 시행한다.
② 및 ③ 생략
④ (사무관리규정개정에 관한 경과조치) 이 영 시행당시 종전의 사무관리규정 제33조
제2항 및 제87조의 규정에 의하여 요청된 문서·자료의 열람 또는 복사에 관하여는 종전
의 규정에 의한다.

부   칙[1998. 7. 1.]

이 영은 공포한 날부터 시행한다.

부   칙[1999. 8. 7.]

① (시행일) 이 영은 1999년 9월 1일부터 시행한다. 다만, 제10조 제1항의 개정규정은
공포한 날부터 시행한다.
② (다른 법령의 개정) 행정권한의위임및위탁에관한규정 중 다음과 같이 개정한다. 제
17조 제1호를 삭제한다.

부   칙[1999. 12. 7.]

제1조 (시행일) 이 영은 2000년 1월 1일부터 시행한다.
제2조 내지 제5조 생략

부   칙[2001. 1. 29. 대령 제17115호]

제1조(시행일) 이 영은 공포한 날부터 시행한다.
제2조 내지 제5조 생략

부   칙[2001. 2. 14.]

제1조(시행일) 이 영은 공포한 날부터 시행한다.
제2조(다른 법령의 개정) ① 민원사무처리에관한법률시행령 중 다음과 같이 개정한다.
제11조의2제2항 본문 중 "전자관인"을 "전자이미지관인"으로 한다.
② 예산회계법시행령 중 다음과 같이 개정한다.
제46조의12제2항 단서 중 "전자서명"을 "전자이미지서명"으로 한다.

부   칙[2001. 6. 30. 대령 제17271호]

① (시행일) 이 영은 2001년 7월 1일부터 시행한다.
② 내지 ③ 생략

부   칙[2001. 8. 25. 대령 제17344호]

제1조(시행일) 이 영은 공포한 날부터 시행한다.

제2조 및 제3조 생략

부   칙[2002. 12. 26.]

① (시행일) 이 영은 2004년 1월 1일부터 시행한다. 다만, 제116조의 2 제2항·제3항 및 제116조의3의 개정규정은 공포한 날부터 시행한다.

② (전자문서시스템 및 행정전자서명의 시범운영에 관한 특례) 행정기관의 장은 이 영 시행 전에 전자문서시스템 및 행정전자서명을 시범운영할 수 있으며, 전자문서시스템 및 행정전자서명을 시범운영하는 행정기관에 대하여는 제1항의 규정에 불구하고 이 영 시행 전에 이 영의 개정규정(전자문서시스템 및 행정전자서명과 관련된 내용에 한한다)을 적용할 수 있다.

③ (다른 법령의 개정) 예산회계법시행령 중 다음과 같이 개정한다.

제46조의 12 제2항 각호 외의 부분 단서 중 "사무관리규정 제3조 제9호의 규정에 의한 전자이미지서명"을 "사무관리규정 제3조의 규정에 의한 전자문자서명·전자이미지서명 또는 행정전자서명"으로 한다.

사무관리규정시행규칙

제정 1991. 9. 30. 총리령제395호
개정 1992. 12. 31. 총리령제415호
개정 1996. 5. 28. 총리령제570호
개정 1997. 11. 11. 총리령제659호(공공기관의정보공개에관한법률시행규칙)
개정 1999. 9. 2. 행정자치부령제64호
개정 1999. 12. 30. 행정자치부령제78호(공공기관의기록물관리에관한법률시행규칙)
개정 2001. 2. 14. 행정자치부령제125호
개정 2003. 7. 14. 행정자치부령제203호

제1장 총칙

제1조(목적) 이 규칙은 사무관리규정(이하 "영"이라 한다)에서 위임된 사항과 그 시행에 관하여 필요한 사항을 규정함을 목적으로 한다.

제2조(정의) 이 규칙에서 사용하는 용어의 정의는 다음과 같다.[개정 1999. 9. 2.]

1. "기관번호"라 함은 행정사무의 표준화를 위하여 행정자치부장관이 정한 행정전산망 공통행정코드 중 기관별 코드번호를 말한다.

2. "누년 일련번호"라 함은 연도구분과 관계없이 누년 연속되는 일련번호를 말한다.

3. "연도별 일련번호"라 함은 연도별로 구분하여 매년 새로 시작되는 일련번호로서 연도표시가 없는 번호를 말한다.

4. "연도표시 일련번호"라 함은 연도표시와 연도별 일련번호를 붙임표(-)로 이은 번호를 말한다.

5. "결재권자"라 함은 행정기관의 장, 영 제16조 제2항의 규정에 의하여 행정기관의 장으로부터 결재권을 위임받은 자 및 영 제16조 제3항의 규정에 의하여 대결하는 자를 말한다.

제2조의 2(사무의 인계·인수) ① 사무를 인계·인수하는 자는 별지 제1호 서식의 사무인계·인수서 1부를 작성하여 처리과에서 보존한다.[개정 2003. 7. 14.][시행일 2004. 1. 1.]

② 후임자가 정하여지지 아니한 경우 기타 특별한 사유로 후임자에게 사무를 인계할 수 없는 경우에는 그 직무를 대리하는 자에게 사무를 인계하고, 그 대리자는 후임자가 사무를 인수할 수 있게 된 때에 즉시 이를 인계하여야 한다.[본조신설 1999. 9. 2.]

제2장 공문서관리

제1절 문서작성 일반사항

제3조(문서작성의 원칙) 영 제7조의 규정에 의한 문서는 다음 구분에 따라 작성한다.[개정 1996. 5. 28., 1999. 9. 2., 2003. 7. 14.]

1. 법규문서는 조문형식에 의하여 작성하고, 누년 일련번호를 사용한다.

2. 지시문서는 다음 구분에 의하여 작성한다.

가. 훈령

상급기관이 하급기관에 대하여 장기간에 걸쳐 그 권한의 행사를 일반적으로 지시하기 위하여 발하는 명령으로서 조문형식 또는 별지 제1호의 2 서식의 시행문형식(이하 "시행문형식"이라 한다)에 의하여 작성하고, 누년 일련번호를 사용한다.

나. 지시

상급기관이 직권 또는 하급기관의 문의에 의하여 하급기관에 개별적·구체적으로 발하는 명령으로서 시행문형식에 의하여 작성하고, 연도표시 일련번호를 사용한다.

다. 예규

행정사무의 통일을 기하기 위하여 반복적 행정사무의 처리기준을 제시하는 법규문서 외의 문서로서 조문형식 또는 시행문형식에 의하여 작성하고, 누년 일련번호를 사용한다.

라. 일일명령

당직·출장·시간외근무·휴가 등 일일업무에 관한 명령으로서 시행문형식 또는 별지 제2호 서식의 회보형식(이하 "회보형식"이라 한다) 등에 의하여 작성하고, 연도별 일련번호를 사용한다.

3. 공고문서는 다음 구분에 의하여 작성한다.

가. 고시

법령이 정하는 바에 따라 일정한 사항을 일반에게 알리기 위한 문서로서 연도표시 일련번호를 사용한다.

나. 공고

일정한 사항을 일반에게 알리는 문서로서 연도표시 일련번호를 사용한다.

4. 비치문서는 비치하여 사용하는 대장류 및 카드류의 문서로서 적합한 형태의 서식으로 정하여 작성한다.

5. 민원문서 및 일반문서는 시행문형식 등에 의하여 작성한다. 다만, 회보 및 보고서는 다음 구분에 의하여 작성한다.

가. 회보

행정기관의 장이 소속공무원 또는 하급기관에 업무연락·통보 등 일정한 사항을 알리기 위한 경우에 사용하는 문서로서 회보형식에 의하여 작성하고 연도별 일련번호를 사용한다.

나. 보고서

특정한 사안에 관한 현황 또는 연구·검토결과 등을 보고하거나 건의하는 때에 사용하는 문서로서 특별한 사유가 있는 경우를 제외하고는 별지 제1호의 2 서식의기안문형식에 의하여 작성한다.[[시행일 2004. 1. 1.]

제3조의2 삭제[2003. 7. 14.][시행일 2004. 1. 1.]

제4조(용지의 색깔 등) ① 문서에 쓰이는 용지의 색깔은 특별한 사유가 있는 경우를 제외하고는 흰색으로 한다.

② 문서는 용지의 위부터 30밀리미터, 왼쪽부터 20밀리미터, 오른쪽 및 아래부터 각각 15밀리미터의 여백을 두어야 한다.

③ 문서에 쓰이는 글자의 색깔은 검은색 또는 푸른색으로 한다. 다만, 도표의 작성이나 수정 또는 주의환기 등 특별한 표시가 필요한 때에는 다른 색깔로 할 수 있다.

제5조(문서의 수정 등) 영 제11조 본문의 규정에 의하여 문서의 일부분을 삭제 또는 수정하는 때에는 원안의 글자를 알 수 있도록 당해 글자의 중앙에 가로로 두선을 그어 삭제 또는 수정하고, 삭제 또는 수정한 자가 그곳에 서명 또는 날인하여야 하며, 문서의 중요한 내용을 삭제 또는 수정한 때에는 문서의 여백에 삭제 또는 수정한 자수를 표시하고 서명 또는 날인하여야 한다. 다만, 시행문을 정정한 때에는 문서의 여백에 정정한 자수를 표시하고 관인을 찍어야 한다.[개정 2003. 7. 14.][시행일 2004. 1. 1.]

제6조(문서의 간인) ① 결재권자가 영 제12조 제1항 각호에 해당하는 문서를 결재한 때에는 관인관리자는 관인으로 문서에 간인하여야 한다.[개정 1996. 5. 28., 1999. 9. 2., 2003. 7. 14.][시행일 2004. 1. 1.]

② 영 제12조 제3항의 규정에 의한 전자문서의 간인은 다음 각호의 1의 방법에 의한다.[신설 1999. 9. 2.]

1. 면 표시의 방법: 제 증명발급에 관한 문서를 제외한 문서는 제7조의 규정을 준용한다.

2. 발급번호기재의 방법: 제 증명발급에 관한 문서는 당해 전자문서의 왼쪽 기본선의 아래에서 시작하여 발급번호를 기재하되, 다음 예시와 같이 표시한다. (예시) 단말번호-출력연월일/시·분·초-발급일련번호-쪽번호

제7조(면 표시) ① 문서의 면 표시는 문건별 면수를 중앙 하단에, 문서철별 면수를 우측 하단에 각각 표시하되, 2장 이상으로 이루어진 문서 중 전후관계를 명백히 할 필요가 있는 중요한 문서의 경우에는 문건별 면수를 당해 문건의 전체 면수와 그 면의 일련번호

를 붙임표(-)로 이어 표시하고, 문서철별 면수는 당해 문서철의 첫 번째 면에서 시작한 그 면의 일련번호만 표시한다.

② 문건별 면수는 위로부터 아래의 순으로 부여하되 양면을 사용한 경우에는 양면 모두 순서대로 면수를 부여하여야 하며, 문서철별 면수는 표지와 색인목록을 제외한 본문부터 시작하여 면수를 부여한다.

③ 동일한 문서철을 2권 이상으로 나누어 편철한 경우 2권 이하의 문서철별 면수는 전권 마지막 면수 다음의 일련번호로 시작하며, 이 경우에도 표지와 색인목록은 면수 부여 대상에서 제외한다.

④ 문서철별 면수는 최초에 연필로 표시한 후 기록물 정리행사가 끝나면 잉크 등으로 표시한다.[전문개정 1999. 12. 30.]

제8조(문서에 대한 표시) ① 삭제[2003. 7. 14.][시행일 2004. 1. 1.]

② 삭제[2003. 7. 14.][시행일 2004. 1. 1.]

③ 삭제[2003. 7. 14.][시행일 2004. 1. 1.]

④ 문서에 서식·금전·유가증권·참고서류 기타의 물품이 첨부되는 때에는 본문의 내용이 끝난 다음 줄에 붙임의 표시를 하고 첨부물의 명칭과 수량을 쓰되, 첨부물이 2가지 이상인 때에는 제10조의 규정에 의하여 나누어 표시하여야 한다.[개정 2003. 7. 14.][시행일 2004. 1. 1.]

⑤ 문서 및 유가증권에 금액을 표시하는 때에는 영 제10조 제2항의 규정에 의하여 아라비아숫자로 쓰되, 숫자 다음에 괄호를 하고 다음과 같이 한글로 기재하여야 한다.

(예시) 금113,560원(금일십일만삼천오백육십 원)

⑥ 기안문 및 시행문에는 가능한 한 행정기관의 로고·상징·마크 또는 홍보문구 등을 표시하여 행정기관의 이미지를 높일 수 있도록 하여야 한다.[신설 2003. 7. 14.][시행일 2004. 1. 1.]

제8조의 2(각종 대장·서식 등의 전자관리) 영 및 이 규칙에서 정한 각종 대장·서식 등은 특별한 사유가 없는 한 전자문서시스템 등으로 관리하여야 한다.[개정 2003. 7. 14.][시행일 2004. 1. 1.]

[본조제목개정 2003. 7. 14.][시행일 2004. 1. 1.][본조신설 1999. 9. 2.]

제2절 문서의 구성

제9조(문서의 구성 등) ① 기안문 및 시행문은 다음과 같이 두문·본문 및 결문으로 구성한다. 다만, 전자문서인 경우에는 두문·본문·결문 및 붙임으로 구성하거나 표제부와 본문부로 구성할 수 있으며, 표제부와 본문부로 구성하는 경우에는 표제부는 두문, 본문의 제목 및 결문으로, 본문부는 제목·내용 및 붙임으로 구성한다.[개정 1996. 5. 28., 1999. 9. 2., 2003. 7. 14.][시행일 2004. 1. 1.]

1. 두문은 행정기관명 및 수신자로 한다.

2. 본문은 제목·내용 및 붙임으로 한다. 다만, 전자문서인 경우에는 제목 및 내용으로 할 수 있다.

3. 결문은 발신명의, 기안자·검토자·협조자·결재권자의 직위 또는 직급 및 서명(전자문자서명·전자이미지서명 및 행정전자서명을 포함한다. 이하 같다), 생산등록번호와 시행일자, 접수등록번호와 접수일자, 행정기관의 우편번호·주소·홈페이지주소·전화번호·모사전송번호, 공무원의 공식 전자우편주소 및 공개구분으로 한다.

② 제1항 제3호의 규정에 의한 생산등록번호 및 접수등록번호는 공공기관 의기록물관리에관한법률시행령 제10조의 규정에 의한 생산등록번호 및 접수등록번호로 하며, 두문의 수신자란에는 수신자명 또는 수신자기호를 쓰고 이어서 괄호 안에 업무를 처리할 보조기관 또는 보좌기관의 직위를 쓰되, 보조기관 또는 보좌기관의 직위가 분명하지 아니한 경우에는 ○○업무담당과장 등으로 쓴다.[개정 1999. 12. 30., 2003. 7. 14.][시행일 2004. 1. 1.]

③ 수신자가 많아 본문의 내용을 기재할 란이 줄어들어 본문의 내용을 첫 장에서 파악하기 곤란한 경우에는 두문의 수신자란에 "수신자 참조"라고 쓰고 결문의 발신명의 밑의 왼쪽 기본선에 맞추어 수신자란을 설치하여 수신자명 또는 수신자기호를 표시한다.[신설 2003. 7. 14.][시행일 2004. 1. 1.]

④ 제2항의 규정에 의한 수신자기호는 중앙행정기관(합의제행정기관을 포함한다), 특별시·광역시 및 도(이하 "시·도"라 한다)와 특별시·광역시 및 도교육청, 정부투자기관관리기본법에 의한 정부투자기관 등은 행정자치부장관이, 각급 행정기관의 소속기관은 상급기관의 장이, 행정기관 내의 보조기관 및 보좌기관은 당해 행정기관의 장이 정한다.[개정 1996. 5. 28., 1999. 9. 2., 2003. 7. 14.][시행일 2004. 1. 1.]

⑤ 행정기관의 장은 제2항의 규정에 의한 수신자기호와 제2조 제1호의 규정에 의한 기관번호를 연계하고, 기관번호의 생성·폐지·변경 등의 내력이 관리되도록 하여야 한다. [신설 2003. 7. 14.][시행일 2004. 1. 1.]

⑥ 제목은 그 문서의 내용을 쉽게 알 수 있도록 간단하고 명확하게 표시하고, 내용은 그 문서로써 표현하고자 하는 뜻을 쉬운 말로 간략하게 작성하되, 회보를 제외하고는 성질을 달리하는 내용을 같은 문서로 작성하여서는 아니 된다.

제10조(항목의 구분) 문서의 내용을 2 이상의 항목으로 구분할 필요가 있는 때에는 다음 구분에 의하여 표시하여야 한다. 다만, 필요한 경우에는 부분적으로 □, ○, -, · 등과 같은 특수한 기호로 표시할 수 있다.[개정 1996. 5. 28.][시행일 2004. 1. 1.]

1. 첫째 항목의 구분은 1., 2., 3., 4.,　　　……로 나누어 표시한다.

2. 둘째 항목의 구분은 가., 나., 다., 라.,　　……로 나누어 표시한다.

3. 셋째 항목의 구분은 1), 2), 3), 4),　　……로 나누어 표시한다.[시행일 2004. 1. 1.]

4. 넷째 항목의 구분은 가), 나), 다), 라),　……로 나누어 표시한다.[시행일 2004. 1. 1.]

5. 다섯째 항목의 구분은 (1), (2), (3), (4),　　　　……로 나누어 표시한다.

6. 여섯째 항목의 구분은 (가), (나), (다), (라),　　　……로　나누어　표시한다.[시행일 2004. 1. 1.]

7. 일곱째 항목의 구분은 ①, ②, ③, ④,　　……로 나누어 표시한다.

8. 여덟째 항목의 구분은 ㉮, ㉯, ㉰, ㉱,　　……로 나누어 표시한다.

9. 제2호·제4호·제6호 및 제8호의 경우에 하, 하), (하), ㉭ 이상 더 계속되는 때에는 거, 거), (거), ㉤, 너, 너), (너), ㉥,　　……로 이어 표시한다.[시행일 2004. 1. 1.]

제11조(끝 표시) ① 문서의 본문이 끝나면 한 자 띄우고 "끝" 표시를 하며, 첨부물이 있는 때에는 붙임의 표시문 끝에 한 자 띄우고 "끝" 표시를 하여야 한다.[개정 2003. 7. 14.][시행일 2004. 1. 1.]

② 본문의 내용이나 붙임의 표시문이 오른쪽 한계선에 닿은 때에는 다음 줄의 왼쪽 기본선에서 한 자 띄우고 "끝" 표시를 하여야 한다.[개정 2003. 7. 14.][시행일 2004. 1. 1.]

③ 연명부 등의 서식을 작성하는 때에는 기재사항이 서식의 마지막 칸까지 작성되는 경우에는 서식의 칸 밖의 아래 왼쪽 기본선에서 한 자를 띄운 후 "끝" 표시를 하고, 서식의 칸 중간에서 기재사항이 끝나는 경우에는 제1항의 규정에 의한 "끝" 표시를 하지 아니하고 기재사항 마지막자의 다음 칸에 "이하빈칸" 표시를 하여야 한다.[개정 1999. 9. 2.]

④ 삭제[2003. 7. 14.][시행일 2004. 1. 1.]

제3절 기안문서의 작성

제12조(기안문서) ① 영 제14조 제2항의 규정에 의한 기안문서는 별지 제1호의 2 서식, 별지 제3호의2서식(전자문서에 한한다. 이하 같다) 또는 별지 제3호의 3 서식(내부결재문서에 한한다. 이하 같다)에 의한다.[개정 1999. 9. 2., 2003. 7. 14.][시행일 2004. 1. 1.]

② 대통령의 결재를 받아야 하는 경우에 사용하는 기안문서는 별지 제4호 서식 또는 별지 제4호의2서식에 의하되, 특별한 결재절차에 사용하는 기안문서의 서식은 따로 정하여 사용할 수 있다.[개정 1999. 9. 2., 2003. 7. 14.][시행일 2004. 1. 1.]

③ 별지 제3호의 3 서식 및 별지 제4호의 2 서식은 보고서·계획서·검토서 등 내부결재문서에 한하며, 시행문으로 변환하여 시행할 수 없다.[신설 1999. 9. 2., 2003. 7. 14.][시행일 2004. 1. 1.][본조 제목개정 2003. 7. 14.][시행일 2004. 1. 1.]

제13조(수정기안) 수신한 문서를 수정하여 기안하고자 하는 때에는 수신한 문서와 다른 색깔의 글자로 수정 또는 기입하는 방법으로 기안할 수 있다.

제14조(전자문서의 일괄기안) 전자문서의 내용이 서로 관련성이 있는 경우에는 각 안을 동시에 일괄하여 기안할 수 있다. 이 경우 특별한 사유가 있는 경우를 제외하고는 각각 다른 생산등록번호를 사용하여 같은 일시에 시행하여야 한다.[전문개정 2003. 7. 14.][시행일 2004. 1. 1.]

제15조(공동기안) ① 영 제14조 제4항의 규정에 의하여 기안한 문서는 당해 행정기관의 장의 결재를 받은 후 관계행정기관의 장의 결재를 받아 공동명의로 시행하여야 한다. 이 경우 문서번호는 당해 문서의 처리를 주관하는 행정기관의 생산등록번호를 사용한다.[개정 1999. 9. 2., 2003. 7. 14.][시행일 2004. 1. 1.]

② 제1항의 규정에 의한 공동기안의 경우 발신명의 표시는 당해 문서의 처리를 주관하는 행정기관의 장의 명의를 맨 위에, 관계행정기관의 장의 명의를 바로 밑에 표시하되, 관계행정기관의 장이 동일직급인 때에는 정부조직법의 규정에 의한 부·처·청의 순위에 따라 표시하고, 관계행정기관의 장이 동일직급이 아닌 때에는 상위직급의 행정기관의 장의 명의부터 표시한다.[개정 1999. 9. 2.]

제16조(서식에 의한 처리) 영 제73조 제2항의 규정에 의하여 생산등록번호란·접수등

록번호란·수신자란 등이 설계된 서식으로 작성한 문서는 제12조 제1항의 규정에 의한 기안문을 따로 작성하지 아니하고 별표 4의 간이결재인을 찍어 이에 결재함으로써 기안에 갈음할 수 있다.[개정 2003. 7. 14.][시행일 2004. 1. 1.]

　제17조(작성자의 표시) 기안문에 첨부되는 계산서·통계표·도표 기타 작성상의 책임을 밝힐 필요가 있다고 인정되는 첨부물에는 그 문서의 여백에 작성자가 서명 또는 날인하여야 한다.[개정 1996. 5. 28.]

　제18조(기안자 등의 표시) ① 영 제14조의 규정에 의하여 기안한 자는 기안문의 기안자란에 서명하고, 영 제15조 제1항 및 제2항의 규정에 의하여 검토 또는 협조한 자는 해당란에 직위 또는 직급을 쓰고 서명하되, 영 제15조 제3항의 규정에 의하여 다른 의견을 표시하는 때에는 기안문의 해당 직위 또는 직급 다음에 "(의견 있음)"이라고 표시하고 해당 서명란에 서명하여야 한다. 이 경우 그 의견을 당해 문서의 본문의 마지막에 표시하거나 별지에 표시하여야 한다.[개정 1996. 5. 28., 1999. 9. 2., 2001. 2. 14., 2003. 7. 14.][시행일 2004. 1. 1.]

　② 영 제5조의 규정에 의한 처리과의 업무분장상 수개의 단위업무를 총괄하는 책임자(이하 "총괄책임자"라 한다)가 있는 경우에 그 소관업무를 분담하고 있는 자(이하 "업무분담자"라 한다)가 기안한 때에는 총괄책임자의 검토를 거쳐야 하며, 총괄책임자가 기안한 때에는 업무분담자의 의견을 들은 후 영 제15조 및 영 제16조의 규정에 의한 검토·결재 등을 받아야 한다. 다만, 총괄책임자 또는 업무분담자의 출장 등 부득이한 사유로 검토를 받을 수 없는 경우에는 이를 생략할 수 있으며, 검토자의 서명란에 출장 등의 사유를 명시하여야 한다.[개정 1999. 9. 2., 2003. 7. 14.][시행일 2004. 1. 1.]

　③ 제2항의 규정에 의하여 총괄책임자 또는 업무분담자가 기안문에 대하여 검토 등을 하는 때에는 기안문의 검토자의 서명란에 서명하되, 그 내용과 다른 의견이 있는 때에는 기안문의 해당 직위 또는 직급 다음에 "(의견 있음)"이라고 표시하고 해당 서명란에 서명하여야 한다. 이 경우 그 의견을 당해 문서의 본문의 마지막에 표시하거나 별지에 표시하여야 한다.[개정 1996. 5. 28., 2003. 7. 14.][시행일 2004. 1. 1.]

　④ 영 제14조 제5항의 규정에 의하여 기안문의 해당 직위 또는 직급의 앞 또는 위에 발의자는 ★표시를, 보고자는 ◉표시를 한다. 다만, 전자문서인 경우에는 발의자는 해당란에 ★표시를 하거나 발의자가 누구인지를 검색할 수 있도록 기안자·검토자 또는 결재권자의 직위 또는 직급 란에 발의자 항목을 추가할 수 있으며, 전자문서로 결재하거나 결재

권자에게 직접 보고하지 아니하는 경우에는 보고자의 표시를 생략한다.[신설 1999. 9. 2., 2003. 7. 14.][시행일 2004. 1. 1.]

　제19조(결재) ① 영 제16조 제2항의 규정에 의하여 위임된 사항을 전결하는 경우에는 행정기관의 장의 결재란을 설치하지 아니하고 전결하는 자의 서명란에 "전결"표시를 한 후 서명하여야 한다.

　② 영 제16조 제3항의 규정에 의하여 위임전결사항을 대결하는 경우에는 행정기관의 장의 결재란을 설치하지 아니하고 전결하는 자의 서명란에 "전결"표시를 한 후 대결하는 자의 서명란에 "대결"표시를 하고 서명하여야 하며, 위임전결사항이 아닌 사항을 대결하는 경우에는 행정기관의 장의 결재란을 설치하지 아니하고 대결하는 자의 서명란에 "대결"표시를 하고 서명하여야 한다.

　③ 제1항 및 제2항의 규정에 의한 결재권자의 서명란에는 서명일자를 표시할 수 있다. [전문개정 2003. 7. 14.][시행일 2004. 1. 1.]

　제20조 삭제[2003. 7. 14.][시행일 2004. 1. 1.]

　제21조(발신방법의 지정) ① 결재권자가 영 제17조의 규정에 의하여 발신방법을 지정하는 때에는 기안문 본문의 마지막에 "암호" 또는 "음어" 표시를 하여야 한다.[개정 2003. 7. 14.][시행일 2004. 1. 1.]

　② 삭제[2003. 7. 14.][시행일 2004. 1. 1.]

　제22조(문서의 생산등록) 문서를 생산한 때에는 공공기관의기록물관리에관한법률시행규칙 별지 제1호 서식의 기록물등록대장에 등록하고, 내부결재문서인 경우에는 기록물등록대장의 수신자란에 "내부결재"표시를 하여야 한다.

　제4절 시행문의 작성·심사 및 발송

　제23조(시행문의 작성) ① 영 제18조의 규정에 의한 시행문은 별지 제1호의2서식 또는 별지 제3호의2서식에 의하여 작성한다. 다만, 수신자가 행정기관이 아닌 경우와 기타 특별한 사유가 있는 때에는 문서접수란을 표시하지 아니할 수 있다.[개정 1999. 9. 2., 2003. 7. 14.][시행일 2004. 1. 1.]

　② 영 제18조 단서의 규정에 의하여 시행문을 관보게재로 갈음하는 때에는 본문의 마지막에 "이 내용에 관한 시행문은 찍거나 행정기관의 장이 서명하여 보내지 아니함"이라

고 써야 한다.[개정 1999. 9. 2.]

③ 제16조의 규정에 의한 문서를 시행하는 때에는 따로 시행문을 작성하지 아니하고 당해 문서의 발신명의란에 관인(전자이미지관인을 포함한다. 이하 같다)을 찍거나 행정기관의 장이 서명(전자문자서명 및 행정전자서명을 제외한다)하여 시행할 수 있다.[개정 1999. 9. 2., 2003. 7. 14.][시행일 2004. 1. 1.]

④ 삭제[2003. 7. 14.][시행일 2004. 1. 1.]

⑤ 행정기관의 장이 소속공무원 또는 소속기관에 단순 업무에 관한 지시, 단순한 자료요구·업무연락·통보, 공지사항, 일일명령 등의 시행문을 전자문서시스템의 전자게시판 또는 행정기관의 홈페이지 등에 게시한 때에는 당해 문서를 시행한 것으로 본다. 보조기관 및 보좌기관 상호간에 발신하는 문서를 시행하는 경우에도 또한 같다.[신설 1999. 9. 2., 2003. 7. 14.][시행일 2004. 1. 1.]

제24조 삭제[2003. 7. 14.][시행일 2004. 1. 1.]

제25조(관인생략 등) ① 영 제21조 제1항 단서에서 "경미한 내용의 문서"라 함은 일일명령 등 단순 업무처리에 관한 지시문서와 행정기관 간의 단순한 자료요구·업무연락·통보 등을 위한 문서로서 기안자가 결정한 문서를 말한다.[개정 1996. 5. 28., 2003. 7. 14.][시행일 2004. 1. 1.]

② 제1항의 규정에 의한 문서에는 기안문 및 시행문의 발신명의표시의 오른쪽에 별표 9의 관인생략 또는 서명생략(보조기관 및 보좌기관 상호간에 발신하는 문서에 한한다)의 표시를 하여야 한다.[개정 1996. 5. 28., 1999. 9. 2.]

③ 보조기관 및 보좌기관 상호간에 발신하는 시행문에는 보조기관 또는 보좌기관이 발신명의표시의 마지막 글자 위에 서명(전자문자서명·전자이미지서명 및 행정전자서명을 제외한다)하여 시행하되, 필요한 경우에는 소속공무원으로 하여금 발신명의인의 서명표시인을 찍어 시행하게 할 수 있다. 다만, 전자문서인 경우에는 서명표시인을 사용하지 아니하고 전자문자서명·전자이미지서명 또는 행정전자서명이 자동적으로 생성되도록 하여 시행하여야 한다.[개정 1999. 9. 2., 2003. 7. 14.][시행일 2004. 1. 1.]

④ 군의 기관상호간에 발신하는 문서 중 경미한 내용의 문서는 일반행정을 담당하는 참모 또는 기관의 장이 따로 지정하는 자의 서명에 의하여 발신할 수 있다.

제26조(시행문의 발송) ① 처리과의 문서수발업무를 담당하는 자(문서과의 지원을 받아 문서를 발송하는 경우에는 문서과의 문서수발업무를 담당하는 자를 말한다)는 발송할

문서와 기록물등록대장의 기재사항을 확인한 후 발송하여야 한다.[개정 1999. 9. 2., 2003. 7. 14.][시행일 2004. 1. 1.]

② 삭제[2003. 7. 14.][시행일 2004. 1. 1.]

③ 우편에 의하여 문서를 발송하는 때에는 행정자치부장관이 정하는 행정사무용 봉투에 넣어 발송한다.[개정 1999. 9. 2.]

④ 인편에 의하여 문서를 발송하는 때에는 기안문의 적당한 여백에 수신기관의 수령자의 소속과 수령일자를 표시하고 서명(전자문자서명·전자이미지서명 및 행정전자서명을 제외한다) 또는 날인을 받아야 한다.[개정 1996. 5. 28., 2003. 7. 14.][시행일 2004. 1. 1.]

⑤ 행정기관의 장은 공문서를 수발함에 있어서 문서의 보안유지와 분실·훼손 및 도난방지를 위한 적절한 조치를 강구하여야 한다.

⑥ 관인(전자이미지관인을 제외한다)을 찍어 시행하는 문서는 관인관리자가 관인을 찍은 후 처리과에서 발송하여야 한다. 전자문서인 경우에는 처리과의 문서수발업무를 담당하는 자가 전자이미지관인을 찍은 후 처리과에서 발송하여야 한다.[신설 1999. 9. 2., 2001. 2. 14., 2003. 7. 14.][시행일 2004. 1. 1.]

제27조(송수신사항의 기재 등) ① 모사전송 또는 전신 등의 방법으로 문서를 발신하는 때에는 통신보안에 필요한 조치를 하여야 하며, 모사전송으로 발신한 때에는 시행문을 그 기안문과 함께 보존하여야 한다.[개정 1996. 5. 28., 2003. 7. 14.][시행일 2004. 1. 1.]

② 삭제[2003. 7. 14.][시행일 2004. 1. 1.]

제28조(암호 또는 음어송신) 영 제17조의 규정에 의하여 암호 또는 음어로 송신하여야 할 문서 중 비밀로 분류된 문서의 송신은 송신자와 수신자 사이에 서로 응답이 있는 경우에 한하여 송신하여야 하며, 송신문의 제목 또는 본문의 "끝"표시 또는 "이하 빈칸"표시 다음에 따옴표(" ")를 하고 그 안에 비밀등급을 표시하여 송신하여야 한다.[개정 2003. 7. 14.][시행일 2004. 1. 1.]

제29조(비밀번호 등) ① 행정기관의 장은 보유하고 있는 컴퓨터에 대하여 비밀번호를 부여하여야 한다.

② 정보통신망을 이용하여 문서를 작성·처리하고자 하는 자는 개인별 사용자계정(ID)·비밀번호 및 전자이미지서명을 별지 제6호의 2 서식에 의하여 등록하여 사용하여야 한다. 이 경우 비밀번호는 최초로 등록한 후 즉시 변경하여 사용하여야 한다.

③ 제1항 및 제2항의 비밀번호는 문서의 보호 및 보안유지를 위하여 수시로 변경하여

야 한다.[전문개정 1999. 9. 2.]

제30조 삭제[2003. 7. 14.][시행일 2004. 1. 1.]

제5절 접수문서의 처리

제31조(문서의 접수) ① 문서를 접수한 때에는 공공기관의기록물관리에관한법률시행규칙 별지 제1호 서식의 기록물등록대장에 등록하여야 한다.[신설 2003. 7. 14.][시행일 2004. 1. 1.]

② 영 제23조 제2항의 규정에 의한 접수인은 별표 11에 의하며, 특별한 사유가 있는 경우를 제외하고는 두문의 오른쪽 여백에 찍어야 한다. 다만, 별지 제1호의 2 서식 또는 별지 제3호의 2 서식을 사용한 경우에는 접수인을 찍지 아니한다.[개정 1999. 9. 2., 2003. 7. 14.][시행일 2004. 1. 1.]

③ 우편으로 발송한 문서를 접수한 경우에 발송자의 요구가 있는 때에는 별지 제7호 서식의 공문서영수증을 보내주어야 하며, 인편에 의하여 문서를 접수한 때에는 제26조 제4항의 규정에 의하여 서명(전자문자서명·전자이미지서명 및 행정전자서명을 제외한다) 또는 날인하여 영수의 표시를 하여야 한다.[개정 1996. 5. 28., 2003. 7. 14.][시행일 2004. 1. 1.]

④ 당직근무자가 문서를 받은 때에는 다음 근무시간 시작 후 지체 없이 이를 문서과에 인계하여야 한다.

⑤ 감열기록방식의 모사전송기로 보존기간이 3년 이상인 문서를 수신한 때에는 당해 문서를 복사하여 접수하여야 한다. 이 경우 수신한 문서는 폐기한다.[개정 1999. 9. 2.]

제31조의 2(문서의 공람) 영 제23조 제3항에서 "행정자치부령이 정하는 문서"라 함은 다음 각호의 문서를 말한다. 다만, 통계·설문조사 등을 위하여 각 기관으로부터 취합하는 문서를 제외한다.

1. 결재권자로부터 처리지침을 받아야 할 필요가 있는 문서
2. 민원문서
3. 행정기관 간 또는 행정기관 내 보조기관 또는 보좌기관간업무협조에 관한 문서
4. 접수된 문서를 처리하기 위하여 소관사항 등 형식적인 면 또는 법률·예산 등 내용적인 면에서 검토가 필요한 문서

5. 그 밖에 공무원의 신상(신상), 교육훈련 등과 관련하여 공무원이 개별적으로 또는 전체적으로 알아야 할 필요가 있는 문서[본조신설 2003. 7. 14.][시행일 2004. 1. 1.]

제32조(문서의 배부 및 처리) ① 문서과는 받은 문서가 2 이상의 보조기관 및 보좌기관에 관련되는 때에는 그 관련성의 정도가 가장 높다고 판단되는 보조기관 또는 보좌기관에 보내야 한다. 처리과에서 직접 접수한 경우에도 또한 같다.[개정 1999. 9. 2.]

② 경유기관은 접수한 경유문서에 대한 검토를 마친 후 다른 경유기관의 장 또는 최종 수신자에게 경유문서를 첨부한 문서를 결재권자의 결재를 받아 경유기관의 장의 명의로 발송하여야 한다. 이 경우 경유기관의 의견이 있는 때에는 그 의견을 본문에 표시하거나 첨부하여 보내야 한다.[개정 1996. 5. 28., 1999. 9. 2., 2003. 7. 14.][시행일 2004. 1. 1.]

③ 삭제[2003. 7. 14.][시행일 2004. 1. 1.]

④ 제1항의 규정에 의하여 문서를 접수한 처리과는 당해 문서를 복사하여 관련 보조기관 또는 보좌기관에 처리과의 장(처리과가 소속된 보조기관 또는 보좌기관을 포함한다)의 명의로 이송하여야 한다.[개정 2003. 7. 14.][시행일 2004. 1. 1.][신설 1999. 9. 2.]

제33조(문서의 반송 및 재배부 등) ① 행정기관의 장은 접수한 문서에 형식상의 흠이 있는 때에는 그 문서의 생산등록번호·시행일자·제목과 반송사유를 명시하여 발신 행정기관의 장에게 이를 반송할 수 있다.[개정 1996. 5. 28., 1999. 9. 2., 2003. 7. 14.][시행일 2004. 1. 1.]

② 처리과는 문서과로부터 그 소관에 속하지 아니하는 문서를 인계받은 때에는 지체 없이 문서과에 반송하여야 하며, 문서과는 당해 문서를 즉시 재배부하되, 문서과의 장이 지정하는 처리과로 보내야 한다.[개정 1996. 5. 28., 1999. 9. 2.]

③ 처리과에서 직접 접수한 문서가 그 소관에 속하지 아니하는 경우에는 이를 지체 없이 문서과에 보내어 해당 처리과에 배부하도록 요청하여야 한다.[신설 1999. 9. 2.]

④ 행정기관의 장은 접수한 문서가 다른 기관의 소관사항인 경우에는 이를 지체 없이 해당 소관기관의 장에게 이송하여야 한다.[신설 1999. 9. 2., 2003. 7. 14.][시행일 2004. 1. 1.]

제6절(제35조 내지 제42조) 삭제[1999. 12. 30.]

제6절 전자문서의 표준 및 유통

제34조(전문기관의 지정) 영 제26조 제4항의 규정에 의하여 행정자치부장관이 전자문서시스템에 대한 인증을 행하는 전문기관을 지정하는 경우에는 인증을 실시할 수 있는 시설과 인력 또는 인증실적 등을 고려하여 지정하여야 한다.[본조신설 2003. 7. 14.][시행일 2004. 1. 1.]

제35조(정부전자문서유통지원센터의 운영 등) ① 영 제28조 제1항의 규정에 의한 정부전자문서유통지원센터(이하 "센터"라 한다)를 관리하는 자는 센터의 시스템이 정상적으로 가동되도록 관리하여야 하며, 유통되는 전자문서 및 행정정보가 위조·변조·훼손 또는 유출되지 아니하도록 적절한 보호대책을 강구하여야 한다.

② 센터의 관리자는 원활한 전자문서유통을 지원하기 위하여 필요한 경우 테스트문서를 발송하여 행정기관 간 정상적 문서유통 여부를 확인하여야 한다.

③ 센터의 관리자는 전자문서유통상의 장애가 발생하거나 시스템 간 문제가 발생한 경우에는 각 행정기관의 전자문서시스템의 관리자에게 시스템관련 정보를 요청할 수 있다.

④ 행정자치부장관은 영 제28조 제1항 단서의 규정에 의하여 센터의 업무의 일부를 수행하는 행정기관에 대하여 기술적인 지원을 할 수 있다.

⑤ 센터의 관리자와 센터 업무의 일부를 수행하는 행정기관의 전자문서유통지원업무를 담당하는 자의 역할 및 센터의 이용절차 등에 관하여 필요한 세부사항은 행정자치부장관이 정한다.[본조신설 2003. 7. 14.][시행일 2004. 1. 1.]

제36조 내지 제42조 삭제[1999. 12. 30.]

제7절 삭제

제43조 내지 제46조 삭제[1999. 12. 30.]
제47조 삭제[1999. 9. 2.]
제48조 삭제[1999. 12. 30.]

제8절(제49조 내지 제51조) 삭제[1999. 12. 30.]

제2장의2 정책실명제 등

제51조의 2(정책자료집의 발간범위) 영 제34조의3제1항의 규정에 의한 정책자료집의 발간범위는 다음 각호와 같다.

1. 영 제34조의3제1항 제1호의 "주요 국정현안 사항"이라 함은 국가의 안전보장과 경제발전에 중대한 영향을 미치는 국방·외교·통일·경제·치안 등에 관한 사항으로서 장관급 이상이 참여하는 회의에서 심의·결정된 사항을 말한다.

2. 영 제34조의 3 제1항 제2호의 "대규모의 국책공사 기타 대규모의 예산이 투입되는 사업"이라 함은 총 사업비가 100억 원 이상인 공사 또는 사업을 말한다.

3. 영 제34조의 3 제1항 제3호의 "외교 및 통상협상의 내용"이라 함은 장관급 이상이 단장이 되는 주요 외교 및 통상협상의 내용을 말한다.[본조신설 1999. 9. 2.]

제51조의 3(정책자료집의 발간) ① 정책자료집은 매년 처리과에서 만들되, 단위업무별로 만들어야 한다.

② 정책자료집은 관련 문서를 복사하여 완결일자별로 정리하여 편철한다.

③ 관련 문서 중 비밀문서는 보안업무규정에 따라 정책자료집을 비밀로 분류하여 관리하여야 한다.

④ 관련 문서가 종이문서와 전자문서로 혼재되어 있는 경우에는 전자문서를 출력하여 합철한다.[개정 2003. 7. 14.][시행일 2004. 1. 1.]

⑤ 수년에 걸쳐 추진되는 정책 또는 사업은 1년 단위로 만든다.

⑥ 설계도면 또는 참고자료 등이 방대하여 첨부가 사실상 곤란한 경우에는 정책자료집에서 제외하되, 별지 제23호의 2 서식의 정책추진과정 비망록의 기타 란에 동 사항을 기재하여야 한다.[본조신설 1999. 9. 2.]

제51조의 4(정책자료집의 제출) 영 제34조의3제3항의 규정에 의하여 정책자료집을 정부기록보존소에 제출하는 시기에 관한 사항은 정부기록보존소장이 정한다.[본조신설 1999. 9. 2.]

제3장 관인관리

제52조(관인의 재료) 관인의 재료는 쉽게 마멸되거나 부식되지 아니하는 재질을 사용하여야 한다.

제53조(직인의 사용) 직인은 그 직의 서리도 이를 사용할 수 있다.

제54조(찍는 위치) 관인은 그 기관 또는 직위의 명칭의 끝자가 인영의 가운데 오도록 찍는다. 다만, 등·초본 등 민원서류를 발급하는 직인의 경우에는 발급기관장 표시의 오른쪽 여백에 찍을 수 있다.

제54조의 2(관인인영의 색깔) 관인인영의 색깔은 빨간색으로 한다. 다만, 전자문서를 출력하여 시행하거나 모사전송기를 통하여 문서를 접수하는 경우에는 관인인영의 색깔을 검정색으로 할 수 있다.[본조신설 1999. 9. 2.]

제55조(인영의 내용) 관인의 인영은 한글 전서체로 하여 가로로 새기되, 그 기관 또는 직위의 명칭에 "인" 또는 "의인"자를 붙인다. 다만, 영 제36조 제2항의 규정에 의한 민원업무 등 특수업무를 처리하기 위한 관인은 그 업무집행목적에 한하여 사용되는 것임을 그 관인의 인영에 명시하여야 한다.

제56조(관인의 등록) ① 영 제38조 제1항의 규정에 의하여 행정기관(제3차 소속기관으로부터 등록신청을 받은 행정기관을 포함한다. 이하 제57조 및 제57조의 2에서 같다)은 관인(전자이미지관인을 제외한다. 이하 이 조 및 제57조에서 같다)의 인영을 별지 제24호 서식의 관인대장에 등록하여 보존하여야 한다.

② 제3차 소속기관이 영 제38조 제1항 단서의 규정에 의하여 직근 상급기관에 관인을 등록하고자 하는 경우에는 별지 제25호 서식에 의하여 등록신청을 하여야 한다.[전문개정 2003. 7. 14.][시행일 2004. 1. 1.]

제57조(재등록 및 폐기) ① 영 제39조의 규정에 의하여 행정기관이 관인을 재등록하거나 폐기하는 경우에는 관인대장에 그 인영을 등록하여 보존하여야 한다.

② 직근 상급기관에 등록을 한 제3차 소속기관이 관인을 재등록하거나 폐기하고자 하는 경우에는 별지 제25호 서식에 의하여 재등록신청을 하거나 폐기신고를 하여야 한다. [전문개정 2003. 7. 14.][시행일 2004. 1. 1.]

제57조의 2(전자이미지관인의 등록 및 관리) ① 전자이미지관인을 등록(재등록을 포함한다. 이하 이 조에서 같다)하는 행정기관은 별지 제25호의 2 서식의 전자이미지관인대장

에 의하여 문서과에 등록하고, 특별한 사유가 있는 경우를 제외하고는 문서과가 전자이미지관인대장을 관리하며, 정보화담당부서가 전자이미지관인을 컴퓨터 화일로 관리하여야 한다.[개정 2001. 2. 14., 2003. 7. 14.][시행일 2004. 1. 1.]

② 제3차 소속기관이 직근 상급기관에 전자이미지관인을 등록하고자 하는 경우에는 별지 제25호 서식에 의하여 등록신청을 하여야 한다.[신설 2003. 7. 14.][시행일 2004. 1. 1.]

③ 행정기관의 장은 전자이미지관인을 위조 또는 부정사용하지 못하도록 필요한 안전장치를 하여야 한다.[개정 1999. 9. 2., 2001. 2. 14.]

④ 문서과의 장은 전자이미지관인을 등록하는 경우에 일반관인의 인영을 전자이미지관인대장의 해당란에 찍고, 그 찍은 인영을 전자적인 이미지형태로 컴퓨터 화일에 등록한 후 이를 출력하여 전자이미지관인대장의 해당란에 붙여야 한다.[신설 1999. 9. 2., 2001. 2. 14., 2003. 7. 14.][시행일 2004. 1. 1.] [본조신설 1996. 5. 28.]

제58조(공고의 내용) 관인등록기관은 영 제40조의 규정에 의하여 관인을 관보에 공고하는 때에는 다음 사항을 명시하여야 한다. 다만, 전자이미지관인인 경우에는 전자이미지관인임을 표시하여 공고하여야 한다.[개정 1999. 9. 2., 2003. 7. 14.][시행일 2004. 1. 1.]

1. 관인의 등록·재등록 또는 폐기사유

2. 등록·재등록관인의 최초사용연월일 또는 폐기관인의 폐기연월일

3. 등록·재등록 또는 폐기관인의 관인명 및 인영

4. 공고기관의 장

제59조(인영의 인쇄사용) ① 처리과의 장은 영 제21조 제2항의 규정에 의하여 관인의 인영을 인쇄하여 사용하고자 하는 때에는 당해 기관의 장의 승인을 얻기 전에 당해 관인을 관리하는 부서의 장과 협의하여야 한다. 이 경우 업무수행에 지장이 없다고 인정되는 때에는 문서의 크기나 용도에 따라 인영의 크기를 적절하게 축소인쇄하여 사용할 수 있다.

② 처리과의 장은 제1항의 규정에 의하여 관인의 인영을 인쇄하여 사용하는 때에는 다른 법령에 특별한 규정이 있는 경우를 제외하고는 별지 제26호 서식의 관인인쇄용지관리대장을 비치하고 그 사용 내역을 기록·유지하여야 한다.

제4장 보고사무

제60조 삭제[1999. 9. 2.]

제61조(분임자체보고심사관) 행정기관의 장은 청사의 분리사용 등 특별한 사유가 있는 경우에는 자체보고심사관의 업무의 일부를 분장하게 하기 위하여 분임자체보고심사관을 지정할 수 있다.[개정 1996. 5. 28.]

제62조 및 제63조 삭제[1999. 9. 2.]

제64조(정기보고의 지정 및 서식승인) ① 행정기관의 장은 영 제48조의 규정에 의하여 정기보고의 지정 또는 서식승인을 받고자 하는 때에는 별지 제28호 서식의 정기보고지정신청서 및 항목심사서 1부와 보고서식 2부를 정기보고의 지정권자 또는 서식승인권자에게 제출하여야 한다. 지정된 정기보고의 내용을 변경하고자 하는 때에도 또한 같다.[개정 1999. 9. 2.]

② 영 제48조 제1항의 규정에 의하여 지정한 정기보고의 목록은 별표 16과 같다.

제65조(정기보고 지정번호) ① 정기보고는 다음과 같이 종류별로 구분하고 각각 고유기호를 부여한다.[개정 1999. 9. 2.]

종 류	고유기호
행정자치부령으로 지정한 정기보고로서 행정기관으로부터 받는 보고	부 령
행정자치부령으로 지정한 정기보고로서 민간단체로부터 받는 보고	부령민
훈령으로 지정한 정기보고로서 행정기관으로부터 받는 보고	훈 령
훈령으로 지정한 정기보고로서 민간단체로부터 받는 보고	훈령민

② 행정자치부령으로 지정한 정기보고의 지정번호는 제1항의 규정에 의한 고유기호와 보고요구기관의 소속중앙행정기관의 행정기관명 다음에 붙임표(-)로 일련번호를 이어 기재한 번호로 한다.[개정 1999. 9. 2., 2003. 7. 14.][시행일 2004. 1. 1.]

③ 훈령으로 지정한 정기보고의 지정번호는 제1항의 규정에 의한 고유기호와 훈령을 발하는 당해 중앙행정기관의 명칭 다음에 붙임표(-)로 일련번호를 이어 기재한 번호로 한다.[개정 2003. 7. 14.][시행일 2004. 1. 1.]

④ 다수의 행정기관이 공통으로 받는 정기보고의 지정번호는 제1항의 규정에 의한 고유기호 다음에 "공통"표시를 하고, 붙임표(-)로 일련번호를 이어 기재한 번호로 한다.

⑤ 행정자치부령 또는 훈령으로 지정한 정기보고를 요구하거나 정기보고를 하는 때에는 기안문과 시행문의 본문의 첫째 항목에 별표 18의 예시와 같이 정기보고의 지정번호를 표시하여야 한다.[신설 2003. 7. 14.][시행일 2004. 1. 1.]

제66조(정기보고서식의 승인번호) 제64조 제1항의 규정에 의한 정기보고서식의 승인번호는 정기보고의 지정번호로 하며, 서식제원의 표시에 관하여는 영 제76조 제2항의 규정을 준용한다.[개정 1999. 9. 2.]

제67조(수시보고요구의 심사신청) ① 영 제49조 제1항의 규정에 의하여 중앙보고심사관의 보고심사를 받고자 하는 때에는 자체보고심사관의 협의를 거쳐 결재권자의 결재를 받은 후 그 문서 사본 1부와 다음의 서류를 중앙보고심사관에게 제출하여야 한다.[개정 1996. 5. 28., 1999. 9. 2.]

1. 수시보고심사신청서(별지 제28호 서식) 1부

2. 보고서식 2부

3. 수시보고심사요약서 1부

② 처리과의 장은 영 제49조 제2항의 규정에 의하여 자체보고심사관의 보고심사를 받고자 하는 때에는 제1항 각호의 서류를 자체보고심사관에게 제출하여야 한다.[개정 1996. 5. 28.]

제68조 삭제[2003. 7. 14.][시행일 2004. 1. 1.]

제69조(수시보고심사의 표시) ① 수시보고의 심사번호는 심사일자, 중 앙수시 또는 자체 수시, 보고요구기관의 행정기관명 다음에 붙임표(-)로 연도별 일련번호를 이어 기재한 번호로 한다.

② 보고심사관은 영 제49조 제1항 및 제2항의 규정에 의하여 수시보고요구에 대한 심사를 한 때에는 별표 18의 표시예시와 표시위치에 관한 사항을 기재한 결과를 통보하여야 한다.

③ 수시보고심사를 받은 후 수시보고를 요구하거나 수시보고를 하는 때에는 기안문과 시행문의 본문의 첫째 항목에 별표 18의 규정에 의한 수시보고심사의 표시를 하여야 한다.

④ 영 제43조 제2항의 규정에 의하여 수시보고심사를 받지 아니한 사항에 대하여는 기안문과 시행문의 본문의 첫째 항목에 별표 18의 예시와 같이 보고심사제외 근거를 표시

하여야 한다.[전문개정 2003. 7. 14.][시행일 2004. 1. 1.]

제70조(보고의 독촉) 영 제52조의 규정에 의한 보고의 독촉은 보고요구기관의 처리과에서 행하며, 독촉장은 별지 제30호 서식에 의한다.

제71조 삭제[2003. 7. 14.][시행일 2004. 1. 1.]

제72조 삭제[2003. 7. 14.][시행일 2004. 1. 1.]

제5장 협조사무

제73조(적용범위의 제외대상) 행정기관 간의 업무협조에 있어서 영 제2조의 "다른 법령에 특별한 규정이 있는 경우"라 함은 다른 법령에 기관 간의 업무협조에 관하여 협조요청사항 및 협조의무사항을 구체적으로 규정한 경우를 말한다.[개정 1996. 5. 28.]

제74조(문서에 의한 협조) 영 제56조 제1호의 규정에 의하여 문서에 의한 협조를 하는 경우에 그 기안문에 직접 관계기관의 장의 협조서명을 받고자 하는 때에는 당해 기관의 장의 협조서명에 앞서 관계업무를 담당하는 보조기관 또는 보좌기관과 협의를 하여야 한다.[개정 2003. 7. 14.][시행일 2004. 1. 1.]

제75조(회의 등에 의한 협조) ① 영 제56조 제2호의 규정에 의하여 회의 등에 의한 협조를 요청하는 기관은 회의 등의 안건 및 관계자료를 회의개최 5일 전까지 관계기관에 송부하여 미리 그 내용을 검토할 수 있도록 하여야 한다.

② 관계기관과의 업무협조를 종결시키고자 하는 회의 등에 참석하는 관계공무원은 회의 등의 안건에 관하여 미리 결재권자의 승인을 얻어야 하며, 필요한 때에는 문서로 의견을 제출할 수 있다.

③ 회의 등에 의한 업무협조를 요청한 기관은 특별한 사유가 있는 경우를 제외하고는 별지 제31호 서식의 회의록에 회의 등의 내용을 기록·유지하여야 한다.

제76조(공동 작업반편성 등에 의한 협조) 영 제56조 제3호의 규정에 의하여 공동 작업반편성 등을 위한 인원의 지원을 요청받은 기관은 특별한 사유가 있는 경우를 제외하고는 이에 응하여야 한다.

제77조(전화 등에 의한 협조) 영 제56조 제4호의 규정에 의하여 전화 등에 의한 협조를 하는 경우에는 별지 제32호 서식의 전화 및 구두협조처리문을 작성하여야 한다.

제78조(지정협조의 지정) ① 영 제58조 제1항의 규정에 의하여 지정한 지정협조의 목

록은 별표 20과 같다.

② 영 제58조 제2항의 규정에 의하여 훈령으로 지정한 지정협조목록은 각 지정권자가 관계기관에 통보하거나 관보에 게재하여야 한다.

③ 행정기관의 장은 영 제58조 제3항의 규정에 의하여 지정협조의 지정을 받고자 하는 때에는 별지 제33호 서식, 지정내용을 변경 또는 폐지하고자 하는 때에는 별지 제34호 서식에 의한 신청서 각 1부를 지정권자에게 제출하여야 한다.

제79조(분임협조심사관) 행정기관의 장은 청사의 분리사용 등 특별한 사유가 있는 경우에는 영 제59조의 규정에 의한 협조심사관의 업무의 일부를 분장하게 하기 위하여 분임협조심사관을 지정할 수 있다.[개정 1996. 5. 28.]

제80조(지정 또는 심사번호) ① 지정협조를 지정하거나 수시협조요청문서를 심사하는 때에는 다음의 구분에 따라 지정협조는 지정번호를, 수시협조는 심사번호를 부여하여야 한다.[개정 1996. 5. 28., 1999. 9. 2., 2003. 7. 14.]

1. 행정자치부령으로 지정하는 지정협조의 지정번호는 고유기호 "부령협" 다음에 업무협조를 하여야 할 기관의 행정기관명을 적고, 붙임표(-)로 일련번호를 이어 기재한 번호로 한다. 다만, 다수기관이 공통으로 협조하여야 하는 사항인 때에는 고유기호 "부령협공통" 다음에 붙임표(-)로 일련번호를 이어 기재한 번호로 한다.[시행일 2004. 1. 1.]

2. 훈령으로 지정하는 지정협조의 지정번호는 고유기호 "훈령협" 다음에 훈령을 발하는 기관의 행정기관명을 적고, 붙임표(-)로 일련번호를 이어 기재한 번호로 한다.[시행일 2004. 1. 1.]

3. 수시협조의 심사번호는 고유기호 "수시협" 다음에 업무협조요청기관의 행정기관명을 적고 붙임표(-)로 수시협조요청문서의 심사순서에 따른 일련번호를 이어 기재한 번호로 한다.[시행일 2004. 1. 1.]

② 다음 각호의 1에 해당하는 경우에는 협조요청문서에 부여된 지정번호 또는 심사번호를 사용한다.[개정 1996. 5. 28.]

1. 업무협조요청문서에 대하여 회신하는 경우

2. 업무협조지연사유 등을 통보하는 경우

3. 업무협조요청문서의 보완을 요구하거나 반려하는 경우

4. 업무협조의 처리를 촉구하는 경우

5. 협조요청문서를 다른 기관에 이첩하여 협조를 요청하는 경우

③ 행정자치부령 또는 훈령으로 지정한 지정협조를 요구하거나 지정협조를 하는 때에는 기안문과 시행문의 본문의 첫째 항목에 별표 21의 예시와 같이 지정협조의 지정번호를 표시하여야 한다.[신설 2003. 7. 14.][시행일 2004. 1. 1.]

제81조(수시협조문서의 심사) ① 처리과의 장은 영 제60조 제1항의 규정에 의하여 수시협조요청문서에 대한 심사를 받고자 하는 때에는 결재권자의 결재를 받은 당해 문서의 기안문과 시행문을 협조심사관에게 제시하여야 한다.[개정 1996. 5. 28., 1999. 9. 2., 2003. 7. 14.][시행일 2004. 1. 1.]

② 협조심사관은 제1항의 규정에 의한 심사신청을 받아 그 내용을 심사한 때에는 별표 21의 표시예시와 표시위치에 관한 사항을 기재한 결과를 통보하여야 한다.[개정 1996. 5. 28., 1999. 9. 2., 2003. 7. 14.][시행일 2004. 1. 1.]

③ 수시협조심사를 받은 후 수시협조를 요청하거나 수시협조를 하는 때에는 기안문과 시행문의 본문의 첫째 항목에 별표 21의 규정에 의한 수시협조심사의 표시를 하여야 한다.[신설 2003. 7. 14.][시행일 2004. 1. 1.]

[본조 제목개정 2003. 7. 14.][시행일 2004. 1. 1.]

제82조(업무협조의 촉구) 영 제66조의 규정에 의한 업무협조의 촉구는 별지 제37호 서식에 의한다.

제6장 서식관리

제83조(서식설계기준) 서식의 설계기준은 별표 22와 같다.

제84조(지질 및 단위당 중량결정기준) 영 제76조 제3항의 규정에 의한 서식용지의 지질 및 단위당 중량을 결정하는 때에는 별표 23의 기준과 다음 사항을 참작하여야 한다.

1. 사용목적
2. 보존기간 및 보존방법
3. 기재방법
4. 복사방법 및 복사매수
5. 사용빈도
6. 사무자동화기기의 활용 여부

제85조(서식승인신청 등) 행정기관의 장은 영 제75조의 규정에 의하여 서식의 승인을

신청하는 때에는 승인신청서식목록, 서식초안 및 별지 제38호 서식의 서식제원표 각 2부를 첨부하여야 한다. 다만, 영 제74조 제6항의 규정에 의한 서식을 제정 또는 개정하고자 하는 때에는 심사신청서식목록, 서식초안 및 서식제원표 각 2부를 서식관리업무를 관장하는 부서에 제출하여 그 심사를 받아야 한다.[개정 1996. 5. 28., 1999. 9. 2.]

　제86조(서식규격 등) 영 제76조 제2항의 규정에 의하여 서식의 아래 한계선 오른쪽 밑에 용지의 규격·지질 및 단위당 중량을 표시하는 때에는 다음의 예시와 같이 용지의 규격 다음에 괄호하여 지질 및 단위당 중량을 표시하여야 한다.

　(예시) 210㎜×297㎜(일반용지 60g/㎡(재활용품))[전문개정 1999. 9. 2.]

　제87조(서식승인통보) 서식승인기관은 서식을 승인한 때에는 승인서식목록, 당해 서식 및 별지 제38호 서식의 서식제원표를 붙여 당해 서식의 승인신청기관에 통보하여야 한다.[전문개정 1999. 9. 2.]

　제88조 삭제[1999. 9. 2.]

　제89조(심사서식의 관리) 제85조 단서의 규정에 의하여 서식을 심사하는 때에는 제86조 및 제87조의 규정을 준용한다.[개정 1996. 5. 28., 1999. 9. 2.]

　제90조 삭제[1999. 9. 2.]

제7장 삭제

　제91조 내지 제98조 삭제[1999. 12. 30.]

　제99조 삭제[1999. 9. 2.]

　제100조 삭제[1997. 11. 11.]

　제101조 내지 제105조 삭제[1999. 12. 30.]

제8장 업무편람

　제106조 내지 제109조 삭제[1999. 9. 2.]

　제110조(직무편람의 작성) 직무편람은 다음 사항이 포함되도록 작성하되, 수시로 보완하여 활용할 수 있도록 하여야 하며, 사무인계·인수 시에는 이를 함께 인계·인수하여야

한다.[개정 1996. 5. 28., 2003. 7. 14.][시행일 2004. 1. 1.]

　1. 업무연혁·관련 업무현황 및 주요 업무계획

　2. 업무의 처리절차 및 흐름도

　3. 소관 보존문서 현황

　4. 기타 업무처리에 필요한 참고사항

　제111조 내지 제113조 삭제[1999. 9. 2.]

제9장 사무자동화

　제114조(기본계획의 수립) ① 영 제102조의 규정에 의한 사무자동화기본계획은 특별한 사유가 있는 경우를 제외하고는 5년을 단위로 하여 수립한다.

　② 행정자치부장관은 사무자동화기본계획을 수립함에 있어 필요한 때에는 관계행정기관에 대하여 관련자료 및 의견의 제출 등 협조를 요청할 수 있다.[개정 1999. 9. 2.]

　제115조(기기운용능력의 검정) ① 영 제106조 제1항의 규정에 의한 사무자동화기기운용능력검정은 5급 이하 일반직공무원 및 이에 상당하는 별정직공무원과 사무보조직렬의 기능직공무원을 대상으로 실시함을 원칙으로 한다.

　② 제1항의 규정에 의한 검정대상자 중 행정자치부장관이 사무자동화 추진을 위하여 필요하다고 인정하는 행정기관에 근무하는 자에 대하여는 우선적으로 검정을 실시할 수 있다.[개정 1999. 9. 2.]

　③ 사무자동화기기운용능력검정에 필요한 검정등급, 등급별 검정항목 및 검정방법 등에 관하여 필요한 사항은 행정자치부장관이 정한다.[개정 1999. 9. 2.]

　제116조(지방행정사무의 자동화 추진) 영 제110조의 규정에 의하여 교육인적자원부장관이 지방행정사무자동화사업을 추진함에 있어서 행정자치부장관과 협의하여야 하는 중요 사항은 다음과 같다.[개정 1999. 9. 2., 2001. 2. 14.]

　1. 지방행정사무자동화기본계획

　2. 기본계획과 관련된 자동화추진사업의 주요 변동내용

제10장 보칙

제117조(사무관리에 관한 교육) ① 행정기관의 장은 소속공무원에 대하여 연 1회 이상 사무관리에 관한 교육을 실시하여야 한다.

② 행정자치부장관은 행정기관의 장이 사무관리에 관한 교육의 지원을 요청하는 경우에는 지원을 할 수 있다.[신설 2003. 7. 14.][시행일 2004. 1. 1.]

제118조(세부사항) 행정자치부장관은 사무관리에 관하여 필요한 세부사항을 정할 수 있다.[개정 1999. 9. 2.]

부   칙

제1조(시행일) 이 규칙은 1991년 10월 1일부터 시행한다. 다만, 제22조 및 제26조 제1항 및 제2항의 규정은 1992년 1월 1일부터 시행하고, 제91조 내지 제94조 및 제99조의 규정은 정부공문서분류번호및보존기간책정기준등에관한규칙을 처음 개정하여 시행하는 때에 시행한다.

제2조(다른 법령의 폐지) 정부공문서규정시행규칙·보고통제규정시행규칙·기관간업무협조규정시행규칙 및 서식제정절차규정시행규칙은 각각 이를 폐지한다. 다만, 정부공문서규정시행규칙 제31조 제1항의 규정은 1991년 12월 31일까지 효력을 가진다.

제3조(다른 법령과의 관계) 다른 법령에서 부칙 제2조의 규정에 의하여 폐지되는 규칙 또는 그 조문을 인용한 경우 이 규칙에 그에 해당하는 규정이 있는 때에는 그 폐지되는 규칙에 갈음하여 이 규칙 또는 이 규칙의 해당 조문을 인용한 것으로 본다.

제4조(서식개정에 따른 경과조치) 이 규칙 시행당시 종전의 규정에 의하여 사용하던 서식은 1992년 6월 30일까지 이 규칙에 의한 서식과 함께 사용할 수 있다.

제5조(지정보고에 대한 경과조치) 이 규칙 시행 전에 영 부칙 제2조의 규정에 의하여 폐지되는 보고통제규정에 의하여 훈령으로 지정된 정기보고 중 중앙행정기관이 민간단체로부터 받는 정기보고는 제64조 제2항의 규정에 의하여 정기보고로 처음 지정할 때까지는 이 규칙에 의하여 지정된 것으로 본다.

제6조(정기간행물의 등록에 관한 경과조치) 이 규칙 시행 전에 발간한 정기간행물은

제91조 제5항의 규정에 불구하고 이 규칙 시행 후 처음 발간하는 때에 등록신청을 하여야 한다.

제7조(다른 법령의 개정) ① 정부공문서분류번호및보존기간책정기준등에관한규칙 중 다음과 같이 개정한다.

제1조중 "정부공문서규정(이하 "영"이라 한다) 제7조·제8조 제1항 및 제9조의"를 "사무관리규정(이하 "영"이라 한다) 제25조·제27조 제1항 및 제3항의"로 한다. 제2조 중 "영 제7조의"를 "영 제25조의"로 하고, 제6조 중 "영 제9조의"를 "영 제27조 제3항의"로 한다.

② 보존문서열람수수료에관한규칙 중 "정부공문서규정 제36조 제4항의"를 "사무관리규정 제33조 제4항의"로 한다.

부   칙[1992. 12. 31.]

이 규칙은 공포한 날부터 시행한다.

부   칙[1996. 5. 28.]

제1조(시행일) 이 규칙은 1996년 7월 1일부터 시행한다.

제2조(서식개정에 따른 경과조치) ① 이 규칙 시행당시 종전의 규정에 의하여 승인된 서식은 이 규칙에 의하여 승인된 것으로 본다.

② 이 규칙 시행당시 종전의 규정에 의하여 사용하던 서식은 이 규칙에 의한 서식과 함께 사용할 수 있다.

제3조(분임자체보고통제관 등에 대한 경과조치) 이 규칙 시행당시의 분임자체보고통제관 및 분임협조통제관은 각각 이 규칙에 의한 분임자체보고심사관 및 분임협조심사관으로 본다.

부   칙[1997. 11. 11.]

① (시행일) 이 규칙은 1998년 1월 1일부터 시행한다.
② 내지 ④ 생략

부   칙[1999. 9. 2.]

① (시행일) 이 규칙은 공포한 날부터 시행한다.
② (문서처리인에 관한 경과조치) 이 규칙 시행당시 사용 중인 문서처리인은 별표 11
의 개정규정에 불구하고 이를 사용할 수 있다.

부   칙[1999. 12. 30.]

제1조(시행일) 이 규칙은 2000년 1월 1일부터 시행한다.
제2조 내지 제5조 생략

부   칙[2001. 2. 14.]

이 규칙은 공포한 날부터 시행한다.

부   칙[2003. 7. 14.]

① (시행일) 이 규칙은 2004년 1월 1일부터 시행한다.
② (전자문서시스템 및 행정전자서명의 시범운영에 관한 특례) 대통령령 제17811호 사
무관리규정 중개정령 부칙 제2항의 규정에 의하여 행정기관의 장이 전자문서시스템 및
행정전자서명을 시범운영하는 경우에는 제1항의 규정에 불구하고 이 규칙 시행 전에 이

규칙의 개정규정(전자문서시스템 및 행정전자서명과 관련된 내용에 한한다)을 적용할 수 있다.

〔사무관리규정 및 동시행규칙 중 별표 및 별지서식〕

사무관리규정 별표

[별표 1]

관인의 규격(제37조 관련)

(단위: 센티미터)

구 분		한 변의 길이
청 인	국무회의	5.4
	기타의 합의제기관	3.6
직 인	대통령	4.5
	국무총리	3.6
	기타 행정기관의 장	3

[별표 2]

보 고 기 일 표(제52조 제1항 관련)

구분 보고주기	기산지점	제 출 기 일		
		최초작성기관→1 차경유기관 (예: 읍·면· 동→시·군·구)	1차경유기관→→2 차경유기관 (예: 시·군· 구→시·도)	2차경유기관→최종 수보기관 (예: 시·도→중앙)
즉 보	발생시점부터	즉 시	즉 시	2일 이내
일 보	발생일부터	1일 이내	2일 이내	3일 이내
주 보	주말부터	1일 이내	2일 이내	3일 이내
순 보	순기 말부터	1일 이내	2일 이내	4일 이내
반 월 보	반월기말부터	2일 이내	3일 이내	5일 이내
월 보	월말부터	4일 이내	6일 이내	10일 이내
기 보	분기 말부터	5일 이내	10일 이내	15일 이내
반 년 보	반년기말부터	10일 이내	15일 이내	20일 이내
연 보	연말부터	15일 이내	20일 이내	30일 이내

[별표 3]

서식용지의 규격(제37조 제1항 관련)

(단위: 밀리미터)

A	열	B	열
A0	841×1,189	B0	1,030×1,189
A1	594×841	B1	728×1,030
A2	420×594	B2	515×728
A3	297×420	B3	364×515
A4	210×297	B4	257×364
A5	148×210	B5	182×257
A6	105×148	B6	128×182
A7	74×105	B7	91×128
A8	52×74	B8	64×91
A9	37×52	B9	45×64
A10	26×37	B10	32×45

사무관리규정시행규칙 별표 및 별지서식

[별표 1] 삭제〈2003. 7. 14.〉

[별표 2] 삭제〈1999. 9. 2.〉

[별표 3] 삭제〈1999. 9. 2.〉

[별표 4] 〈개정 2003. 7. 14.〉

간이결재인(제16조 관련)

※ 결재란의 수는 기관에 따라 적절하게 조정하여 사용한다.

※ 기재요령

위 칸에는 기안자·검토자 또는 결재권자의 직위 또는 직급을 표시하고, 아래 칸에는 서명을 표시한다.

[별표 5] 삭제 〈2003. 7. 14.〉

[별표 6] 삭제 〈1996. 5. 28.〉

[별표 7] 삭제 〈1999. 12. 30.〉

[별표 8] 삭제 〈1999. 9. 2.〉

[별표 9] 〈개정 1999. 9. 2.〉

관인생략 또는 서명생략의 표시(제25조 제2항 관련)

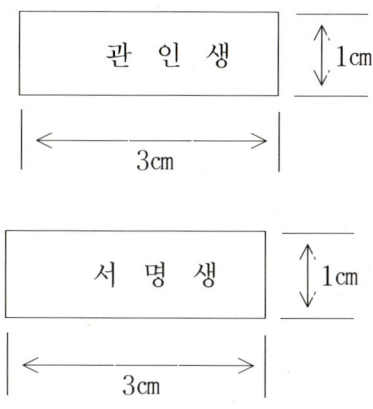

[별표 10] 삭제〈1996. 5. 28.〉

[별표 11] 〈개정 2003. 7. 14.〉

접 수 인(제31조 제2항 관련)

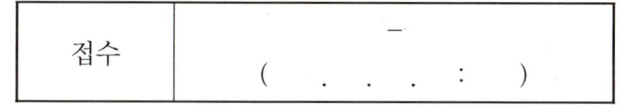

※ 접수란의 크기는 기관에 따라 적절하게 조정하여 사용한다.

※ 기재요령

1. 접수등록번호는 처리과명과 일련번호를 기재한다.

(예 1) 행정능률과인 경우: 행정능률과-23

(예 2) 행정관리담당관인 경우: 행정관리담당관-25

2. 괄호 안에는 접수일자를 기재한다. 민원문서 등 시·분까지 기재가 필요한 경우에는 시·분까지 기재한다. (예) 2002. 5. 10. 또는 2002. 5. 10. 14:23

[별표 12] 삭제〈2003. 7. 14.〉

[별표 13] 내지 [별표 15] 삭제〈1999. 12. 30.〉

[별표 16] 〈개정 1999. 9. 2., 2001. 2. 14., 2003. 7. 14.〉

정기보고의 목록(제64조 제2항 관련)
(생 략)

[별표 17] 삭제〈2003. 7. 14.〉

[별표 18] 〈개정 2003. 7. 14.〉

정기보고 지정번호, 수시보고심사 및 보고심사제외근거의 표시

(제65조 제5항, 제69조 제2항 내지 제4항 관련)

보고구분	표시할 사항 및 표시요령	표시 예시	표시 위치
1. 행정자치부령 지정 정기보고 2. 훈령지정 정기보고	고유기호 행정기관명 – 일련번호 고유기호 공통 – 일련번호	• 정기보고의 지정(부령 행정자치부-1)과 관련됩니다. • 정기보고의 지정(부령민 행정자치부-1)과 관련됩니다. • 정기보고의 지정(부령 공통-1)과 관련됩니다. • 정기보고의 지정(훈령 행정자치부-1)과 관련됩니다. • 정기보고의 지정(훈령민 행정자치부-1)과 관련됩니다. • 정기보고의 지정(훈령 공통-1)과 관련됩니다.	본문의 첫째 항목에 표시한다.
3. 수시보고	※ 아래 "수시보고심사의 표시방법"에 따른다.	• 2002. 7. 1. 중앙수시 행정자치부-1(3)과 관련됩니다. • 2002. 7. 1. 자체 수시 전라남도-1(2)과 관련됩니다.	본문의 첫째 항목에 표시한다.
4. 보고심사 제외대상보고(영 제43조 제2항)	심사제외 근거규정	• 사무관리규정 제43조 제2항제5호(보고심사 제외 근거)와 관련됩니다.	본문의 첫째 항목에 표시한다.

※ 수시보고심사의 표시방법

구 분	표 시 사 항
중앙심사수시보고	심사일자 중앙수시 행정기관명 - 일련번호( )
자체 심사수시보고	심사일자 자체 수시 행정기관명 - 일련번호( )

비고: ( ) 안에는 최초작성기관을 표시하며, 다음의 구분에 따라 그 숫자를 기입한다.

　　　1. 최초작성기관이 중앙행정기관인 경우　　　0

　　　2. 최초작성기관이 제1차 소속기관인 경우　　　1

　　　3. 최초작성기관이 제2차 소속기관인 경우　　　2

　　　4. 최초작성기관이 제3차 소속기관인 경우　　　3

[별표 19] 삭제〈2003. 7. 14.〉

[별표 20] 〈개정 1999. 9. 2., 2001. 2. 14., 2003. 7. 14.〉

지정협조의 목록(제78조 제1항 관련)
(생　략)

[별표 21] 〈개정 2003. 7. 14.〉

지정협조 지정번호 및 수시협조심사의 표시

(제80조 제3항 및 제81조 제2항·제3항 관련)

협조구분	표시할 사항 및 표시요령	표시예시	표시위치
1. 행정자치부령 지정협조 2. 훈령지정협조	고유기호 행정기관명 - 일련번호 고유기호 공통 - 일련번호	• 지정협조의 지정(부령협 행정자치부-1)과 관련됩니다. • 지정협조의 지정(부령협 공통-1)과 관련됩니다. • 지정협조의 지정(훈령협 행정자치부-1)과 관련됩니다. • 지정협조의 지정(훈령협 공통-1)과 관련됩니다.	본문의 첫째 항목에 표시한다.
3. 수시협조	행정기관명 - 일련번호 (처리기간)	• 수시협 행정자치부-1(7일)과 관련됩니다. • 수시협 전라남도-1(20일)과 관련됩니다.	본문의 첫째 항목에 표시한다.

[별표 22]〈개정 2003. 7. 14.〉

서식의 설계기준(제83조 관련)

구 분	내 용	설 계 기 준
행정기관명, 발신명의 및 결재란 등(이 란은 보고서식 등 기안문 및 시행문 형식을 필요로 한 경우에 추가로 설치)	행정기관명	그 문서를 기안한 부서가 속한 행정기관명을 가장 윗부분 가운데에 둔다.
	발신명의	발신명의는 본문의 아랫부분 가운데에 둔다.
	결재란 등	공문서의 발신명의 아래에 다음 사항을 설치한다. 가. 기안자, 검토자, 협조자, 결재권자의 직위(직급) 및 서명 나. 우편번호, 주소, 홈페이지주소 다. 전화번호, 모사전송번호, 공무원의 공식 전자우편 주소, 공개구분
표 제 란	1. 서 식 명	가. 다른 서식과 혼동을 일으키지 아니하도록 서식의 내용을 확실히 알 수 있는 명칭을 붙인다. 나. 위치는 윗부분 가운데에 둠을 원칙으로 한다.
	2. 수신자명	가. 위치는 윗부분 왼쪽에 둠을 원칙으로 한다. 나. 수신자가 일정한 경우에는 이를 명시한다.
	3. 발행일자	가. 위치는 윗부분 또는 아랫부분 오른쪽에 둠을 원칙으로 한다. 나. 시행문서로서의 성격을 가진 것은 발행일자와 함께 등록번호를 명시한다.
	4. 발행번호	각종 증명서 등의 서식에는 발행번호를 둔다.
	5. 발신명의	가. 위치는 아랫부분 가운데에 둠을 원칙으로 한다. 나. 발신명의를 명시함을 원칙으로 한다. 다. 발신명의 다음에는 성명을 표시하지 아니함을 원칙으로 한다.
본 란	1. 항 목 란	가. 구비서류를 따로 받지 아니하도록 그 내용을 기입할 수 있는 항목을 둠을 원칙으로 한다. 나. 항목의 일련번호는 왼쪽에서 오른쪽으로, 위에서 아래로 정한다. 다. 항목은 서식의 내용을 쉽고, 일관성 있게 파악할 수 있도록 배열한다.

구 분	내 용	설 계 기 준
본 란	1. 항 목 란	라. 검토·분류·선별의 대상 및 기준이 되는 항목의 위치는 다음과 같다. (1) 왼쪽에서 철하는 경우 – 오른쪽 (2) 위에서 철하는 경우 – 아랫부분 (3) 카드의 경우 – 윗부분 마. 다른 서식에 옮겨 적어야 하는 항목은 그 서식에 따라 배열함을 원칙으로 한다. 바. 민원서식은 다음과 같이 배열함을 원칙으로 한다. (1) 인적사항 – 서식명 바로 아랫부분 (2) 구비서류의 종류 및 부수 – 왼쪽 아랫부분 (3) 처리기간 – 오른쪽 윗부분 (4) 수수료 – 오른쪽 아랫부분 (5) 업무흐름도표 – 뒷면 (6) 전자신청가능 여부 – 오른쪽 윗부분 여백에 다음 예시와 같이 전자신청가능 여부를 표시한다. (예시) 이 서식은 전자신청이 가능한 서식입니다. 사. 행정편의와 단순한 관행상의 이유만으로는 민원서식상의 날인란을 두지 아니하되 필요한 경우에는 서명 또는 손도장으로 갈음한다. 아. 주소변경 시 법령에 신고규정이 없는 허가증·인가증·자격증·신고필증 등의 서식에는 주소란을 두지 아니한다. 자. 오른쪽 상단에 전자적 신청이 가능한 경우에는 이를 표시한다.
	2. 기입란	가. 너비는 타자의 경우는 9밀리미터, 필기의 경우는 10밀리미터, 다기능사무기기의 경우는 8.5밀리미터로 함을 원칙으로 한다. 나. 길이는 해당란에 기입할 내용에 따라 정한다. 다. 기입란명은 기입할 내용을 확실히 알 수 있는 명칭을 붙인다.
	3. 금액 및 숫자란	계산이 필요한 숫자란은 계산의 순서를 고려하여 상하 또는 좌우로 배열하고 계산부호를 붙인다.
부 가 란	1. 기재상 주의사항 2. 비고란 3. 공지사항	서식의 윗부분에 기입하되 부득이한 경우에는 앞면의 윗부분에 주의사항에 대한 안내문구를 표시하고 별지 또는 뒷면에 그 내용을 기입한다. 기재할 내용이 있는 경우에만 둔다. 공지할 필요가 있는 사항은 서식의 아랫부분에 둠을 원칙으로 한다.

[별표 23]〈개정 1996. 5. 28.〉

서식용지의 사용용도별 지질·중량기준(제84조 관련)

번 호	서 식 용 지 의 용 도	지질 및 중량
1	비치카드, 상장, 통지서(엽서), 임용장, 휴대 또는 게시하는 각종 증서 등	보존용지(1종) 120g/㎡
2	보존기간이 20년 이상인 문서의 서식, 보존기간이 10년 이상인 기안용지, 회계장부 및 특수대장	보존용지(1종) 70g/㎡
3	보존기간이 10년 이상인 문서의 서식(제2호의 서식 제외), 보존기간이 5년 이하인 문서의 서식, 일반대장(보존기간 10년 미만) 및 회의안건·보고서 등	보존용지(2종) 70g/㎡ 또는 일반용지 60g/㎡ (재활용품)
4	각종 민원신청서 및 신고서·통지서	일반용지 60g/㎡(재활용품) 또는 신문용지 54g/㎡ (재활용품)
5	행정간행물(보존기간 10년 이상)	보존용지(2종) 70g/㎡

[별표 24] 및 [별표 25] 삭제〈1999. 9. 2.〉

[별표 26] 삭제〈2003. 7. 14.〉

[별표 27] 내지 [별표 29] 삭제〈1999. 9. 2.〉

[별지 제1호 서식]〈신설 1999. 9. 2.〉

사무인계·인수서

---

1. 업무현황
   가. 담당사무
   나. 주요 업무계획 및 진행사항
   다. 현안사항 및 문제점
   라. 주요 미결사항

2. 관련 문서 현황

3. 주요 물품 및 예산 등 인계·인수가 필요한 사항

4. 기타 참고사항

위와 같이 인계·인수합니다.

년　　　월　　　일

인계자 ○ ○ ○ (서명)
인수자 ○ ○ ○ (서명)
입회자 ○ ○ ○ (서명)

비고
　1. 입회자는 인계·인수자의 직근 상급자가 된다. 다만, 인계·인수자가 기관장 및 부기관장의 경우에는 직근 하급자가 된다.
　2. 동 서식은 예시이므로 기관의 실정 및 인계·인수사항에 따라 조정할 수 있다.

[별지 제1호의2서식]

행 정 기 관 명

수신자(   )
(경유)
제목

발 신 명 의 ㉑

기안자(직위/직급)   서명   검토자(직위/직급)   서명   결재권자(직위/직급)   서명
협조자(직위/직급)   서명

시행   처리과명 - 일련번호(시행일자)   접수   처리과명 - 일련번호(접수일자)

우   주소   / 홈페이지 주소
전화 (   )   전송 (   )   / 공무원의 공식 전자우편주소 / 공개구분

210mm×297mm(보존용지(2종) 70g/㎡), (일반용지 60g/㎡(재활용품)) 또는 (보존용지(1종) 70g/㎡)

─── 〈처리요령〉 ───

(이 란은 서식에 포함하지 아니함)
1. 행정기관명: 그 문서를 기안한 부서가 속한 행정기관명을 기재한다.
2. 수신자( ): 수신자명 또는 수신자기호를 먼저 쓰고, 이어서 괄호 안에는 처리할 자(보조기관 또는 보좌기관을 말한다)의 직위를 쓰되, 처리할 자의 직위가 분명하지 아니한 경우에는 ○○업무담당과장 등으로 쓰며, 수신자가 많아 본문의 내용을 기재할 란이 줄어들어 본문의 내용을 첫 장에서 파악하기 곤란한 경우는 두문의 수신자란에 "수신자 참조"라고 쓰고, 결문의 발신명의 밑의 왼쪽 기본선에 맞추어 수신자란을 설치하여 수신자명 또는 수신자기호를 표시한다.
3. (경유): 경유문서인 경우에 (경유)란에 "이 문서는 경유기관의 장은 ○○○(또는 제1차 경유기관의 장은 ○○○, 제2차 경유기관의 장은 ○○○)이고, 최종 수신기관의 장은 ○○○입니다."라고 표시하고, 경유기관의 장은 제목란에 "경유문서의 이송"이라고 표시하여 순차적으로 이송하여야 한다.
4. 제목: 그 문서의 내용을 쉽게 알 수 있도록 간단하고, 명확하게 기재한다.
5. 발신명의: 합의제 행정기관 또는 행정기관의 장의 명의를 기재하고, 보조기관 또는 보좌기관 상호간에 발신하는 문서는 그 보조기관 또는 보좌기관의 명의를 기재한다.
6. 기안자·검토자·협조자·결재권자의 직위/직급: 직위가 있는 경우에는 직위를 온전하게 쓰고, 직위가 없는 경우에는 직급을 온전하게 쓴다. 다만, 기관장과 부기관장의 직위는 간략하게 쓴다.
7. 시행 처리과명－일련번호(시행일자) 접수 처리과명－일련번호(접수일자): 처리과명(처리과가 없는 행정기관은 10자 이내의 행정기관명의 약칭)을 기재하고, 일련번호는 연도별 일련번호를 기재하며, 시행일자와 접수일자란에는 연월일을 각각 온점(.)을 찍어 숫자로 기재한다. 다만, 민원문서인 경우로서 필요한 경우에는 시행일자와 접수일자란에 시·분까지 기재한다.
8. 우 주 소: 우편번호를 기재한 다음, 행정기관이 위치한 도로명 및 건물번호 다음에 괄호하여 주소를 기재하고, 사무실이 위치한 층수와 호수를 괄호 안에 기재한다.
   (예) 우110-034 서울특별시 종로구 효자로 39(창성동 117)(2층 208호)
9. 홈페이지 주소 : 행정기관의 홈페이지 주소를 기재한다. (예) www.mogaha.go.kr
10. 전화( )   전송( ): 전화번호와 모사전송번호를 각각 기재하되, ( ) 안에는 지역번호를 기재한다. 기관 내부문서의 경우는 구내 전화번호를 기재한다.
11. 공무원의 공식 전자우편주소: 행정기관에서 공무원에게 부여한 전자우편주소를 기재한다.
12. 공개구분: 공개·부분공개·비공개로 구분하여 표시한다. 부분공개·비공개인 경우에는 공공기관의기록물관리에관한법률시행규칙 제16조의 규정(별표 11)에 의한 공개 여부 구분번호를 선택하여 ( ) 안에 표시한다.
13. 관인생략 등 표시: 발신명의의 오른쪽에 관인생략 또는 서명생략을 표시한다.
※ 기안자·검토자 및 결재권자(직위/직급) 서명: "기안자·검토자 및 결재권자"의 용어는 표시하지 아니하고, 기안자·검토자 및 결재권자의 직위/직급을 쓰고 서명한다.
※ 협조자(직위/직급) 서명: "협조자"의 용어를 표시한 다음, 이어서 직위/직급을 쓰고 서명한다.
※ 전결 및 서명표시 위치: 사무관리규정 제16조 제2항 및 동규정시행규칙 제19조 제1항의 규정에 의하여 결재권이 위임된 사항을 전결하는 경우에는 행정기관의 장의 결재란을 설치하지 아니하고 전결하는 자의 서명란에 "전결"표시를 한 후 서명한다.
※ 전결·대결 및 서명표시 위치: 사무관리규정 제16조 제3항 및 동규정시행규칙 제19조 제2항의 규정에 의하여 위임전결사항을 대결하는 경우에는 행정기관의 장의 결재란을 설치하지 아니하고 전결하는 자의 서명란에 "전결"표시를 한 후 대결하는 자의 서명란에 "대결"표시를 하고 서명하며, 위임전결사항이 아닌 사항을 대결한 경우에는 행정기관의 장의 결재란을 설치하지 아니하고 대결하는 자의 서명란에 "대결"표시를 하고 서명한다.
※ 발의자(★)·보고자(◉)의 표시는 직위 또는 직급 앞 또는 위에 한다.
※ "수신자"는 "받는 자"로 사용할 수 있다.

346

[별지 제2호 서식]〈개정 1996. 5. 28.〉

기 관 명	회 보	제 호 · · ·
(지 시 사 항) (일 일 명 령) (연 락 사 항) (공 지 사 항) (상 벌 사 항) (기 타) 발 신 명 의 수신처		

회 람							

15012-02811일
1995. 11. 30.

210㎜×297㎜
(일반용지 60g/㎡(재활용품))

[별지 제3호 서식] 삭제〈2003. 7. 14.〉

[별지 제3호의 2 서식]〈개정 2003. 7. 14.〉

(표제부)

행 정 기 관 명

수신자   (   )
(경유)
제목

※ 본 서식은 표제부입니다.
   본문 내용은 본문부(별도화일)를 이용하시기 바랍니다.
   본문 내용에 대한 의견이 있는 경우에만 아래에 기재합니다.
   1. 의견내용
   2. 의견을 표시한 자의 소속, 직위(직급) 및 성명

발 신 명 의 ㉑

기안자(직위/직급) 서명 검토자(직위/직급) 서명 결재권자 (직위/직급) 서명
협조자(직위/직급) 서명

시행 처리과명 – 일련번호 (시행일자) 접수 처리과명 – 일련번호 (접수일자)

우   주 소   / 홈페이지 주소
전화 ( )   전송 ( )   / 공무원의 공식 전자우편주소 / 공개구분

210mm×297mm(보존용지(2종) 70g/㎡), (일반용지 60g/㎡(재활용품)), (보존용지(1종) 70g/㎡) 또는 전산용지

(본문부)

제목 _____

(본문 내용)

붙임

[별지 제3호의 3 서식]〈신설 2003. 7. 14.〉

등록번호					
등록일자					
결재일자					
공개구분					
		협조자			

(제　　목)

※ 필요한 경우 보고근거 및 보고내용을 요약하여 기재할 수 있음.

○ ○ ○ ○ 부　　　　　　　　　　　　○ ○ ○ ○ 부
(처 · 청 또는 위원회 등) 또는 (처 · 청 또는 위원회 등)
○ ○ ○ ○ 국　　　　　　　　　　　　○ ○ ○ ○ 과

비고(이 란은 서식에 포함하지 아니함)

1. 이 서식은 보고서 · 계획서 · 검토서 등 내부적으로 결재하는 문서에 한하여 사용하며, 시행문으로 변환하여 사용할 수 없다.

2. 등록번호란: 처리과기관코드[처리과명(처리과가 없는 행정기관은 10자 이내의 행정기관명의 약칭)을 말한다]와 연도별 일련번호를 기재한다.

3. 공개구분란: 공개, 부분공개, 비공개로 구분하여 표시한다. 부분공개, 비공개인 경우에는 공공기관의기록물관리에관한법률시행규칙 제16조의 규정(별표 11)에 의한 공개 여부 구분번호를 선택하여 (　) 안에 표시한다.

4. 기안자, 검토자, 협조자, 결재권자의 직위/직급: 직위가 있는 경우에는 직위를 온전하게 쓰고, 직위가 없는 경우에는 직급을 온전하게 쓴다. 다만, 기관장과 부기관장의 직위는 간략하게 쓴다.

350

5. 발의자(★), 보고자(◉)표시: 해당 직위 또는 직급의 앞 또는 위에 한다.

6. 전결 및 서명표시 위치: 사무관리규정 제16조 제2항 및 동규정시행규칙 제19조 제1항의 규정에 의하여 결재권이 위임된 사항을 전결하는 경우에는 행정기관의 장의 결재란을 설치하지 아니하고 전결하는 자의 서명란에 "전결"표시를 한 후 서명한다.

7. 전결·대결 및 서명표시 위치: 사무관리규정 제16조 제3항 및 동규정시행규칙 제19조 제2항의 규정에 의하여 위임전결사항을 대결하는 경우에는 행정기관의 장의 결재란을 설치하지 아니하고 전결하는 자의 서명란에 "전결"표시를 한 후 대결하는 자의 서명란에 "대결"표시를 하고 서명하며, 위임전결사항이 아닌 사항을 대결한 경우에는 행정기관의 장의 결재란을 설치하지 아니하고 대결하는 자의 서명란에 "대결"표시를 하고 서명한다.

8. 보조기관 또는 보좌기관의 전결사항이 아닌 결재사항인 경우에는 검토자는 해당란에 서명을 하고, 보조기관 또는 보좌기관은 그 보조기관 또는 보좌기관의 직위를 쓰고, 해당란에 서명한다.

9. 크기 및 결재란 수는 조정하여 사용할 수 있다.

210㎜×297㎜(보존용지(2종) 70g/㎡), (일반용지 60g/㎡(재활용품)) 또는 (보존용지 (1종) 70g/㎡)

[별지 제4호 서식]〈개정 2003. 7. 14.〉

행 정 기 관 명

우 주 소	/전화( )	/전송( )

등록번호				대 통 령
등록일자			국 무 총 리	
결재일자				
시행일자				
관련기관 협조여부				공개구분
협 조 기 관					
수신자		발신자		㉑
제 목				

비고(이 란은 서식에 포함하지 아니함)

　1. 공개구분란에는 공개, 부분공개, 비공개로 구분하여 표시한다. 부분공개, 비공개인 경우에는 공공기관의기록물관리에관한법률시행규칙 제16조의 규정(별표 11)에 의한 공개여부 구분번호를 선택하여 (   ) 안에 표시한다.

　2. "수신자"는 "받는 자"로, "발신자"는 "보낸 자"로 하여 사용할 수 있다.

210㎜×297㎜(보존용지(1종)70g/㎡)

[별지 제4호의2서식]〈개정 2003. 7. 14.〉

○○수석 (보좌관)	비서실장

등록번호	
등록일자	
결재일자	
공개구분	

	○○장관	국무총리	대 통 령
협 조 자			

(제   목)

※ 필요한 경우 보고근거 및 보고내용을 요약하여 기재할 수 있음.

○○○부
(처·청·위원회 등)

비고(이 란은 서식에 포함하지 아니함)

1. 이 서식은 보고서·계획서·검토서 등 내부적으로 결재하는 문서에 한하여 사용하며, 시행문으로 변환하여 사용할 수 없다.

2. ○○수석(보좌관)란: ○○수석, ○○보좌관 등 대통령비서실직제에서 정하는 명칭으로 한다.

3. 등록번호란: 처리과기관코드[처리과명(처리과가 없는 행정기관은 10자 이내의 행정기관명의 약칭)을 말한다]와 연도별 일련번호를 기재한다.

4. 공개구분란: 공개, 부분공개, 비공개로 구분하여 표시한다. 부분공개, 비공개인 경우에는 공공기관의기록물관리에관한법률시행규칙 제16조의 규정(별표 11)에 의한 공개 여부 구분번호를 선택하여 (   )안에 표시한다.

5. 발의자(★), 보고자(◉) 표시: 해당 직위 앞 또는 위에 한다.

6. 크기 및 결재란 수는 필요에 따라 조정하여 사용할 수 있다.

210㎜×297㎜[보존용지(2종)70g/㎡], (일반용지60g/㎡) 또는 (보존용지(1종)70g/㎡]

[별지 제5호 서식] 삭제〈1999. 12. 30.〉

[별지 제6호 서식] 삭제〈1999. 12. 30.〉

[별지 제6호의 2 서식]〈신설 1999. 9. 2.〉

사용자계정 및 전자이미지서명 등록신청서

① 소 속			②전화번호	
③ 성 명		④직위	⑤직급	
⑥주민등록번호				
⑦사용자계정(ID)	㉠			
	㉡			
	㉢			
⑧ 비밀번호				
⑨전자이미지서명				

사무관리규정시행규칙 제29조 제2항의 규정에 의하여 사용자계정(ID) 및 전자이미지서명등록을 신청합니다.

년   월   일
신청인(서명 또는 인)

○○기관의 장 귀하

※ 작성방법
1. ①소속은 과단위까지 구체적으로 기재한다.
(예: 행정자치부 행정관리국 행정능률과)
2. ⑦사용자계정(ID)은 ㉠, ㉡, ㉢란에 다음 기준에 의하여 기재한다.
첫 자는 영문자로 그 외 문자는 영문과 숫자를 조합해서 6-8자 이내로 기재한다(중복되는 사용자계정이 있을 경우에는 ㉡, ㉢순으로 부여된다). 다만, 사용자계정은 기관의 실정에 따라 달리 정할 수 있다.
3. ⑧비밀번호는 영문과 숫자로 6-8자 이내로 기재하되, 최초로 등록 한 후 즉시 변경하여 사용하여야 한다.
4. ⑨전자이미지서명은 서명자의 성명을 반드시 한글로 알 수 있도록 표시하되, 사인펜 등으로 네모안에 꽉 차도록 진하고 크게 표시한다.
5. 본 서식과 작성방법은 예시이므로 기관의 실정에 따라 변경하여 사용할 수 있다.
15012-15711일   210㎜×297㎜
99. 8. 20. 승인   (일반용지60g/㎡(재활용품))

354

[별지 제7호 서식]〈개정 1996. 5. 28.〉

공문서 영수증

일련번호	반 음						
	문서번호	시행일자	제 목	부 수	붙임물	접수일자	

년   월   일

받은 사람 : 소속   직급   성명   서명 (인)

15012-03011일   182㎜×257㎜

1995. 11. 30. 개정   (일반용지60g/㎡, 신문용지54g/㎡ (재활용품))

[별지 제8호 서식] 삭제〈2003. 7. 14.〉

[별지 제9호 서식] 및 [별지 제10호 서식] 삭제〈1999. 12. 30.〉

[별지 제11호 서식] 및 [별지 제12호 서식] 삭제〈1996. 5. 28.〉

[별지 제13호 서식] 내지 [별지 제23호 서식] 삭제〈1999. 12. 30.〉

[별지 제23호의 2 서식]〈개정 2003. 7. 14.〉

정책추진과정 비망록

정 책 명		총소요기간 및 예산액	
추진배경			
추진경과			
관련자 및 업무분담 내용			
다른 기관 또는 민간인관련자			
기　　타			
공개구분			

※ 공개구분란: 공개, 부분공개, 비공개로 구분하여 표시한다. 부분공개, 비공개인 경우에는 공공기관
　의기록물관리에관한법률시행규칙 제16조의 규정(별표 11)에 의한 공개 여부 구분번호를 선택하여
　(　) 안에 표시한다.

210㎜×297㎜(보존용지(1종)70g/㎡)

356

[별지 제24호 서식]〈개정 2003. 7. 14.〉

관 인 대 장

관 인 명					
종 류		□청인 □직인 □특수 관인		관리부서	
□ 등록 · □ 재 등 록 관 인	(인 영)	등 록 일 (재등록일)	년 월 일		
		새 긴 날	년 월 일		
		새 긴 사 람	주 소 : 성명 및 상호 : 주민등록번호 :		
		최초사용일	년 월 일		
		재 료			
		등록(재등록) 사 유			
		관 보 공 고	년 월 일 공고제 - 호		
		비 고			
폐 기 관 인	(인 영)	등 록 일 (재등록일)	년 월 일		
		폐 기 일 (분 실 일)	년 월 일		
		폐 기 사 유	□ 마멸 □ 분실 □ 기타( )		
		폐 기 방 법	□ 소각 □ 이관 □ 기타( )		
		폐 기 자 (분 실 자)	소 속 : 직 급 : 성 명 :		
		관 보 공 고	년 월 일 공고제 - 호		
		비 고			

※ 관인을 최초로 등록한 때에는 □등록란에 V표를, 재등록한 때에는 □재등록란에 V표를 한다.
※ 비고란은 관련 문서의 등록번호 및 시행일자 등 참고사항을 기록한다.

210㎜×297㎜(보존용지(1종)70g/㎡) 또는 210㎜×297㎜(한지)

[별지 제25호 서식]〈개정 2003. 7. 14.〉

행 정 기 관 명

수신자　　　(　　　　　　　　　　　　)

　　　　　□ 관인등록(재등록) 신청
제목　□ 관인폐기신고
　　　　　□ 전자이미지관인등록(재등록) 신청

관 인 명		
종 류	□ 청인　　　□ 직인　　　□ 특수관인		
등 록 (재등록, 폐기) 사 유		
폐기대상 관인처리	폐기예정일 (분 실 일)	년　　　월　　　일
	폐 기 방 법	□이관　　□기타(　　　　　　　)
	폐 기 자 (분 실 자)	소속 : 직급 :　　　　　　　　성명 :
비 고		

발 신 명 의 ⑩

기안자(직위/직급)　서명　　검토자(직위/직급)　서명　결재권자 (직위/직급)　서명
협조자(직위/직급)　서명

시행　처리과명 – 일련번호(시행일자)　　　　접수　처리과명 – 일련번호(접수일자)
우　　　　　　주소/홈페이지 주소
전화( )　　　　　　전송( )/공무원의 공식 전자우편주소/공개구분

210mm×297mm(일반용지 60g/㎡(재활용품))

358

[별지 제25호의2서식]〈개정 2003. 7. 14.〉

전자이미지관인대장

관 인 명					
종 류		☐ 청인		☐ 직인	☐ 특수 관인
☐ 등록 · ☐ 재 등 록	전자이미지관인인영	등록일(재등록일): 년 월 일 최초사용일 : 년 월 일			
	전자이미지관인 등록 당시의 일반관인 인영	등록(재등록) 사 유			
		관 리 부 서			
		비 고			
폐 기	전자이미지관인 인영	등록일(재등록일) : 년 월 일 폐기일 : 년 월 일			
		폐 기 사 유			
		폐 기 자	소속 : 직급 : 성명 :		
		비 고			

비고

　전자이미지관인을 등록할 당시의 일반관인의 인영을 해당란에 찍고, 그 찍은 인영을 전자적인 이미지형태로 컴퓨터 화일에 등록하며, 컴퓨터 화일에 등록된 전자이미지관인을 출력하여 그 전자이미지관인의 인영을 해당란에 붙여야 한다.

210㎜×297㎜(보존용지(1종)70g/㎡) 또는 210㎜×297㎜(한지)

[별지 제26호 서식]〈개정 1996. 5. 28.〉

관인인쇄용지관리대장

인쇄문서명			
관 인 명		인쇄관인규격	

일 자	인쇄량 (매)	사용량 (매)	사 용 내 역	잔여량 (매)	확 인 (서 명)

15012-09011비
1995. 11. 30. 개정

210㎜×297㎜
(보존용지(2종)70g/㎡

[별지 제27호 서식]삭제〈1999. 9. 2.〉

[별지 제28호 서식]〈개정 2003. 7. 14.〉

행정기관명

수신자 (   )

제목　　□ 정기보고(□ 지정 □ 개정 □ 폐지)신청
　　　　□ 수시보고심사신청

보 고 명				지정번호	
보고주기 또는 기일			처음작성기관		
근　　거			최종수보기관		
보고받는 주요 내용					
사용목적					
개정(폐지) 사　유					

※ 심사내용: 문제점이 없을 때는 ○으로, 문제점이 있을 때는 V로 표시한다.

심사기준＼심사관	보고목적의 타 당 성	유사·중복 여부 (정기보고·통계 보고 등 확인)	관계기관 등의 사전협의 여부	보고기일 또 는 보고주기 의 타당성	처음보고 작성기관 의 적정성
결 재 권 자					
보고심사관					

심사기준＼심사관	서 식 의 합 리 성	기존자료 활용가능성	표본조사 가 능 성	보고내용의 적 합 여 부	행정용어 순화 여부
결 재 권 자					
보고심사관					
보 고 심 사 내 용			보 고 심사표시		
보고자료의 공동 활용 여부	□ 필요 □ 불필요		공동 활용기관		
심사의견 기타					

붙임 1. 서식제원(별지 제38호 서식) 2부.

    2. 보고서식 2부.

    3. 결재서류사본 1부(중앙보고심사에 한함). 끝.

※ 정기보고지정을 폐지하는 경우에는 보고명란부터 폐지사유란까지만 작성한다.

발 신 명 의 ㉑

기안자(직위/직급)   서명   검토자(직위/직급)   서명   결재권자 (직위/직급)   서명

협조자(직위/직급)   서명

시행   처리과명 – 일련번호 (시행일자)   접수   처리과명 – 일련번호 (접수일자)

우   주 소   / 홈페이지 주소

전화( )   전송( )   / 공무원의 공식 전자우편주소/공개구분

210mm×297mm(일반용지 60g/㎡(재활용품))

[별지 제29호 서식] 삭제〈2003. 7. 14.〉

[별지 제30호 서식]〈개정 2003. 7. 14.〉

행정기관명

수신자 (   )
제목   제(   )차 보고독촉

　　　　□□□□ 정기보고지정 □□□□
1. □□   □□ 번호:
　　　　□□□□ 수시보고심사 □□□□

2. 보고명:
3. 등록번호(시행일자):
4. 보고문서 제출기일:
5. 조치사항:

사무관리규정 제52조의 규정에 의하여 보고독촉을 하니 . .   .까지 보고
서를 제출하여 주시기 바랍니다.

발 신 명 의 ㊞

기안자(직위/직급) 서명   검토자(직위/직급) 서명   결재권자 (직위/직급) 서명
협조자(직위/직급) 서명

시행   처리과명 – 일련번호 (시행일자)   접수   처리과명 – 일련번호 (접수일자)

우   주소   / 홈페이지 주소
전화 (   )   전송 (   )   / 공무원의 공식 전자우편주소/공개구분

210mm×297mm(일반용지60g/㎡(재활용품))

[별지 제31호 서식]〈개정 1996. 5. 28.〉

회 의 록

회 의 명				
일 시	년 월 일 (요일) : ~ :			
장 소				
의 안				
토의내용 요 지				
합의사항				
이견사항				

참 석 현 황	참석대상자	명	참 석 자 서 명	소 속	직 위	성 명 (서 명)
	참 석 자	명				
	불 참 자	명				
불 참 내 역						

작 성 자	소속: 직급: 성명: (서명)

15012-09211비

1995. 11. 30. 개정

210㎜×297㎜

(일반용지60g/㎡(재활용품))

[별지 제32호 서식]〈개정 1996. 5. 28.〉

전화 및 구두협조처리문

제 목		결			
협조요청일시					
협조응신일시		재			
협조요청자	소속	응신자	소속		
	직급　　　성명		직급　　　성명		

협조요청내용

응 신 내 용

협 조 결 과	□ 합 의　　　　　□ 검 토　　　　　□ 불 가

[별지 제33호 서식]〈개정 2003. 7. 14.〉

행정기관명

수신자 (   )

제목 지정협조 지정신청

협 조 업무명	협조기관	처리기간 또는 기일	처 리 과 정			협 조 요 청 목 적	주 요 협조내용	관 계 법 규
			단독 처리	위원회 등 심 의	다른 기관 협 의			

발 신 명 의 ⑪

기안자(직위/직급) 서명   검토자(직위/직급) 서명   결재권자 (직위/직급)   서명
협조자(직위/직급) 서명

시행   처리과명 – 일련번호(시행일자)   접수   처리과명 – 일련번호(접수일자)

우   주소   / 홈페이지 주소
전화 ( )   전송 ( )   / 공무원 공식 전자우편주소/공개구분
　　　　　　　　　　　　　　　　210mm×297mm(일반용지60g/㎡(재활용품))

366

[별지 제34호 서식]〈개정 2003. 7. 14.〉

행정기관명

수신자(   )

제목 지정협조 변경(폐지)신청

정 비 구 분 (변경·폐지)	지정번호	협조업무명	정 비 내 용		정비사유	관계법규
			현 행	정비안		

발 신 명 의 ㊞

기안자(직위/직급) 서명   검토자(직위/직급) 서명   결재권자 (직위/직급)   서명
협조자(직위/직급) 서명

시행   처리과명 – 일련번호(시행일자)   접수   처리과명 – 일련번호(접수일자)

우   주소   / 홈페이지 주소
전화 (   )   전송 (   )   / 공무원의 공식 전자우편주소/공개구분
210mm×297mm(일반용지60g/㎡(재활용품))

[별지 제35호 서식] 삭제〈2003. 7. 14.〉

[별지 제36호 서식] 삭제〈1999. 9. 2.〉

[별지 제37호 서식]〈개정 2003. 7. 14.〉

행정기관명

수신자(협조심사관)
제목 업무협조 촉구
    사무관리규정 제66조의 규정에 의하여 아래 문서로 귀 기관에 협조를 요청한 사항에 대한 조속한 처리를 촉구하니 . . .까지 처리·통보하여 주시기 바랍니다.

   1. 문서제목:
   2. 등록번호(시행일자):
   3. 지정(심사)번호:
   4. 처리기간:
   5. 기   타:

발 신 명 의 ㉑□□

기안자(직위/직급) 서명   검토자(직위/직급) 서명   결재권자 (직위/직급)   서명
협조자(직위/직급)   서명

시행   처리과명 – 일련번호(시행일자)   접수   처리과명 – 일련번호(접수일자)

우   주 소   /홈페이지 주소
전화(   )   전송(   )   /공무원의 공식 전자우편주소/공개구분

210mm×297mm(일반용지 60g/㎡(재활용품))

[별지 제38호 서식]〈개정 2003. 7. 14.〉

서 식 제 원				
서 식 명		별 지 호 수	별지 제 호 서식	
근 거 법 규		주무부처 및 보 조 기 관	○○(부·처·청) ○○국 ○○과	
용 지 의 규 격	가로 ㎜ × 세로 ㎜	법령 제·개정 담당부서 전화번호		
지 질 및 중 량	g/㎡	사 용 처		
활	구 분	크 기	보 존 기 간		
		인 쇄	전산기기		
	제 목	P	인 쇄 구 분	☐ 단면 ☐ 양면	
자	내 용	P	요 청 구 분	☐ 신규 ☐ 개정	
	활 자 의 색 채		용지의 색채		
서식의 실제크기	용지의 위쪽 끝부터 위 기본선(기재란)까지			㎜
	용지의 왼쪽 끝부터 왼쪽 기본선(기재란)까지			㎜
	용지의 오른쪽 끝부터 오른쪽 한계선(기재란)까지			㎜
	용지의 아래쪽 끝부터 아래 한계선(기재란)까지			㎜
서식의 제정 또는 개정 필요성				

비고(이 란은 서식에 포함하지 아니함)

1. 근거법규란에는 서식이 존재하는 근거법규를 기재합니다.
2. 법령 제·개정담당부서 전화번호란에는 실질적으로 법령을 제·개정을 담당한 부서(처리과)의 전화번호를 기재합니다.
3. 사용처란에는 기관명을 기재합니다(예: 건설교통부, 시·도, 시·군·구 등).
4. 지질 및 중량란에는 반드시 별표 23의 지질·중량기준을 읽고 난 후 서식용지의 사용용도별 지질·중량을 기재합니다.
5. 보존기간은 공공기관의기록물관리에관한법률시행령 제15조의 규정에 의한 보존기간을 기재합니다.

210㎜×297㎜(일반용지60g/㎡(활용품))

[별지 제39호 서식] 삭제〈1999. 9. 2.〉

[별지 제40호 서식] 내지[별지 제48호 서식] 삭제〈1999. 12. 30.〉

[별지 제49호 서식] 내지[별지 제52호 서식] 삭제〈1999. 9. 2.〉

2004년 1월 1일부터 시행된 사무관리규정의 변경 내용입니다.

1. 항목 구분이 바뀌었습니다.

1, 2, 3→가 나 다→1) 2) 3)→가) 나) 다)→(1) (2) (3)→(가) (나) (다)로 변경되었습니다.

2. 기안문과 시행문이 변경되었습니다.

선과 박스를 없애고 편지 형식으로 바뀌면서 결재권자의 서명 등이 결문에 위치합니다.

3. 서명, 전자문서서명, 전자이미지서명, 행정전자서명, 전자이미지관인 등으로 서명 형태가 바뀌었습니다. 참고로 종전의 항복 구분 순서는 ……

1, 2, 3→가 나 다→(1) (2) (3)→(가) (나) (다)→1) 2) 3)→가) 나) 다) 이런 순서였습니다.

종합적으로 행정사무관리는 조직의 목적을 달성하기 위해, 사무(office work)를 계획·조직하고, 인원과 물자, 기계, 방법, 금전 및 대상자 사이의 관계를 조정하고 통제하는 행위를 말한다. 종래의 사무관리에서는 W. H. Leffingwell과 F. Taylor에 의해 체계화된 바와 같이 사무의 작업적 측면을 중시하였으나, 근래의 사무관리에 대한 사조는 기능적 측면을 중시하는 방향으로 바뀌고 있음을 앞에서 살펴보았다. 미래의 사무관리 또한 다양하게 변하며, 과학적이고, 글로벌화하며, 인터넷 적이 될 것이다.

자기소개서 샘플

(샘플 1)

1) 성 장 과 정

저는 1981년 4월 20일에 전라남도 나주에서 1남 2녀 중 막내로 태어났습니다. 아버지께서는 '노력 없이는 아무 것도 얻을 수 없다'라는 가훈 아래 저희를 키우셨고, 어머니께서는 저희를 이해해주려고 하십니다. 대화를 많이 하기 위해 1주일에 한 번은 가족회의를 합니다. 가족의 소중함과 사랑을 베풀 줄 아는 마음을 일깨워주신 분입니다.

2) 성 격 소 개

조용해서 남의 눈에 띄지 않고 뒤에서 노력하는 내성적인 성격으로 처음에는 어울리기 힘든 단점이 있지만 그와 반대로 활발하려고 노력합니다. 그리고 남의 고민을 잘 들어주기 때문에 마음을 열고 의논하는 친구들이 많은데 그럴 때마다 상대방의 입장이 되어 해결해주려고 노력합니다. 그리고 혼자 나서서 일을 자발적으로 하는 것을 좋아하기 때문에 맡은 일에는 끝까지 최선을 다 하려고 합니다.

3) 생 활 신 조

'모든 일에 자신을 갖고 열심히 하자'입니다. 자신이 없는 사람은 무슨 일을 하더라도 소심해질 것입니다. 전 저에게 맡겨진 일이 아무리 힘들더라도 할 수 있다는 자신감과 그 자신감을 뒷받침할 수 있는 부지런함으로 해결할 것입니다.

4) 학교생활 및 교우관계

활동하기를 좋아하는 저는 운동을 아주 좋아해서 교우들과 자주 모이는 자리를 갖습니다. 사람은 혼자선 살 수 없는 사회적 동물이기에 전 여러 분야의 친구들을 갖고 있습니다.

5) 특기 및 취미

전 어렸을 때부터 태권도를 하였습니다. 처음엔 살을 빼기 위하여 시작한 운동이 여러 번의 승급심사와 대회로 하여금 절 태권도에 푹 빠지게 하였습니다. 여러 사범님들과 후

배들과의 단체생활은 절 조금은 더욱 마음을 넓게 하였습니다. 전 어떠한 어려운 사항이 닥치더라도 어렸을 때부터 키운 담력으로 헤쳐 나갈 자신이 있습니다.

저는 19**년 10월 8일, 1남 1녀의 장남으로 서울에서 태어났습니다. 저의 어린 시절이 서울이라는 도시에서 느낄 수 있듯이 기계적이고 메마른 생활이라고 생각하는 사람들이 많지만 어릴적부터 낚시를 좋아하시는 할아버지를 모시고 다니면서 자연의 웅장함과 인내를 배웠습니다.

(샘플 2)

고등학교 진학부터 문예반에서 활동하였으며, 교내 및 전국 백일장에 입상하는 한편, 전국 문예작품 현상모집에 응모하여 입상하는 성과를 올리기도 했습니다. 그 후 대학에 들어와 대학신문사에 입사하여 문예창작과 더불어 생활하였으나, 대학신문이 본래의 목적인 대학홍보와 학내외 소식 전달의 사명보다는 기성언론의 방식을 추구하려는 것에 대해 다소 회의를 느끼게 되었습니다. 그래서 제가 편집장을 맡으면서 올바른 대학인의 목소리를 전달하고 사회의 일그러진 대학 위상을 재정립하고자 노력했습니다. 특히 오래된 역사를 가지고 있으면서도 지방 후기 대학이라는 이름에 가려 소외되었다는 생각을 가진 학생들에게 자신감을 불어넣어 주었습니다.

제 성격의 장점으로는 항상 모든 일에 최선을 다하며 책임감이 강해 솔선수범하는 성격입니다. 반면 일을 할 때에는 모든 일을 열성적으로 맡아서 다 하는 것이 단점이라고 할 수 있습니다. 그래서 다른 사람들과의 모임에 많이 참석하여 남을 이해하는 포용력과 지도력을 갖추고자 노력함으로써 타인과 협동하여 일을 처리하는 능력을 길렀습니다. 저의 생활신조는 첫째가 '성실'이고 다음이 '중용'입니다. 성실이야말로 저의 능력을 활짝 꽃 피울 수 있는 가장 기본적이고 중요한 거름이라고 생각합니다. 그리고 중용은 끓는 피로 가득 찬 우리 젊은이들이 극단적인 경우에 빠졌을 때 저지르기 쉬운 실수로부터 우리를 구해낼 수 있는 소중한 지혜라고 생각합니다.

어느 시대를 막론하고 기업이 발전하려면 무엇보다도 기업 구성원들의 노력하는 자세와 더불어 수많은 광고의 범람 속에 올바른 광고의 차별화 전략이 중요시된다고 할 수 있습니다. 이것은 어느 곳에서나 적용된다고 생각합니다. 그래서 저는 광고, 특히 광고의 핵심인 카피라이터 부문을 담당하고 싶었는데, 마침 귀사에서 사원모집 계획이 있어 이에 지원하게 되었습니다. 제가 가지고 있는 글을 쓰는 특기와 또한 대학 시절 신문을 만들어 본 경험이 카피라이터의 생활을 하는 데 많은 도움이 되리라고 생각합니다. 특히 카피라이터의 생명은 평범한 가운데 비범이 있고 자유스러운 가운데 개성이 있는 데 있다고 생각합니다. 이런 측면에서 볼 때 자연스러운 멋과 개성을 살리는 소질이 필요한 직업이 카피라이터가 아닌가 생각됩니다. 승리자는 길을 가다가 넘어지면 앞을 바라보지만 패배자는 밑을 바라본다고 합니다. 저는 왕성한 의욕과 성실한 태도를 항상 견지하면서, 승리자가 되기 위해 어떠한 과업이 주어지더라도 완수해 낼 수 있는 전천후 직장인으로서 귀사에서 제 능력을 발휘해 보고 싶습니다.

· 저자 ·

김진욱
金進昱

Kim, Jin-Wook

· 약 력 ·

경희대학교 법과대학 행정학과 (행정학 학사)
경희대학교 대학원 (행정학 석·박사)
University of Indiana State, Bloomington 방문교수
경희대학교 사회과학연구원 연구박사(post-doctor)

현 혜전대학 행정전산과 교수, 학과장
현 한국지방행정학회 이사
현 한국행정학회, 한국정책학회, 한국정책분석평가학회 회원
현 홍성군정자문위원, 도시계획위원, 정보화추진위원
현 통계청 통계품질관리위원
현 『천년한국』 환경포럼 위원
현 법무부 홍성교도소 시민옴부즈만
현 한국방송통신대학교 경기지역대학 강사

경희대학교 사회과학원 연구원 역임
경희대, 경찰대, 명지대, 상명대, 안양대, 세명대, 방송대 강사 역임
(주)이타임즈인터넷 경영지원실장 역임
당진군 인사위원회 위원 역임
태안군 공무원시험 출제위원 역임
서산시 결산자문위원 역임
서울시 수돗물 포럼 위원 역임
푸른충남21 위원 역임
국무총리실 호국보훈단 실무추진위원 역임
환경부 새천년 환경포럼 위원 역임
(사)제대군인지원단 위원 역임
국방부 육군본부 제대군인지원사업 프로그램개발 위원 역임
충청남도 도청입지선정위원회 평가위원 역임

· 주요논저 ·

다매체 예방적 환경행정체제에 관한 연구(2001)
환경오염시설에 대한 주민의식조사 연구(2002)
매립장 입지선정 과정에서 지역간 주민인식차이 분석(2002)
환경오염시설의 효율적 관리방안에 관한 연구(2004)
우리나라 참전용사 명예선양에 관한 연구(공동, 1998)
우리나라 제대군인 지원정책에 관한 연구(1999)
우리나라 중소기업의 핵심역량 강화방안에 관한 연구(공동, 2003)
우리나라 개인정보보호에 관한 실증적 연구(2004)
우리나라 개방형 임용제도의 문제점과 개선방안 연구(공동, 2005)
2005년도 대입전형 변형에 따른 대학의 대응전략(공동, 2005)
조선의 과거제도에 대한 정책적 연구(공동, 2005)

환경협오시설관리운영방안 공저(집문당, 1999)
현대사회와 직업윤리 공저(법문사, 2001)
현대사회와행정 공저(대영문화사, 2003)
현대환경행정론 공저(KSI한국학술정보, 2006)
행정사무관리론 공저(KSI한국학술정보, 2006)

외 다수

· 연락처 ·
jwkim@hj.ac.kr   041-630-5273

한만봉
韓萬奉

Han Man-Bong

· 약 력 ·

1994. U.S.A. Midwest College (M.Div Hon, D)
2002. 고려대학교 (교육정책학 석사 - 수석장학생)
2005. 성균관대학교 대학원 박사Candidate (교육행정학 전공)

1991. 한국세무신문사 전문취재부 기자
1995. 한국어린이선교원신학교 캠퍼스 분교장
2002. 고려교육정책학회 상임회장(학진 학회검색가능)
2002. 고구려대학교 설립추진위원회 법인이사
2003. 한주신학 학술원 설립이사(교수)
2004. U.S.A. Cohen University 정책학과 cross-appointed professor
2005. U.S.A Holy People University Campus 유학담당 지도교수
2005. PHILIPPINE PRESBYTERIAN THEOLOGICAL COLLEGE 객원교수
2005. 혜전대학 adjunct professor 교수
2005. 지방분권신문사 사장 (대표 이사)

· 주요논저 ·

우리나라의 복지행정제도에 관한 고찰 연구(1988)
Kal Barth 의 신관 연구(1988)
한국 민중문화와 민중 신학 연구(1992)
Rein hold Niebuhr & Marx 에 대한 상관관계 연구(1993)
A CHRONOLOGICAL HARMONY OF THE RESURRECTION
    APPEARANCES OF JESUS THE MESSIAH(1994)
북한종교의 변화 전망 연구(2002)
교육위원회와 지방의회간의 갈등 현상에 관한 연구(2001)
조선조 과거시험 방식의 정책적 분석(공동, 2005)
조선의 과거제도에 대한 정책적 연구(공동, 2005)
조선왕조 과거제도 인사정책 연구(공동, 2005)
조선왕조 과거시험주기 정책적 주장 분석연구(공동, 2005)
조선왕조 과거제도가 현대 정책에 주는 의미(공동, 2005)
과거제도 시험주기의 정책 분석연구(공동, 2005)
북한 종교지형 변천 정책 분석연구(공동, 2005)
『대학생활영어 ENGLISH LANGUAGE』(공저)
『행정경제교육』(저술)
『행정정책기획론』(저술)
『의원학』(저술)
『국회의원학』(저술)
『교육정책학』(저술)
『산학협동교육학』(저술)
『현대교육학실기론』(저술)
『현대환경행정론』(공저)
『행정사무관리론』(공저)
외 다수

· 연락처 ·

doctor@skku.edu   010-4432-8561   041-633-8561, 633-5741, 631-2094

행정사무관리론

-사무개혁 Reform-

• 초판 인쇄	2006년 8월 31일
• 초판 발행	2006년 8월 31일
• 지 은 이	김진욱 · 한만봉
• 펴 낸 이	채종준
• 펴 낸 곳	한국학술정보㈜
	경기도 파주시 교하읍 문발리 526-2
	파주출판문화정보산업단지
	전화 031) 908-3181(대표) · 팩스 031) 908-3189
	홈페이지 http://www.kstudy.com
	e-mail(출판사업부) publish@kstudy.com
• 등 록	제일산-115호(2000. 6. 19)
• 가 격	24,000원

ISBN 89-534-5544-8 93350 (Paper Book)
      89-534-5545-6 98350 (e-Book)